_____ 님께

몰입은 우리가 쓰레기통에 던져 놓았던
먼지 낀 시간들을 순도 100%의 황금빛 삶으로
바꾸어 놓을 것입니다.

_____ 드림

몰입

확장판

인생을 바꾸는 자기 혁명

몰입
확장판

황농문 지음

THINK HARD

알에이치코리아

이 책에 쏟아진 찬사

펌프로 지하수를 풍성하게 끌어올리려면, 한 바가지 마중물로 물길을 만들어줘야 한다. 몰입은 깊은 의식 속에 숨겨져 있는 해답을 끌어올리는 마중물이다. 황농문 교수는 공학자다운 신념과 방법으로 몰입을 자신의 구체적인 경험 속에서 분석하고, 해체하고, 종합하고 복원한다. 그래서 그의 몰입은 가수분해 설명을 듣는 것처럼 간단명료하다. 몰입에 몰입하는 방법을 실험 매뉴얼처럼 구체적으로 알려주는 보기 드문 책이다.

_문용린(제40대 교육부 장관, 서울대학교 교육학과 교수, 제19대 서울특별시 교육청 교육감)

나는 노인의학을 연구하며 몰입을 접했다. 머릿속에 연구 아이디어를 품은 채 충분한 잠을 즐긴 두뇌, 운동으로 기름칠한 몸, 그리고 혼자 있는 시간이 더해지면 무의식 속에서 원고가 저절로 완성되었다. 컴퓨터 앞에서 글 쓰는 시간은 하루 2시간을 넘지 않았다. 건강한 도파민과 엔도르핀으로 가득한 시간이 지나면 논문 한 편, 책 한 권이 완성되는 요술 같은 몰입의 기적을 경험했다. 그러나 안타깝게도, 새벽부터 밤까지 꾸역꾸역 의자를 지켜야 하는 근무 환경에서 몰입은 사치가 되었다. 브레인포그 상태에서 업무용 메신저와 이메일에 신경이 곤두선 채로 스트레스호르몬만 쌓고 있는 이가 많다. 우리는 생산수단으로 인력을 투입하던 농경시대적 'work hard' 문화에 머물러 있다. 당신이 조직의 리더라면, 지금 당장 몰입을 통해 'think hard' 방식을 공부해야 한다. 조직과 개인의 성장과 성취, 일과 공부가 재미와 즐거움, 나아가 행복으로 수렴하는 놀라운 경험을 할 수 있을 것이다.

_정희원(서울아산병원 노년내과 교수, 『당신도 느리게 나이 들 수 있습니다』 저자)

처음 『몰입』이 출간되었을 때, 밑줄을 그으면서 5번 넘게 완독한 기억이 있다. 그후 몰입 이론은 나의 내면에 남아 강연을 구상할 때도, 인생의 목표를 그릴 때도 큰 도움을 받았다. 몰입은 자기를 성장시키는 데 반드시 거쳐야 하는 과정이다. 살아가는 내내 몰입을 인지하고 인생에 적용해보고, 그 과정에서 얻는 기쁨과 자신감으로 또 다음 단계로 나아갈 수 있기 때문이다. 많은 사람이 이번 확장판을 통해 꼭 한번 몰입에 빠져보길 권한다.

_김미경(MKYU 대표, 『김미경의 마흔 수업』 저자)

대한민국에서 이 책을 모르는 사람이 있을까? 황농문 교수님의 『몰입』은 한국 사회에 '몰입 열풍'을 일으키고, 나를 비롯한 수많은 사람의 인생을 바꾼 책이다. 이번 확장판에서는 17년에 걸쳐 쌓인 연구와 성공 사례들뿐만 아니라, 처음 몰입을 시도하는 사람들을 위한 방법도 더해졌다. 인생을 낭비하지 않고, 후회 없이 살고 싶다면 반드시 읽어야 할 책이다.

_이윤규(변호사, 『몰입의 기술』 저자)

집중이 어려워진 시대,
몰입의 의미를 다시 확인하다

　나는 의도적인 노력을 통해 고도의 몰입 상태에 도달할 수 있음을 경험하고 그 상태에서 내가 일하는 분야의 난제를 해결해낸 적이 있다. 『몰입』은 이러한 나의 개인적 경험을 토대로 보다 더 많은 사람들이 몰입의 놀라운 기적을 체험하기를 바라는 마음에서 집필한 책이다. 책이 출간된 이후 나는 여러 경로를 통해 몰입을 경험했다고 이야기하는 사람들을 만날 수 있었다. 풀리지 않던 수학 문제를 끝까지 몰입해 생각했더니 결국 답을 찾아낼 수 있었다는 학생, 왜 그런 실험 결과가 나왔는지 논리적으로 해석되지 않았는데 그것을 설명해줄 아이디어가 불현듯 떠올랐다는 박사과정 대학원생, 몰입을 꾸준히 실천한 덕분에 회사에서 문제해결력을 인정받고 최연소 임원 교육까지 받게 되었다는 직장인, 회사의 사활이 걸린 문제를 몰입을 통해 극적으로 돌파할 수 있었다는 기업 CEO 등 다양한 사람들이 몰입의 산 증인이다.

한편, 그사이 사회적으로 커다란 변화가 찾아왔다. 정보통신 분야를 비롯한 첨단 과학기술의 발달로 인해 몰입을 방해하는 요소들이 부쩍 많아진 것이다. 잠깐만 봐야지 마음먹지만 유튜브, 인스타그램에서 알고리즘 추천으로 이어지는 숏폼 영상은 우리로 하여금 스마트폰 화면을 하염없이 보고 있게 만든다. 잠시 손에서 스마트폰을 내려놨다가도 내가 올린 피드에 '좋아요'와 댓글이 얼마나 달리는지 확인하고 싶은 마음이 들면 어렵사리 모은 집중력은 이내 흩어지고 만다. 카카오톡 대화창 알림을 비롯해 스마트폰에 깔린 다양한 애플리케이션들은 1시간에도 몇 번씩 푸시 알림을 보내온다. 물질은 풍요해진 시대이지만 우리의 집중력은 날로 결핍되어가는 중이다. 이제 집중력은 오늘날 현대인들 사이에서 매우 중요한 화두로 떠올랐다.

자극적인 콘텐츠는 우리의 주의를 끌어 자연스럽게 집중시키지만, 한편으로는 우리의 집중력을 떨어뜨린다. 이는 우리 뇌의 "Use it or lose it(사용해라. 그렇지 않으면 잃는다)"라는 원칙에 따른 것으로, 사용하지 않는 신경 연결은 약해지고, 퇴화한다. 그렇다면 스마트폰으로 손상된 전두엽과 집중력을 어떻게 회복할 수 있을까? 가장 집중하기 어려운 대상에게 '집중하려는 노력', 즉 '의도적인 몰입'을 해야 한다.

오늘날 스마트폰 외에도 우리의 일상 도처에는 뇌 속의 도파민 분비를 자극하는 대상들이 과거와는 견줄 수 없을 만큼 많아졌다. 도파민은 우리가 어떤 경험을 통해 자극을 받으면 뇌의 보상 경로에서 분비되는 신경전달물질이다. 뇌에서 도파민이 분비되면 우리는 쾌락을 느끼게 된다. 그래서 스마트폰을 끊을 수 없는 것이다.

인간이 쾌락을 추구하도록 뇌에 보상 체계가 만들어진 것은 이것이 종의 생존과 번식에 유리하기 때문이다. 그런데 도파민이 과잉 분비가 되면 문제가 생긴다. 어떤 쾌락적 자극에 반복적으로 노출되어 도파민이 과다 분비될수록 균형을 맞추려는 항상성에 따라 자가수용체에 의한 도파민의 재흡수 등이 일어나 더 많은 자극을 요구하게 된다. 이런 상태가 되면 이전과 같은 크기의 자극으로는 쾌락을 덜 느끼게 되어 점점 강렬한 자극을 좇게 된다. 강렬한 자극을 통한 쾌락의 추구는 이후 커다란 고통으로 되돌아온다. 이것이 우리가 '중독'이라고 말하는 현상의 원리다.

몰입을 통해 얻는 쾌락 역시 도파민 과잉 분비에 의한 결과다. 그런데 이는 다른 자극들로부터 얻는 쾌락과 다르다. 오랜 기간 지속해도 고통을 동반하지 않고 오히려 고도의 지적 능력을 발휘할 수 있게 될 뿐만 아니라 정서적으로 행복한 상태가 유지되는 것이다. 집중하기 어려워진 시대, 우리가 몰입의 의미와 효용에 대해 더욱 깊이 되새겨야 하는 이유다.

어느 때보다 몰입이 중요한 시대

『몰입』 초판을 출간한 이후 어느덧 17년이라는 시간이 흘렀다. 지금까지 이어진 독자들의 긍정적인 피드백과 경험담을 통해 나는 몰입의 효용이 성별, 직업, 나이의 많고 적음 등을 떠나 누구에게나 보편적으로 적용되는 법칙임을 새삼 확인할 수 있었다. 특히 몰입하고자 하는 대상을 의식의 무대 위에 올려놓고 이를 지속함으로써 몰입도를 높일 수 있다는 의도적인 몰입 이론은 다양한 상황에서 적용됨을 확인했다. 이 이론은 문제 해결뿐만 아니라 단기간과 장기간에 최선을 다해야 하는 사람들, 특히 직장인과 수험생에게도 유용했다. 그래서 그동안 축적된, 몰입의 효과를 입증하는 새로운 사례들을 추가하는 등 변화한 시대상에 맞춰 초판의 내용을 한층 더 업그레이드하면 좋겠다는 생각을 품게 되었다. 이번에 새롭게 단장하여 펴낸 확장판은 나의 그런 오래된 결심을 반영한 결과물이다.

확장판에서 가장 신경을 쓴 부분은 몰입의 기적을 체험한 사례들을 대폭 보강하는 것이었다. 특히 나와 장기간 소통하며 강한 몰입을 지속함으로써 학교나 일터에서 놀라운 문제해결력을 발휘해 생산성과 효율성을 높인 인상적인 사례들을 새롭게 추가하고자 했다. 몰입은 우리 뇌 속에서 벌어지는 일이기 때문에 그 메커니즘을 이해하기가 쉽지 않다. 그런데 비약적으로 발전한 뇌과학은 몰입의 원리에 대해 상당 부분 설명해준다. 나는 뇌과학이나 신경과학의 최신 이론들을 공부하며 몰입을 보다 과학적인 차원에서 접근하고, 대중적으로 쉽게 설명하기 위해 노력해왔다. 『몰입』 초판에서도 몰입이 이루어지는 원리와 몰입의 효과를 설명해주는 과학적 사실들에 대해 설명했지만, 이번 확장판에서는 그사이 비약적으로 발전한 뇌과학의 성과들을 반영해 기존의 설명들을 상당 부분 보강했다.

특히, 오랜 숙원이었던 몰입에 이르는 단계를 전면 수정해 수록했다. 오랫동안 다양한 층위의 사람들을 대상으로 몰입 훈련을 하다 보니 몰입의 강도를 다르게 적용하여 자신의 상황에 걸맞은 몰입을 하는 것이 더욱 효과적이라는 결론에 이르렀다. 그래서 확장판에서는 몰입의 종류를 약한 몰입과 강한 몰입으로 나눴고 더 상세하게 몰입을 실천할 수 있는 방안을 제시했다.

인공지능과 로봇이 일반 사무직과 생산직뿐만 아니라 전문직까지 대체하리라는 두려움은 이제 점차 현실이 되고 있다. 세계경제포럼에서 예측한 바에 따르면 4차 산업혁명으로 인해 일반 사무직을 중심으로 제조, 예술, 미디어 등의 분야에서 약 710만 개의 일자리가 사라지고, 컴퓨터, 수학, 건축 관련 일자리는 약 200만 개가 창출되어 결과적으로 약 510만 개의 일자리가 사라진다고 한다. 하지만 인간 삶의 많은 부분을 인공지능과 로봇이 대체할 수 있게 된 시대에도 여전히 이들이 대체할 수 없는 영역이 있다. 바로 창의성의 영역이다. 기술이 대체할 수 없는 인간만의 창조적 사고 능력을 발휘하기 위해서는 몰입적 사고가 그 어느 때보다 필요하다. 모든 것이 빠르게 바뀌고 변화하는 시대에 오히려 천천히, 깊이, 오랫동안 하는 생각(슬로싱킹)이 빛을 발휘한다고 믿는다.

얼마 전 나는 오랫동안 연구를 해오고 학생들을 가르쳐왔던 서울대학교를 정년퇴임했다. 나는 나의 위치가 크게 변화할 때마다 늘 '새롭게 펼쳐질 인생을 어떻게 살 것인가'라는 화두를 마음에 품고 오랜 시간 몰입한다. 이번에도 마찬가지였다. 인생의 후반부를 향해 가는 지금, '앞으로 인생을 어떻게 살 것인가'라는 고민은 곧 '남은 여생과 바꿀 만한 가치가 있는 일은 무엇일까'라는 질문으로 다가왔다. 내 앞에는 여러 갈래의 선택지가 있었다. 그중에서 가장 의미 있다고 여겨진 것은 내가 살면서 경험했던 많은 일들 중 나를 더 나은 방향으로 성장시켜주고, 지고의 행복을 느끼게 해준 몰입의 가치를 더 많은 사람들에게 알리는 일이었다. 앞으로 내가 마음 깊이 바라는 바가 있다면 몰입의 교육적 가치에 공감하는 사람들이 더욱 많아져서 대한민국 교육에 몰입적 사고를 통한 창의성 교육 시스템이 도입, 적용되는 것이다.

마지막으로 본인의 몰입 사례를 이 책에 소개할 수 있게 허락해주신 모든 분들께 감사드린다. 『몰입』에서 소개한 의도적인 몰입 방법을 자신의 삶에 적용하고 기적 같은 변화를 이끌어내고 있는 모든 이들에게 이 지면을 빌려 다시 한번 응원과 감사의 인사를 전한다.

몰입,
최고의 나를 만나는 기회

아프리카 초원을 거닐다가 사자와 마주쳤다고 하자. 이때는 이 위기를 어떻게 빠져나갈까 하는 것 이외에는 아무 생각이 없을 것이다. 이 상태가 바로 몰입이다.

몰입 상태에서는 한 가지 목표를 위하여 자기가 할 수 있는 최대 능력을 발휘하게 된다. 모든 것을 잊고 오로지 한 가지 일에 집중하기 때문에, 이러한 몰입적 사고는 과학, 비즈니스, 학습 등 여러 분야에서 그 위력을 발휘해왔다.

중력의 법칙을 어떻게 발견했느냐는 질문에 뉴턴은 "그것 한 가지만을 생각했다"고 대답했다. 소프트뱅크 손정의 회장도 몰입적 사고를 통하여 수많은 사업 아이디어를 얻었고, 혼다의 창업자인 혼다 소이치로도 몰입적 사고로 엔진을 개발했다. 투자의 귀재 워런 버핏도 몰입적인 사고를 하기로 유명하다. 버핏이 설립한 회사인 버크셔의 직원은 "버핏은 하루 24시간 버크셔에 대해 생각한다"고 말한다. 이들의 공통점은 모두 주어진 문제에 대하여 극한의 몰입을 지속함으로써 해결점을 찾아낸다는 것이다.

우리처럼 평범한 사람이 그들의 머리를 따라잡기는 어렵다. 그러나 적절한 방법을 알고 노력한다면 이들이 수행했던 몰입적 사고는 얼마든지 따라 할 수 있다. 나의 개인적인 경험뿐만 아니라 수많은 이들의 증언에 의하면, 몰입적 사고를 따라 할 수만 있어도 우리는 엄청난 위력을 발휘하게 된다.

나는 1990년부터 1997년까지, 아주 특별한 몰입 상태에서 연구를 진행했다. 모든 시간과 마음을 다해 오로지 주어진 문제 하나만을 생각하는, 바로 그런 상태 말이다. 이런 지극한 몰입 상태에 이르면 내내 그 생각만 하고, 그 생각과 함께 잠이 들었다가 그 생각과 함께 잠이 깬다. 이때에는 문제 해결과 관련된 새로운 아이디어가 끊임없이 떠오른다.

이때의 감정적인 변화도 매우 특별하다. 그 문제를 해결할 수 있다는 자신감이 솟구치고, 호기심이 극대화된다. 그리고 무엇보다 놀라운 것은 지고의 즐거움이 뒤따른다는 것이다. 바로 사고하는 즐거움이다. 이 사고하는 즐거움은 몰입에 뒤따라오는 것으로 작은 노력으로도 고도의 몰입 상태를 지속할 수 있게 하는 원동력이다. 일단 몰입 상태에 들어가기만 하면 문제가 풀릴 때까지 며칠이고, 몇 주일이고 심지어 몇 년까지도 몰입 상태를 지속할 수 있다. 적어도 몰입적인 사고를 하는 동안은 완벽한 삶을 살고 있다고 느낀다. 더욱 중요한 것은 몰입적 사고가 다양하고도 괄목할 만한 성과를 만들어낸다는 것이다. 내가 몰입을 통해서 얻은 성과들 또한 몰입 이전의 내 능력으로는 평생을 연구해도 얻기 힘든 것들이었다.

7년 동안의 몰입 체험은 '의도적인 노력으로 어떤 일에 몰입하는 것이 가능하고, 그에 따라 가치관도 바뀔 수 있다'는 사실을 깨닫게 해주었다. 다시 말해 의도적인 노력으로 내가 바뀌었다. 뿐만 아니라 몰입을 할 수 없는 여건이라도 주어진 상황에서 자신의 능력과 삶의 행복을 최고로 끌어올릴 수 있는 방법까지 찾게 되었다.

그렇다고 해서 몰입이 어렵거나 복잡한 것은 아니다. 사람은 누구나 몰입할 수 있는 능력을 가지고 있다. 위기 상황에서 할 수 없이 몰입하기도 하고 몰입이 주는 즐거움 때문에 번지점프와 같은 가상의 위기 상황을 만들어 일부러 몰입을 추구하기도 한다. 그런데 이왕이면 업무나 학습 활동에 몰입하여 높은 기량도 쌓고 즐거움도 얻는 게 더 좋을 것이다. 이것은 삶에서 대단히 중요한 문제이고 이 방법을 터득하면 삶의 행복을 찾을 수도 있다.

놀아도 몰입하지 않으면 재미가 없고 아무리 돈이 많아도 몰입하지 않으면 행복을 경험하기 어렵다. 행복을 추구하면서도 해야 할 일을 남보다 더 잘할 수 있도록 해주는 방법이 바로 몰입이다. 나는 오랫동안 반복적으로 경험해온 '몰입적 사고 방법'을 체계화하기 위해 노력했다. 얼핏 보기에 마라톤은 아무나 도전할 수 없는 초인적인 운동 같지만 적절한 훈련만 거친다면 누구나 할 수 있는 것처럼, 몰입적 사고 역시 원리를 깨닫고 단계적인 훈련을 거치면 누구나 자유롭게 활용할 수 있는 능력임을 깨달았기 때문이다.

몰입적 사고야말로 잠재되어 있는 우리 두뇌의 능력을 첨예하게 깨우는 최고의 방법이며 나 스스로 창조적인 인재가 되는 지름길이다. 이 사실을 깨닫고 몰입적 사고를 할 수 있게 된다면 내 안에 숨어 있는 천재성을 이끌어내고 인생의 즐거움과 행복을 만나는 일이 그리 어렵지만은 않을 것이다.

1장   Work Hard에서 Think Hard로 '생각'을 이동하라

2장   본격적인 몰입을 시도하기 위하여

3장   몰입은 뇌와 인생을 춤추게 한다

4장   몰입으로 학교와 직장에서 핵심 인재가 되다

5장   약하게 혹은 강하게, 몰입에 이르는 여섯 단계

몰입 상태에서 경험한 문제 해결의 순간

다이아몬드 생성 메커니즘을
규명한 날의 기억

새벽 1시. 오늘도 어김없이 한밤중에 잠에서 깼다. 의식이 돌아오는 순간, 나는 이미 그 문제를 생각하고 있었다. 지난 1년 6개월 동안 내 머릿속은 온통 이 문제뿐이었다. 문제를 생각하다 잠이 들고 문제를 생각하며 잠에서 깨는 일이 계속되었다. 아마도 이 문제가 풀릴 때까지는 이런 상황이 계속될 것이다.

잠이 깨면서 떠오른 아이디어는 적어두지 않으면 금방 잊어버린다. 그래서 빨리 노트에 적기 위해서라도 자리를 털고 일어나야 한다. 습관이 되어선지 일찍 잠자리에 든 탓인지 일어나는 것은 힘들지 않다. 졸음을 쫓으면서 억지로 일어나는 게 아니라 자연스럽게 눈이 떠지고 몸이 일어나는 느낌이다.

삼라만상이 모두 잠들어 있는 이른 새벽, 이 넓은 우주에 오로지 이 문제와 그것을 생각하는 나만 존재한다고 느껴진다. 아마도 이것이 인간이 할 수 있는 최대의 집중일 것이다. 가슴속 깊은 곳에서 고요한 행복감이 밀려온다.

나는 약간 흥분된 상태에서 거실을 서성이며 계속 그 문제를 생각한다. 새벽의 고요를 틈타 아이디어가 계속 떠오른다. 수수께끼가 풀릴 듯하면서도 풀리지 않는 상태가 1년 넘게 지속되고 있다. 금방이라도 풀릴 것 같고 손에 잡힐 듯한 느낌이 나를 계속 미치게 만든다. 틀림없이 풀 수 있을 것이라는 막연한 기대감은 도대체 어디에서 오는 것일까? 매일매일 솟구치는 이 자신감의 근거는 무엇일까? 내가 한시도 이 문제를 놓지 못하는 것은 어쩌면 이 문제를 풀려는 의지보다 그것이 곧 풀릴 것 같다는 기대감과 풀 수 있다는 자신감 때문일지도 모른다.

지난 1년 6개월 동안 혼신의 힘을 다하여 풀려고 시도했으나 아직 성공하지 못했다. 그러나 아쉬움은 없다. 최선을 다했다고 스스로 확신하기 때문일 것이다. 아직까지 이 문제를 해결하지 못한 것은 능력 부족일지는 몰라도 노력을 게을리한 탓은 아니다. 이번 경험을 통해 한 가지 배운 것은 최선을 다하면 실패해도 아쉽거나 후회스럽지 않다는 점이다. 무수한 실패도 문제 해결을 위한 과정이라고 생각하게 된다. 문제의 해답과 조금씩 거리를 좁혀가는 것에 더 큰 의미를 두는 것이다.

다이아몬드가 원자 단위로 형성된다는 기존의 생각은 확실히 잘못되었다. 틀림없는 결론은 음의 전하를 띤 다이아몬드 나노입자가 공중에 떠 있다는 것이고, 이들이 실리콘 기판 위에서는 다이아몬드를 만들고 철 기판 위에서는 흑연 알갱이가 얼기설기 뭉쳐진 검댕을 만든다는 것이다. 문제는 '왜 두 기판 사이에 이러한 극단적인 차이가 벌어지는가'다. 공중에 떠 있는 하전된 나노입자는 일종의 콜로이드다. 이 문제를 더 이해하려면 콜로이드에 대한 지식이 필요한데, 나는 콜로이드에 대하여 아는 것이 별로 없다. 얼마 전에 사두었던 콜로이드 입문서를 다시 읽어야 할 것 같다.

세수를 하면서, 아침을 먹으면서, 또 연구소를 향해 운전을 하면서 계속 그 문제만 생각했다. 모든 것이 명확하고 잘 들어맞는다. 그런데 두 종류의 기판에서 생성되는 물질이 왜 그렇게 극단적으로 차이가 나는지를 도통 모르겠다. 분명한 것은 내가 배운 모든 지식으로는 도저히 설명이 안 된다는 것이다. 둘 중의 하나다. 내가 중요한 지식을 모르고 있거나 기존의 지식이 무엇인가 잘못되어 있는 것이다. 다른 사람들은 엄청나게 이상한 이 사실에 왜 주목하지 않는지 이해가 가지 않는다. 지나가는 사람 아무나 붙들고 이 이야기를 해주고 싶은 심정이다. 여기에 엄청나게 이상한 일이 벌어지고 있다고…….

사무실에 들어서자마자 콜로이드 입문서를 펴 들었다. 얼마간 읽어 내려가자 마음을 붙잡는 설명이 눈에 들어온다.

"콜로이드 상태에서는 인력이 우세할 경우, 임의의 방향으로 움직이던 입자들 사이의 거리가 어느 정도 가까워지면 서로 달라붙어 다공질의 구조를 만든다. 반대로 척력이 우세할 경우, 이들이 침전할 때 스스로 아주 규칙적인 배열을 하여 치밀한 구조를 만든다."

여기까지 읽은 순간, 영감이 스쳤다. 만약 실리콘 기판 위에서는 전하가 쉽게 빠져나가지 않는다면 척력 때문에 다이아몬드 나노입자들이 일정하게 배열하여 다이아몬드 결정으로 자랄 것이고, 철 기판 위에서는 나노입자가 표면에 닿기 직전에 기판으로 전하를 잃어 흑연으로 바뀜과 동시에, 척력을 잃어 인력이 우세해지면 다공질의 흑연 덩어리로 자랄 것이다. 그렇다면 모든 것이 맞아떨어진다. 복잡하게 얽혀 있던 모든 의문들이 일순간에 사라지는 것이었다.

긴장된 순간이었다. 다시 한 번 곰곰이 하나씩 되짚어 점검하기 시작했다. 그동안 실타래처럼 얽혀 있던 의문들이 하나둘 풀리기 시작하더니, 마침내 모든 것이 말끔하게 설명되었다. 자욱하게 깔린 안개가 맑게 개면서 질서정연하고 아름다운 세상이 눈앞에 펼쳐지는 기분이었다. 믿어지지 않았다. 드디어 문제를 해결한 것이다. 오랜 기간 지속되었던 긴장이 풀리기 시작했다. 그간의 과정이 떠오르면서 만감이 교차했다. 내 생애에 이렇게 극적인 순간이 있었던가! 세상 모든 것을 긍정하고 싶다.

1장

THINK
HARD

Work Hard에서 Think Hard로
'생각'을 이동하라

몰입과 성공의
상관관계

주위를 둘러보면 무기력함과 집중력 부족을 호소하는 사람들이 예전보다 훨씬 많아졌음을 느낀다.

"공부를 하려고 책을 펴놓고서는 '이거 하나만 보고 시작해야지' 한 다음에 알고리즘의 추천에 빠져서 인스타그램 릴스나 유튜브 쇼츠를 끊지 못하고 계속 봅니다. 그렇게 시간을 보내고 나면 허무한 마음이 들고 힘이 빠집니다. 나는 왜 이럴까 싶어서 자존감도 떨어집니다."

"1시간짜리 드라마, 2시간짜리 영화도 집중해서 보기 힘들어 유튜브 요약본으로 보게 돼요. 그런데 때로는 요약본조차도 끝까지 보기가 어렵습니다. 이런 저, 문제가 있는 걸까요?"

"한 가지 일에 몰두하지 못하고 이것저것 손을 대며 허둥대다 보면 별다른 성과 없이 하루가 저뭅니다. 할 일은 계속 쌓이는데 능률이 없어 회사에서 점점 눈치가 보입니다."

내가 운영 중인 아카데미에 몰입 훈련을 받으러 오는 분들 중에도 이러한 자신의 일상에 문제의식을 느끼고 찾아오는 분들이 적지 않다.

집중력을 흐트러뜨리고 몰입하지 못하게 만드는 요인은 다양하다. 하지만 현대인이라면 거의 대부분이 인정하는, 우리의 몰입을 방해하는 요소는 단연 스마트폰이다. 뒤에서도 언급하겠지만 최초의 범용적인 스마트폰이라고 할 수 있는 아이폰은 애플의 스티브 잡스와 그의 연구팀이 6개월여 동안 집중적으로 몰입해서 개발해낸 제품이다. 고도의 몰입을 통해 만들어진 결과물이 오늘날 인류의 집중력을 해치는 주된 원인이라는 사실은 무척 아이러니하게 여겨진다. 게다가 스마트폰은 전 세계적으로 어린이와 성인 ADHD의 진단율이 늘어나는 이유 중에 하나로도 꼽힌다. 스마트폰이 우리의 집중력을 떨어뜨린다고 해서 그것을 무조건 하지 않는 것은 적절한 해결 방안일까? 나는 그렇지 않다고 생각한다. 대화형 인공지능인 챗GPT가 등장한 이후 일군의 사람들은 인공지능을 다루는 법을 배워 업무의 효율성을 극대화하려는 등 적극적으로 이용할 방법을 찾고자 했다.

이와 같은 흐름처럼 다수가 몰입적 사고와는 반대로 가고 있는 와중에도 소수의 사람들은 문명의 이기를 누리면서도 고도로 집중된 상태를 유지하며 그것으로 인한 부정적인 영향력에서는 벗어나고자 노력한다. 발전된 문명을 내 삶에 유용하게 활용함과 동시에 몰입의 기술을 탁월하게 발휘할 줄 알게 된다면 우리의 삶은 더 가치 있고 행복해질 수 있다는 사실을 알기 때문이다.

산만했던 의식이 질서 정연하게 바뀌다

왜 몰입해야 하는가에 대해서는 엔트로피entropy의 관점에서 설명이 가능하다. 인간은 자연의 일부이자 그 자체로 하나의 생명현상이다. 자연현상이나 생명현상은 언제나 자연법칙을 따른다. 이와 같은 자연법칙을 제대로 이해하고 우리의 삶에 적절하게 활용할 줄 알게 되면 자신이 원하는 방향으로 삶을 이끌어나갈 수 있다. 엔트로피 법칙은 유용성과 보편성, 그리고 타당성을 겸비한 자연법칙 중 하나로 어떠한 상황에서도 예외 없이 성립한다.

엔트로피 법칙이란 모든 현상은 언제나 전체 엔트로피가 증가하는 방향으로 진행된다는 법칙이다. 여기서 엔트로피는 무질서한 정도로 생각하면 이해하기가 수월하다. 쉽게 말해 이 세상은 계속 무질서해지는 방향으로 흘러간다는 것이다. 이러한 맥락에서 보면 우리가 집중된 상태에서 산만한 상태로 가는 것은 매우 자연스러운 현상이다. 몰입하기보다 집중력이 흐트러지는 게 더 쉬운 이유다. 만일 엔트로피가 증가하거나 감소하는 모습이 시각적으로 잘 그려지지 않는다면 비디오로 촬영한 영상을 떠올려보라. 우리가 비디오로 촬영한 뒤 플레이 버튼을 눌러 볼 수 있는 장면은 현실 세계에서 시간의 흐름에 따라 일어나는 현상이다. 폭포가 위에서 아래로 떨어지는 모습, 잉크가 물속에서 점점 퍼져나가는 모습, 화재가 나서 불에 타는 모습 등이 그렇다. 이 모습들은 엔트로피가 증가하는 모습이다. 이번에는 되감기 버튼을 눌러 영상을 뒤로 돌려보자. 비디오를 거꾸로 돌리면 시간을 거슬러 올라가는 모습이 나타난다. 폭포수가 아래에서 위로 거꾸로 오르는 모습, 산발적으로 흩어졌던 잉크가 수면의 한 점으로 모여드는 모습, 잿더미가 다시 물건들로 복원되는 모습이 바로 그것이다. 이 모습들은 엔트로피가 감소하는 모습이다. 그런데 현실에서 시간을 되돌릴 방법은 없다. 즉, 전체 엔트로피를 감소시킬 도리가 없는 것이다.

몰입은 상당 기간 집중을 유지하는 상태로, 이때 의식의 엔트로피는 낮다. 이와 반대로 산만한 상태에서는 의식의 엔트로피가 높다. 앞에서 엔트로피는 계속 높아지는 방향으로만 흐른다고 했다. 이쯤에서 '그렇다면 우리는 영원히 몰입을 할 수 없는 것이 아니냐'라고 반문하는 분이 계실지도 모르겠다. 그런데 한 가지 놀라운 사실이 있다. 전체 엔트로피는 계속 증가하는 방향으로 진행되지만, 인간을 포함한 생명체가 생명현상을 유지하는 것은 부분적으로 엔트로피를 낮추는 활동이라는 점이다. 살아 있는 상태보다 죽은 상태가 엔트로피가 높은 상태이므로 인간은 결국 죽는다. 그러나 우리는 노화를 지연시키고 삶을 지속하기 위해 노력한다. 엔트로피가 낮은 음식을 섭취하고, 엔트로피가 높은 배설물을 배출함으로써 음의 엔트로피('네겐트로피'라고 부른다)를 인체에 공급해주는 것은 그러한 노력의 일환이다.

그렇다면 생명체가 이와 같이 엔트로피를 부분적으로 낮출 수 있는 것은 무엇 때문일까? 그 답은 현대 양자물리학의 기초를 다진 과학자 중 한 명인 에르빈 슈뢰딩거의 통찰로부터 찾을 수 있다. 물리학자였지만 생명의 본질에 대해서도 관심이 많았던 그는 『생명이란 무엇인가?』에서 "생명은 네겐트로피를 먹고 사는 존재"라고 이야기하며, 이것이 가능하려면 생명체에게 '어떤 정보'가 있어야 한다고 생각했다. 그는 이 정보를 '코드code'라고 명명했는데, 그의 이런 선견지명은 이후 제임스 왓슨과 프랜시스 크릭이 DNA 이중나선구조를 발견하면서 사실로 밝혀졌다. (제임스 왓슨은 학부 시절 슈뢰딩거의 『생명이란 무엇인가?』를 탐독했다고 전해진다.) 즉, 생명체의 유전자 속에 들어있는 유전 정보가 네겐트로피의 공급을 가능하게 한 것이다.

엔트로피의 물리적 의미는 '확률'이라고도 할 수 있다. 즉, 엔트로피 법칙은 전체 확률은 언제나 증가한다는 의미이고, 이는 확률이 낮은 상태에서 높은 상태로의 변화는 가능하지만 그 반대는 불가능함을 가리킨다. 우리가 어떤 일을 어렵다고 말하는 것은 그 일이 현실에서 구현될 확률이 낮음을 가리킨다. 고부가가치 상품을 생산해내는 것, 산업을 고도화시키는 것, 공부를 잘하는 것, 창의적이고 혁신적인 아이디어를 내는 것, 큰돈을 버는 것 등은 모두 낮은 확률 상태, 즉 엔트로피가 낮은 상태를 구현하는 것이다. 앞에서 생명현상은 정보(코드)를 통해 엔트로피를 부분적으로 낮출 수 있다고 했다. 즉, 생명체는 정보 처리에 의하여 스스로 확률이 낮은 상태인 생명현상을 유지한다는 점에서 무생물과 구별된다. 이는 곧 정보가 확률을 바꿔주는 요소임을 뜻한다. 우리가 길을 헤맬 때 네비게이션을 사용하면 올바른 주행로를 파악할 수 있다. 네비게이션에 의한 정보가 길을 찾을 확률을 올린 것이다. 책을 읽거나 강의를 듣거나 공부를 해서 지식을 습득하는 행위 등은 정보를 저장하는 행위다. 이렇게 입력된 정보들은 우리가 삶에서 보다 낮은 확률을 구현할 수 있게 도와준다.

앞에서 엔트로피가 증가하는 모습과 감소하는 모습을 설명하면서 비디오로 촬영한 장면을 떠올려보라고 했다. 그중 폭포의 물이 떨어지는 장면을 다시 상기해보자. 폭포가 위에서 아래로 떨어지는 모습은 엔트로피가 높아지는 모습이라고 했다. 이는 매우 자연스러운 현상이고 이런 상태가 되는 데에 인위적인 힘의 개입은 필요하지 않다. 높은 확률로 일어날 수 있는 일인 것이다. 이와는 반대로 아래에 있는 물을 위로 거꾸로 올려놓는 일은 자연 상태에서 불가능하다. 하지만 완전히 불가능한 것은 아니다. 외부에서 인위적으로 힘을 기울이면 아래에 있던 물을 위로도 끌어올릴 수 있다. 펌프를 떠올리면 이해가 쉽다. 여기서 중요한 것은 '인위적(의도적)인 힘(노력)'이다. 몰입은 '의식의 엔트로피가 높은, 확률적으로 구현하기 쉬운 상태', 즉 산만한 상태를 의도적인 노력으로 '엔트로피가 낮은, 확률적으로 구현하기 어려운 상태', 즉 고도로 집중된 상태로 만드는 정신적 활동이라고 할 수 있다.

엔트로피 법칙으로 중요한 교훈을 얻을 수 있다. 바로 세상 모든 것은 자연스럽게 확률이 증가하는 방향으로 진행된다는 것이다. 다시 말하면 엔트로피가 자연스럽게 증가하는 경향에 맞서 이를 감소시키려는 특별한 노력을 하지 않으면 우리는 타락이나 쇠퇴의 길로 빠지게 된다. 이는 개인뿐 아니라 사회와 국가의 흥망성쇠에도 그대로 적용된다. 따라서 타락하거나 쇠퇴하지 않으려면 엔트로피가 증가하려는 경향에 맞서 이를 감소시키려는 노력을 끊임없이 해야 한다.

인생에서 가치 있는 것은 모두 오르막이다

미국의 동기부여 전문가이자 경제 전문가이며 베스트셀러 『에너지 버스』의 저자인 존 고든은 "인생에서 가치 있는 것, 당신이 소망하고 이루고 싶은 것, 당신이 누리고자 하는 것은 모두 오르막이다. 문제는 사람들 대부분의 꿈은 오르막인데 습관은 내리막이라는 사실이다"라고 말했다. 이 말은 엔트로피 법칙을 삶에 적용한 것과 동일한 표현으로, 삶의 핵심적인 통찰을 담고 있다. 우리의 꿈을 실현하려면 엔트로피를 낮춰야 하는데 우리의 습관은 엔트로피를 증가시키는 경향을 보이기 때문이다. 삶에서 성공을 이룬 사람들의 거의 대다수는 이 오르막길을 오른 사람들이다. 인생에서 가치 있는 것들은 대개 이

오르막길의 정상에 있다. 그런데 우리는 본능적으로 오르막길을 싫어하고 내리막길을 가고 싶어한다.

그렇다면 어떻게 우리의 본능에 거슬러서 오르막길을 갈 수 있을까? 나는 이것이 삶의 본질적인 문제고, 이 문제를 해결하면 삶의 대부분의 문제를 해결하는 것이라고 생각한다. 그래서 이 문제를 해결하는 것은 삶의 방정식을 푸는 것과 같다.

이 문제의 힌트는 등산을 즐기는 사람으로부터 얻을 수 있다. 한 번이라도 등산을 해본 사람이라면 알겠지만, 산 정상까지 오르기란 정말 쉽지 않다. 그런데 이렇게 힘든 등산을 즐겨 하는 사람들이 분명 존재한다. 이들은 어떠한 이유로 그 힘든 과정을 마다하지 않고 다시 또 산을 오르는 것일까?

이를 이해하기 위해서는 뇌과학 관점에서 인간의 동기부여 시스템을 들여다볼 필요가 있다. 우리가 즐거움 혹은 고통을 느끼는 경험을 하면 우리 뇌의 편도체라는 곳에서는 감정의 세기를 계산한다. 즉, 얼마나 즐거웠는지 혹은 얼마나 고통스러웠는지를 계산하는 것이다. 그리고 그 결과값을 전두엽에 저장한다. 그러면 우리는 이후에 전두엽에 저장된 기억을 바탕으로 고통을 최소화하고 쾌락을 극대화하여 보상이 가장 큰 방향으로 행동한다. 이러한 기억 작용에 의해서 우리는 어떤 것에 호감을 갖거나 비호감을 갖는 것이다. 만일 등산을 하다가 너무 힘들어서 중도에 포기하고 다시 산을 내려왔다면, 이 사람은 '등산=고통'이라는 값이 머릿속에 입력된다. 이후에 이 사람은 누가 주말에 산에 올라가자고 하면 거부감을 드러낼 것이다.

한편, 어떤 사람은 오르막을 오르는 어려움을 참고 산 정상까지 올라간다. 우리 몸은 항상성恒常性, homeostasis을 추구하는 성질이 있다. 항상성은 한자 뜻 그대로 늘 평상의 상태, 즉 어느 쪽으로도 기울어지지 않은 평형 상태를 추구하고자 하는, 생명체들의 보편적인 경향성이다. 따라서 생물은 다양한 조절 메커니즘을 가동함으로써 체내를 최적화된 상태로 유지하려고 한다. 이러한 항상성의 원리에 따라 우리가 고통을 느끼는 만큼 우리 몸 안에는 쾌락을 느끼게 해주는 도파민, 엔도르핀 등의 물질들도 쌓이게 된다.

우리가 정상에 다다른 순간 성취감, 상쾌함 등 커다란 쾌감을 느끼는 것은 더 이상 오르막을 오르지 않아서 고통이 사라짐과 동시에 그동안 함께 쌓인 도파민, 엔도르핀과 같은 신경전달물질들이 과잉된 상태이기 때문이다. 이때 느끼는 쾌감이 강한 호감을 불러일으키고 이내 우리 뇌 속에는 좋은 기억으로 저장된다. 이와 같은 메커니즘으로 인해 오르막에서의 고통이 정상에서의 강한 희열로 기억이 대체된다. 오르막을 오르는 동안은 작은 고통이 오랜 시간 누적되지만 정상에서는 순간적으로 강한 희열을 느끼기 때문이다. 그래서 오르막에 대한 부정적인 감정은 잊히고 정상에서의 강한 자극을 기억하게 된다. 그 결과, 산행에 대한 좋은 기억을 갖게 된다. 산행을 반복하면서 이러한 기억이 강화되면 그다음부터는 산행을 즐기는 사람이 되는 것이다. 물론 산행을 처음 시작할 때는 너무 어렵지 않은 동네 뒷산에 오르는 경험부터 시작해야 할 것이다. 동네 뒷산에 오르며 등산의 즐거움을 여러 차례 느낀 사람이라면 이후에 지리산 천왕봉 등반처럼 보다 더 높은 단계에 도전하고 싶은 마음이 들 확률이 높다.

본능을 거스르고 기꺼이 오르막을 오를 수 있는 메커니즘은 이 방법밖에 없다. 반드시 오르막 혹은 힘든 시간 후에는 짜릿한 성공을 경험하는 것으로 마무리되어야 한다. 쉬운 이해를 위해 등산을 비유로 들었지만 공부, 연구, 스포츠나 예술, 직장에서의 업무 등 우리가 살면서 경험하게 되는 모든 일에서 높은 수준의 성취를 위해 이와 같은 인간의 동기부여 메커니즘을 알고 삶에 적용해야 한다.

따라서 우리가 어떤 일을 하더라도 최선을 다하되, "혼신으로 노력했고 지긋지긋했다!"라는 경험은 피해야 한다. 대신 "혼신으로 노력했지만 좋았다!"라는 경험을 해야 한다. 그래야 다시 그 혼신을 되풀이할 수 있기 때문이다.

이 메커니즘을 학생들이 힘들어하는 중간고사나 기말고사 준비에 적용해보자. 한 학생이 평소보다 더 열심히 공부했다. 이는 오르막길을 오르는 중인 것이다. 그 결과 성적이 눈에 띄게 올라서 선생님으로부터 커다란 칭찬을 받고, 친구들로부터 부러움을 샀다면 공부하면서 받았던 고통이 잊히고 강한 희열의 기억이 남을 것이다. 이러한 긍정적인 기억은 공부에 대한 동기부여가 된다. 이 경우가 바로 "온 힘을 쏟았지만 좋았다!"라는 경우다.

그런데 문제는 혼신으로 노력한다고 해서 항상 성적이 오르는 것이 아니라는 것이다. 어떨 때는 아무리 노력해도 성적이 떨어지기도 한다. 그러면 어떻게 해야 하나? 이때 필요한 것이 몰입이다. 몰입은 결과에 집착하기보다 공부하는 과정을 즐기며 최선을 다하는 방법이다. 그래서 자연스럽게 좋은 결과가 따라온다. 중간고사 준비에 몰입을 적용한 대학생 사례를 살펴보자.

> 66 수요일 저녁에 중간고사를 모두 마쳤습니다. 평소에는 시험 기간이 너무나 괴로웠는데 이번에는 최선을 다한 제 모습에 보람이 느껴지면서 시간 가는 줄 모르고 즐겁게 공부했습니다. 중간고사 마지막 과목을 마치고 나오면서는 아쉬운 문제들도 몇 개 있었는데 '아, 공부를 조금만 더 할 걸' 하는 후회는 없었습니다. '에이, 그래도 이번에 최선을 다했으니까. 다음에는 조금 더 여유를 두고 시작하자' 하는 다짐을 하게 되었습니다.

다음은 동일한 학생이 기말고사 준비에 몰입을 적용한 사례다.

> 66 다음 주 수요일, 목요일에 시험이 두 과목 있습니다. 연달아 시험이 잡히는 바람에 이번 주는 두 과목에 집중적으로 몰입을 했습니다. 먼저 시험 범위를 쭉 훑은 다음, 앞에서부터 꼼꼼하게 다시 읽으며 완벽하게 이해하기 위해 노력했습니다. 시간은 좀 걸렸지만, 결과적으로 완벽하게 모든 시험 범위를 공부할 수 있었습니다. 공부하고 생각하는

시간을 최대한 많이 확보하려고 노력 중입니다. 처음에는 오랜 시간 끊임없이 생각하는 일이 참 어려웠는데 이제는 그리 힘들지 않습니다. 오히려 생각에 빠져 있다가 문득 오랜 시간이 지났음을 깨달았을 때 매우 보람 있고 즐겁습니다. 무엇보다도 스트레스 없이 즐겁게 시험공부를 한다는 점이 가장 좋은 것 같습니다.

이처럼 몰입을 활용하면 과정을 즐길 수 있기에 인생의 오르막길에서 결과에 상관없이 항상 성공을 경험할 수 있다. 따라서 몰입이 인생의 방정식을 푸는 열쇠가 될 수 있다.

세상을 바꾼
천재들의 생각법

　과학사에 이름을 남긴 천재들이라고 해서 특별한 연구 비법을 갖고 있는 것은 아니다. 그런데 그들의 삶을 되짚어보면 아주 재미난 공통점을 한 가지 발견할 수 있다. 바로 지극한 몰입을 했다는 것이다. 그들은 한 가지 의문에 몰입하고 또 몰입해서 해결책을 찾아냈다. 결국 그들은 몰입을 통해 극한의 집중력을 발휘함으로써 두뇌를 100% 활용하는 재능을 지닌 사람들이었다.

　단언하건대 몰입적인 사고 없이 탁월한 지적 재능만 부여받았다면 그들은 위대한 업적을 이루지 못했다. 실제로 천재 과학자들의 연구 태도나 방법을 보면 탁월한 지적 재능보다는 주어진 문제를 풀려고 혼신의 노력을 기울인 몰입적 사고가 더 중요한 역할을 하고 있음을 알 수 있다.

　이와 관련하여 이인식 지식융합연구소 소장 겸 ESG청색기술포럼

대표는 저서 『멋진 과학』을 통해 천재와 범인의 차이점을 명료하게 설명한 바 있다.

"천재의 수수께끼에 도전한 인지과학자들은 천재나 범인, 모두 문제 해결 방식이 동일한 과정을 밟는다는 사실을 밝혀냈다. 다시 말해 천재와 보통 사람 사이의 지적 능력 차이는 질보다는 양의 문제라는 것이다."

천재와 보통 사람의 지적 능력 차이가 질보다 양의 문제라면 천재들의 위대한 업적은 순전히 주어진 문제를 풀기 위한 그들의 노력에 의해 얻어졌다는 것을 의미한다. 즉 천재들은 극도의 몰입적인 사고를 할 수 있는 남다른 열정의 소유자였던 것이다.

먹지도, 자지도 않고 생각한 뉴턴

뉴턴은 "어떻게 만유인력의 법칙을 발견했느냐"는 질문에 "내내 그 생각만 하고 있었으니까"라고 간단하게 대답했다고 한다. 별스러울 것 없이 들리는 이 단순한 대답 속에는 주어진 문제를 해결하는 데 필요한 가장 핵심적인 요소가 깃들어 있다. 뉴턴의 답변에서 '생각'은 일반적으로 사람들이 하는 생각과는 의미가 다른, 몰입적인 사고를 뜻한다.

　뉴턴의 일생을 다룬 『프린키피아의 천재』라는 책에는 그의 독특한 사색 방법이 자세히 소개되어 있다. 뉴턴은 한 가지 문제를 붙잡으면 밥 먹는 것도, 잠자는 것도 잊어버렸다. 접시째 내버려둔 음식 때문에 그의 고양이는 나날이 뚱뚱해졌고, 밤잠을 설치고도 뉴턴 자신은 밤을 새웠다는 것조차 몰랐다고 한다. 특히 밤을 새워 어떤 명제를 발견했을 때는 거기에 만족해 몸이 상하는 것도 모를 정도였다.

　나이가 들어서도 그의 연구열은 식을 줄을 몰랐다. 그를 식탁으로 불러들이려면 식사가 준비되기 30분 전부터 불러대야 했으며, 식탁에 앉아서도 책을 들여다보느라 음식에 손도 대지 않는 일이 허다했다. 심지어 저녁 식사로 차려진 죽이나 달걀을 다음 날 아침으로 먹는 일도 흔했다고 한다. 뉴턴의 몰입적 사고는 한 문제가 풀릴 때까지 몇 개월, 심지어 몇 년 동안이나 지속되었다. 뉴턴은 "다른 사람들도 나만큼 열심히 생각한다면 그들도 비슷한 결과를 얻을 것이다"라고 말했다. 그는 자신의 위대한 업적들이 비범한 지적 재능으로 이룬 것이 아닌, 오랜 기간 생각하고 생각한 몰입으로 이뤄낸 것이라고 보았다.

　몰입적인 사고를 하면 일상도 달라진다. 몰입적인 사고를 하는 삶과 보통의 사교적인 생활이 양립하기란 좀처럼 쉽지 않기 때문이다. 몰입적인 사고를 하면 자신이 하는 일 이외의 세계에 대해서는 관심이 없어진다. 이러한 이유로 사교적인 활동에 관심이 없어지고 대인관계에서도 문제가 생기게 마련인데, 바로 이것이 몰입적 사고를 하는 사람들이 범하기 쉬운 문제점이고 주의해야 할 점이다.

　뉴턴 역시 사교성과는 거리가 먼 사람이었다. 그는 언제나 연구와 가까이 지냈고, 누군가를 방문하는 일도 거의 없었다. 그를 찾아오는 사람도 다해봤자 두세 명에 불과했으며, 스스로 말을 타고 나가 바깥바람을 쐬거나 산책하는 일, 운동이나 취미 등의 여가생활을 하는 것을 본 사람이 없었다. 케임브리지대학교 루카스 석좌교수로 학교에서 연구하던 학기 중을 제외하면 그는 거의 모든 시간을 자기 방에 틀어박혀 연구하는 것으로 보냈다.

침대에서도 미적분 생각, 리처드 파인만

　'호기심을 전염시키는' 물리학 강의로 유명한 리처드 파인만에 대해서도 재미있는 에피소드가 많이 알려져 있다. 그는 양자역학을 새로이 정립한 공로로 노벨상까지 수상한 위대한 과학자이지만 일상생활에는 영 서툴렀던 모양이다.

　파인만의 전기 『천재』에 의하면 파인만은 첫 번째 아내와 사별한 뒤 메리 루라는 여성과 재혼을 하게 된다. 하지만 그들의 결혼생활은 오래가지 못했다. 사교와 파티를 좋아하는 메리 루와 파인만은 서로 맞지 않는 옷처럼 겉돌기만 했다. 결국 이들은 이혼에 이르게 되었는데, 당시 메리 루가 법정에서 진술한 내용이 미국 내 신문에 보도되면서 자신의 일에만 몰입해 있는 과학자들의 일상이 호사가들의 입에 오르내렸다. 과학자들의 일상이란 다른 유명 인사들과는 달리 전혀 노출되지 않다 보니 더욱 흥미로웠을 것이다.

「대학교수, 침대에서 봉고 연주에 미적분까지」라는 제목으로 소개된 기사 내용을 보면 파인만의 일상이 눈에 보이는 듯하다. 파인만의 유일한 취미가 봉고 연주였다는 점을 감안하면 더욱 재미있다.

"드럼 소리가 지독하게 시끄러웠죠. 게다가 깨자마자 머릿속으로 미적분 문제들을 풀기 시작한답니다. 차를 몰면서도, 거실에 앉아서도, 밤에 침대에 누워서도 미적분을 했죠."

사교적인 메리 루에게 파인만의 생활 습관은 지루하고 고통스러웠을 게 뻔하다. 파인만은 그의 전기傳記를 집필하고 있던 메라Mehra 박사와의 인터뷰에서 다음과 같이 말했다.

"물리는 나의 유일한 취미입니다. 그것은 나의 일이자 오락이기도 하죠. 내 노트를 보면 알 수 있듯이, 나는 항상 물리에 관한 문제를 생각합니다."

항상 물리에 관한 문제를 생각한다는 것이 과연 일상에서는 어떠한 모습으로 나타날까? 그의 자서전인 『파인만 씨, 농담도 잘하시네』에는 그가 칼텍Caltech 교수로 재직할 때 길을 걷다가 경찰관에게 검문을 받는 일화가 있다.

전에는 레스토랑으로 가는 길에 순경에게 잡히는 일이 종종 있었다.

나는 생각하면서 걷다가 가끔 한 번씩 멈춰 선다. 너무 어려운 것을 생각하다 보면 걸을 수가 없다. 이때는 멈춰 서서 해결될 때까지 기다려야 한다. 그래서 가끔씩 멈춰 서는데, 어떤 때는 손을 공중에 내저으면서 혼잣말도 한다.

"이것들 사이의 거리는 이렇고, 그러면 이것은 이렇게 되고…"

거리에 서서 팔을 휘두르다 보면, 순경이 다가온다.

"이름이 뭡니까? 어디에 살아요? 지금 뭐합니까?"

"아! 생각하고 있었어요. 미안합니다. 나는 이 동네에 살고, 레스토랑에 자주 가죠…"

좀 지나자 순경들이 나를 알아보고 다시는 잡지 않았다.

그의 말처럼 유난히도 호기심이 많았던 그가 물리학을 바라보는 자세는 남달랐다. 물리학은 그의 생활을 송두리째 잠식하고 있었던 것이다.

지구를 방랑하는 천재 수학자, 에르되시 팔

중요한 문제를 적극적으로 찾기 위해서는 한곳에 머물러 있지 않고 돌아다녀야 한다. 이때 가장 큰 문제가 되는 것이 바로 직장이다. 대부분의 직장은 한 곳에 머무를 것을 요구하기 때문에 문제를 찾아

다니는 데 방해가 될 수밖에 없다. 이런 문제 때문에 미국 유명 대학의 교수 자리도 마다하고 평생 문제를 찾아다닌 수학자가 있다. '방랑 수학자', '화성에서 온 수학자' 등의 별명을 얻은 헝가리 출신의 전설적인 수학자, 에르되시 팔이다. 영어 발음으로는 폴 에어디쉬다.

에르되시 팔은 보통의 수학자가 평생에 한 편 쓸까 말까 한 수준 높은 논문을 1,500편 가까이 발표했다. 그의 전기를 읽어보면 그가 평생 동안 몰입 상태를 유지했음을 알 수 있는데, 그는 아내도, 아이도, 직업도, 취미도, 심지어 살 집도 없이 평생을 수학에 바쳤다. 그 어떤 것으로부터도 구속받지 않고 좋은 수학 문제와 새로운 수학 인재를 찾아다니는 데만 관심을 쏟아 부었다. 그는 전 세계를 휘젓고 다녔고, 대학에서 연구소로, 또 다른 대학으로 방랑을 계속했다. 그는 날마다 19시간씩 수학을 생각하고 저술하였으며 1,475편이라는 방대한 분량의 논문을 남겨 후학들을 자극했다. 그는 역사상 가장 많은 수학 논문을 저술했다고 알려진 수학자, 레온하르트 오일러의 기록을 깨고 현재까지 가장 많은 수학 논문을 저술한 수학자로 알려져 있다.

성리학 '경'에서 찾은 몰입

성리학에서 '경敬'의 의미는 '생각이나 헤아림을 중단한 상태에서 마음을 고요하게 간직하는 것'이라는 뜻을 가졌다. 송나라의 성리학자 정이程顥는 '경이란 마음을 오로지 하나에 집중하는 것'이라고 하며 경을 '주일무적主一無適'으로 설명한 바 있다. 성리학의 경이 바로 몰입과 같은 것이다.

성리학은 인간 본연의 착한 마음을 회복하여 성인聖人이 되는 것을 목적으로 하는 학문체계다. 성리학의 대표적 인물인 주자는 학문을 수양하는 방법으로 두 가지를 제시했는데, '거경居敬'과 '궁리窮理'다. 거경은 경을 간직함으로써 악한 마음으로 변하는 요인을 제거하는 방법이고, 궁리는 다른 사물의 본질을 인식하고 그것으로 미루어 간접적으로 자신의 본질인 착한 마음을 인식하는 방법이다.

성리학자들은 '격물치지格物致知'라고 하는, 자신이 모르는 것을 깨달을 때까지 끝까지 파고드는 방식으로 공부를 했는데 이는 내가 이야기하는 몰입의 방식과 상당히 유사하다. 예를 들어 서울대학교 박희병 명예교수가 편역한 『선인들의 공부법』에 소개된 주자의 공부법을 보자.

만일 하나를 깨닫지 못하겠으면 모름지기 거듭거듭 추구하고 연구하여, 길을 갈 때도 생각하고 앉아서도 생각할 것이며, 아침에 생각하여 깨닫지 못하면 저녁에 다시 생각하고, 저녁에 생각해도 깨닫지 못하겠으면 이튿날 또 생각해야 할 것이다. 이와 같이 한다면 어찌 깨닫지 못할 도리가 있겠는가. 대충대충 생각하거나, 생각하다가 깨닫지 못할 경우 곧 그만두어 버린다면 천년이 지나도 깨닫지 못할 것이다.

이 책에는 화담 서경덕의 공부법도 소개했는데 다음은 제자 박민헌이 스승의 공부법을 서술한 내용이다.

천지 만물의 이름을 모두 써서 벽에다 붙여 두고는 날마다 그 이치를 궁구하기를 일삼아서, 한 사물의 이치를 궁구하여 깨달은 이후에야 다시 또 다른 사물의 이치를 궁구했는데, 만일 그 이치를 궁구하지 못하면 밥을 먹어도 그 맛을 알지 못하고 길을 걸어도 그 가는 곳을 알지 못했으며 심지어는 뒷간에 가더라도 일을 보는 것을 잊을 정도였다. 혹 며칠씩 잠을 자지 않다가 때로 눈을 붙이면 꿈속에서 그때까지 궁구하지 못했던 이치를 깨닫기도 했다.

충북대학교 김태영 교수가 기고한 「한국 유학에서의 성경 사상」이라는 논문에서는 다음과 같은 퇴계의 말을 인용하고 있다.

때를 잃지 아니하여 잠깐 사이라도 끊임이 없고 경우를 놓치지 아니하여 털끝만치라도 차질이 없게 하려면 주일主一, 정신을 한곳으로 모아 온전하게 해야 하는 것이니, '일一'은 시간적 지속성과 일의 일관성, 내지 무차별성을 의미하는 것이다. 이렇게 해야 도道에 들어갈 수 있기 때문이다.

서경덕과 퇴계뿐 아니라 조선의 선비들은 어떤 책이든 완전히 이해할 때까지 끝없이 반복해서 읽고 생각해서 그 뜻과 원리를 깨치는 몰입의 방식으로 공부했음을 알 수 있다.

회사에 살면서 혁신을 일으킨 스티브 잡스

몰입적 사고를 통해 놀라운 성취를 일궈낸 인물들은 학문의 영역에만 존재하는 것이 아니다. 연구 개발, 비즈니스의 영역에서도 몰입적 사고를 통해 혁명과도 같은 발전을 이끌어낸 인물들이 있다. '21세기를 대표하는 혁신의 아이콘', 애플의 창업자 스티브 잡스Steve Jobs가 대표적이다. 스티브 잡스는 애플을 창업하기 전인 1974년, 당시 비디오 게임 회사로 유명했던 아타리Atari에 엔지니어로 입사한다. 잡스는 입사한 첫날에 당시 아타리의 대표였던 놀란 부시넬에게 회사의 보안 장치를 해제해달라고 요구했다. 사무실에서 잠을 자며 밤에도 일을 하고 싶었기 때문이다. 당시 아타리는 사무실에서 밤을 새우는 것을 원칙적으로 금지하고 있었다. 결국 놀란 부시넬은 잡스가 밤에도 회사에서 자면서 일에 몰두할 수 있도록 허락한다. 이후 잡스는 2년간 게임 개발에 매달린 끝에 비디오 게임 회사로서 아타리의 명성을 빛나게 한 게임을 만들어낸다. 오늘날 벽돌 깨기 게임의 원조인 '브레이크아웃Break Out'이라는 게임은 잡스가 아타리에서 몰입적 사고를 통해 만들어낸 결과물이다.

이후 잡스는 고등학교 시절부터 알고 지내던 컴퓨터 기술의 귀재인 스티브 워즈니악과 1976년 애플을 창업한다. 자신의 사업을 시작하면서 잡스의 몰입적 사고는 더욱 빛을 발한다. 반세기에 가까운 시간 동안 지금까지 애플은 개인용 컴퓨터의 시대를 연 매킨토시, 음악산업의 판도를 바꾼 아이팟 등 놀라운 발명품들을 개발해 세상에 선보였다. 특히 전 세계인들의 생활양식을 뒤바꿔놓은 아이폰은 잡스를 비롯해 그가 이끌던 애플의 직원들이 고도로 몰입해 만들어낸 결과물이다. 잡스가 아이폰 개발을 추진 중이던 당시, 경쟁사였던 마이크로소프트에서도 그와 비슷한 태블릿을 판매하고 있었다. 그런데이 제품은 펜으로 화면을 조작하는 방식이었다. 잡스는 그보다 더 단순하면서도 직관적인 조작법을 원했고, 그는 손으로 화면을 터치하는 제품을 개발하는 것이 더 좋겠다는 아이디어를 떠올린다. 이 아이디어를 적용한 제품을 출시하기 위해 잡스는 소수의 개발팀 인원들과 함께 6개월 동안 집중적인 연구 개발에 착수한다. 일명 '퍼플 프로젝트'라고 이름을 붙인 이 프로젝트를 수행하는 동안 관계자들은 집에도 들어가지 않고 사무실에서 고도로 몰입하며 일했다. 제품을 개발하는 동안 연구원들이 사무실에서 마치 기숙사처럼 먹고 자고 생활했기 때문에 이 공간을 '퍼플 돔purple dorm'이라고 불렀다. 그 결과, 아이폰이라는 놀라운 제품을 세상에 선보일 수 있게 된다. 잡스는 1982년 매킨토시 컴퓨터를 개발할 당시에도 '주 90시간 근무, 너무 행복하다!'라고 적힌 티셔츠를 입고 다닐 정도로 자신의 일에 몰입하는 것으로부터 삶의 행복과 의미를 찾았다.

꿈을 현실로 만든 일론 머스크

300조 원에 달하는 재산을 보유한 세계 최고의 부자이자 사업가인 일론 머스크도 대표적인 몰입형 인물이다. 그는 다수의 인터뷰에서 일주일에 적어도 80시간에서 100시간씩은 일해야 한다고 이야기했다. 일주일에 100시간을 일하려면 주말도 없이 매일 14시간 이상 일해야 한다. 이는 곧 잠을 자고 밥을 먹는 시간을 제외하면 종일일 생각만 한다는 뜻이다. 일론 머스크는 자신의 사업이 위기에 처했을 때는 일주일에 120시간씩 일한다고도 한다. 물론 이는 창업을 꿈꾸는 이들을 대상으로 한 조언인 만큼 자기 사업을 하기 위해서는 그만큼 집중적으로 시간을 투자해야 한다는 의미일 것이다. 하지만 일론 머스크의 이 조언에서 '자기 사업'이라는 말을 '자신이 당면한 가장 중요한 문제'로 바꾸면, 회사를 운영하는 사람들뿐만 아니라 자기만의 삶을 살아가는 모든 사람에게 유의미한 조언으로 확장해 적용할 수 있다. 즉, 자신이 중요하다고 생각한 문제를 풀고, 자기만의 답에 이르기 위해서는 그 하나의 문제에 고도로 집중해야 한다는 것이다. 그는 한 인터뷰에서 좋아하는 일을 하다 보면 그 일을 하지 않을 때에도 그것에 대한 생각이 떠오른다고 말했는데, 이는 깊은 몰입을 할 때 나타나는 전형적인 증상이다. 일론 머스크는 자신의 신념을 실현시키기 위해 고도로 집중한 결과, 모두가 헛된 망상으로만 치부했던 일들을 현실로 이루어냈다. 전기차 시대의 새로운 장을 열어젖힌 것(테슬라), 민간 기업으로서는 최초로 유인 우주선 발사에 성공한 것(스페이스X) 등이 대표적인 사례다.

스스로 미분을 풀어낸
초중학생들

몰입이 천재들만의 전유물은 아니다. 몰입의 놀라운 효과를 체험한 나는 다른 사람들과 그 경험을 공유하고 싶었다. 그간 몇몇 제자들에게 몰입을 지도한 결과, 그들 역시 놀랄 만한 성과를 얻었기 때문에 성장기 청소년들을 대상으로 실험을 해보고 싶었다. 그런 기회가 된 것이 2007년 6월에 방송된 SBS 스페셜이었다.

SBS 스페셜 〈몰입〉 수학 실험

2007년 5월 25일 금요일 오후 5시 30분, SBS 스페셜 촬영 장소인 양수리 수양관에 도착했다. 원묵중학교 학생 10명이 교무부장과 수학 교사의 인솔하에 이미 와서 기다리고 있었다. 남학생 5명, 여학생 5명으로 구성된 학생들은 대부분 특목고를 목표로 하고 있으며, 성적은 대체로 상위권이지만 모두 수학을 잘하는 것은 아니라고 했다. 저녁 8시부터 오리엔테이션 시간을 갖고 이 프로그램의 취지에 대하여 설명했다. 그리고 이제까지 학교에서 풀었던 수학 문제와는 달리, 2박 3일 동안 한 문제만을 풀 예정임을 알려주고 문제를 제시했다.

$$\text{'}y = t^3\text{'}$$

이 문제는 실험에 참가한 학생들이 아직 배우지 않은 미분 문제로, '그래프 위의 점(2, 8)에서의 접선의 기울기를 구하라'는 것이었다. 먼저 평균속도의 개념을 복습하고 순간속도의 개념을 설명한 뒤 2초에서의 순간속도를 구해야 했다. 나는 학생들에게 이 문제는 뉴턴이 최초로 해결한 것으로 대단히 고난도라는 사실을 강조했다. 따라서 평소 수학 문제를 풀듯이 생각을 급하게 하면 오래지 않아 머리가 아파서 포기하게 될 수 있으므로, 명상을 하듯 그리고 마음의 산책을 하듯이 천천히 생각하라고 거듭 당부했다.

반응은 생각보다 빨리 왔다. 시작한 지 2시간 30분 만에 한 학생이 문제를 풀어낸 것이다. 이 학생에게는 보다 발전된 형태의 적분 문제를 내주고 다시 생각의 시간을 갖도록 했다. 적분 문제는 정답을 도출하지는 못했지만, 그 나름의 방법을 통해 답에 상당히 접근하는 모습을 보여주었다. 이 학생이 문제를 푸는 모습은 다른 학생과 확실히 달랐다. 다른 학생들은 모두 노트에 연필로 그림을 그리거나 계산을 하는 데 반해 이 학생은 두 손 놓고 생각만 하고 있었다. 오리엔테이션에서 제시한 대로 천천히 생각하기를 실천하며 문제에 몰두하고 있는 모습이 인상적이었다.

다음 날은 여학생 한 명이 문제를 해결했다. 이 학생은 전날 문제를 푼 학생과 풀이 과정이 달랐다. 문제를 푸는 과정에서는 크게 눈길을 끄는 점이 없었는데, 나중에 들으니 이 학생은 극한에 대한 선행학습을 했다고 했다. 그렇다면 미분에 대한 접근이 한결 용이할 터였다. 이 학생에게도 적분 문제를 내주고 푸는 과정을 관찰했더니, 노트에 문제의 곡선을 큼직하게 그려놓은 뒤 연필을 놓고 그 그림을 보면서 계속 생각만 했다.

마지막 오전까지 문제를 해결한 사람은 더 이상 나타나지 않았다. 학생들이 푸는 과정을 지켜보니 함수와 기울기에 대한 기본 개념이 부족한 것 같아 마지막 날 오전에 함수와 기울기에 대한 설명을 보강해주었다. 그러나 오전 중에 문제를 해결한 학생은 나타나지 않았다. 그래서 점심 식사 이후 정확한 답을 구하려고 하지 말고, 비슷한 답을 구한 뒤 정확한 값에 가까워지는 것을 생각해보라고 방향을 틀어주었다. 이 힌트를 듣고 한 명이 추가로 문제를 해결했다. 구체적인 설명을 덧붙여가며 힌트를 2번 더 주자, 모든 학생이 문제를 해결할 수 있었다.

몰입 확장판

몰입하면 초등학생도 미분을 푼다

SBS 스페셜 촬영 이후로 어느덧 15년 여의 시간이 흘렀다. 그 사이 나의 책과 강연을 통해 몰입에 대해 알게 되고 실제로 몰입 체험을 함으로써 풀리지 않던 문제를 해결하게 되었다는 사람들을 많이 만날 수 있었다. 모든 사례가 귀중하고 놀랍지만, 특히 몰입을 경험한 뒤로 생각하는 힘이 부쩍 성장한 아이들의 모습은 볼 때마다 늘 경이롭다. 내가 운영 중인 몰입 아카데미에서는 매년 여름과 겨울의 방학 시즌이 되면 학생들을 대상으로 몰입캠프를 진행한다. 몰입캠프에 참여하는 아이들은 5박 6일 또는 10박 11일 동안 몰입 의자에 앉아 하나의 문제를 풀릴 때까지 생각한다. 아침에 짧은 강연을 듣는 시간, 삼시세끼 식사를 하는 시간, 저녁에 운동을 하는 시간, 잠을 자는 시간을 제외한 나머지 시간 동안 학생들은 집중적으로 몰입하는 시간을 갖는다.

나는 선행학습을 하지 않은 학생이 뉴턴도 고민한 미분 문제를 스스로 생각해서 해결하는 데 얼마나 걸리는지 관심을 가지고 관찰했다. 2022년 여름에는 중학교 2학년 학생이 20시간, 2023년 겨울에는 중학교 1학년 학생이 50시간, 2023년 여름에는 초등학교 6학년 학생이 60시간 동안 몰입해서 문제를 풀었다.

이 중에 초등학교 6학년 학생과 나눈 이야기를 소개하면 이 학생은 초등학교 6학년이었는데, 60시간 동안 몰입을 한 결과 특정한

3차 함수 그래프 위의 하나의 점에 접하는 직선의 기울기를 구하는 문제의 답을 스스로의 힘으로 알아냈다. 이후에 이야기를 나눠보니 이 학생은 평소에도 수학 문제를 풀 때 최장 3시간까지 생각을 하며 문제를 풀어본 경험이 있었고, 또래와 견줬을 때 수학을 잘하는 편에 속하는 학생이었다.

그러나 아무리 수학에 재능이 있다 하더라도 자신이 한 번도 배워본 적 없는 개념이 적용된 문제를 처음 만나게 되면, 그 문제의 답을 단박에 알아낼 도리가 없다. 이 학생도 마찬가지였다. 처음에 미분 문제를 받았을 때, 이 학생은 자신이 아는 방법을 모두 동원해 문제를 풀고자 시도했다. 하지만 생각대로 문제가 풀리지 않자 굉장한 절망감을 느껴서 무척 힘들었다고 했다. 그렇지만 언젠가는 풀 수 있을 것이라는 희망을 가지고 포기하지 않은 채 문제에 대해 깊이 생각하는 시간을 이어갔다. 그 결과, 초등학생이었지만 미분 문제를 풀어낸 것이다. 예전에 중학생들이 미분 문제를 풀어낸 것을 보고도 무척 놀라웠는데, 초등학생도 몰입적 사고를 통해 미분 문제를 해결해내는 모습을 보면서 나는 이 학생의 경우가 나중에 소개할 '50시간 몰입의 법칙'을 증명하는 좋은 사례라고 생각한다.

또 다른 인상적인 사례를 소개해볼까 한다. 이 학생도 앞선 사례의 학생처럼 초등학교 6학년 학생이었는데, 20시간 동안 몰입을 해서 피타고라스의 정리를 증명해냈다. 이 학생은 몰입캠프에 참여하기 전까지 한 문제를 두고 가장 오래 생각한 시간이 15분 정도였다. 또한, 문제를 풀다가 잘 풀리지 않으면 바로 답안지를 보거나 문제 풀기를 포기했다고도 한다. 깊게 생각하고 몰입하는 습관이 몸에 배이지 않은 학생이었던 것이다. 이 학생에게 제시되었던 문제는 피타고라스의 정리를 증명하는 문제였다.

피타고라스의 정리는 직각삼각형의 3개의 변을 각각 a, b, c라 하고, c에 대한 각이 직각일 때 '$a^2+b^2=c^2$'의 관계를 나타내는 정리로 '두 변의 길이를 제곱해서 더한 값(a^2+b^2)은 빗변의 길이를 제곱한 것(c^2)과 같다'는 것이다. 피타고라스의 정리는 현행 교육과정에서 중학교 2학년 2학기 수학 시간에 배우는 개념이다. 피타고라스 정리를 증명하는 방법은 수백 가지에 달하는 것으로 알려져 있는데 수학에 대한 지식이 많을수록 유리하다. 예를 들어 삼각형의 닮음을 알고 있거나 삼각함수를 알고 있으면 쉽게 증명할 수 있다. 이러한 선행지식이 없을수록 증명하기가 매우 어려워진다. 이 문제를 처음 받았을 때 이 학생은 굉장히 막막하다는 생각을 했다고 한다. 흥미로운 사실은 이런 절망적인 심정과 더불어 이 문제를 통해 자신이 더 다른 미지의 영역으로 한 발 나아갈 수 있을 것 같은 느낌도 받았다는 점이다. 몰입하는 습관이 몸에 익은 학생은 아니었지만 기질적으로 도전정신이 있는 학생이었다고 여겨진다.

다음 사진은 이 학생이 피타고라스의 정리를 증명해낸 방법이다. 사진 속 왼쪽 그림만으로도 피타고라스 정리를 증명할 수 있다. 그러나 이 경우는 $(a+b)^2$을 전개할 줄 알아야 하는데 이 학생은 초등학

초등학생이 증명한 피타고라스의 정리

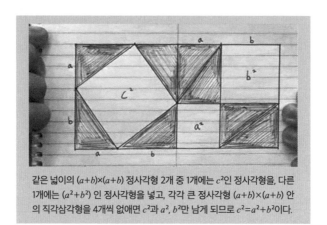

같은 넓이의 $(a+b) \times (a+b)$ 정사각형 2개 중 1개에는 c^2인 정사각형을, 다른 1개에는 (a^2+b^2) 인 정사각형을 넣고, 각각 큰 정사각형 $(a+b) \times (a+b)$ 안의 직각삼각형을 4개씩 없애면 c^2과 a^2, b^2만 남게 되므로 $c^2=a^2+b^2$이다.

출처: 유튜브 <황농문의 몰입 이야기>

생이라서 $(a+b)^2$ 방법을 전혀 모르는 상태였다. 하지만 강한 몰입을 통해 자신이 알고 있는 배경지식을 최대한 활용하여 초등학생 6학년이 풀 수 있는 방식, 즉 옆에 같은 모양의 사각형을 하나 더 그리는 방법을 통해 피타고라스의 정리를 증명해냈다. 물론 이 학생이 피타고라스의 정리를 증명한 방식은 기존에 알려진 증명 방식보다 한참을 더 돌아가서 설명한 방식이다. 하지만 여기서 핵심은 관련된 개념을 배운 적이 없음에도 불구하고 오롯이 그 문제에 몰두함으로써 정답에 이르렀다는 사실이다. 나는 이런 방식으로 증명된 피타고라스의 정리는 없을 것이라고 생각한다.

미국에서는 고등학생들이 기존에 알려진 피타고라스 정리를 증명하는 방식 외에 다른 방식으로 피타고라스의 정리를 증명하는 콘테스트가 열린다. 이 콘테스트에서 새로운 방식이 제시되면 뉴스에 소개가 될 정도인데, 가장 최근의 소식으로는 2023년 3월 뉴올리언스에서 두 명의 고등학생이 함께 피타고라스 정리를 새로운 방식으로 증명해서 ABC 뉴스와 인터뷰를 한 것이다. 만일 이 초등학생이 미국에서 이 콘테스트에 참여했다면 많은 관심과 찬사를 받지 않았을까?

앞선 사례들은 선천적인 재능보다 고도의 집중을 통한 몰입적 사고가 문제 해결에 더 큰 영향을 미친다는 것을 증명해준다. 미분에 대해 전혀 배우지 않은 초중학생들이 뉴턴이 고민하던 문제를 생각만으로 풀어냈다는 것은 사고에 대한 우리의 고정관념을 바꾸기에 충분한 것이었다. 어떤 문제건 머리가 나빠서 풀 수 없다는 건 더 이상 정당한 이유가 될 수 없다.

자유롭고 자연스러운 흐름, 몰입

　몰입 이론의 창시자라 할 수 있는 미하이 칙센트미하이는 몰입을 '플로flow'라고 명명했다. 삶이 고조되는 순간, 마치 자유롭게 하늘을 날아가는 듯한 느낌이거나 물 흐르는 것처럼 편안하고 자연스럽게 행동이 나오는 상태에서 몰입이 이루어진다는 것이다. 칙센트미하이는 "몰입은 의식이 경험으로 꽉 차 있는 상태다. 이때 각각의 경험은 서로 조화를 이룬다. 느끼는 것, 바라는 것, 생각하는 것이 하나로 어우러지는 것이다"라고 말한다. 그러면서 스키를 타고 산비탈을 질주할 때를 예로 드는데, 그때만큼 순수한 몰입을 설명하기 좋은 예도 흔치 않을 것이다. 스키를 타고 산비탈을 질주할 때는 누구라도 몸의 움직임, 스키의 위치, 얼굴을 스치며 지나가는 공기, 눈 덮인 나무에 주의를 집중한다. 조금이라도 마음이 흐트러지면 눈 속에 고꾸라지기 십상이기 때문에 다른 생각이 비집고 들어올 틈이 없다. 바로 그때 우리는 완전한 몰입을 경험하게 된다.

몰입 상태에 이르기 위한 길 찾기

칙센트미하이는 삶을 훌륭하게 가꾸어주는 것은 행복감이 아니라 깊이 빠져드는 몰입이라고 단언하며, 몰입에 뒤이어 오는 행복감은 스스로의 힘으로 만들어낸 것이어서 우리의 의식을 그만큼 고양시킨 다고 했다. 몰입에 의하여 일과 놀이가 하나로 어우러지는 것이 바람 직하고 건강한 삶이라는 게 그의 설명이다.

다음 페이지 그림은 주어진 과제의 난이도와 자신의 실력에 따라 달라지는 심리 상태를 나타낸 것으로, 몰입 이론의 핵심이라 할 수 있다. 가로축은 실력이 높고 낮음을 나타내고 세로축은 과제의 난이 도를 나타낸다. 각 영역에는 각각의 심리 상태와 그에 따른 대표적인 활동을 써 넣었다. 자, 그럼 그림을 보며 우리의 일상을 떠올려보자.

그림에서처럼 과제가 쉽고 실력도 낮을 때 나타나는 심리 상태는 '무관심'이다. 대표적인 활동으로 TV 시청을 예로 들 수 있는데, 매사 에 무기력하고 무관심하며 주어지는 자극만 소극적으로 받아들이는 상태다. 여기에서 자신의 실력만 약간 증가하면 심리 상태는 '권태'가 된다. 이때는 능력에 비해 과제가 보잘것없으니 즐거움을 느끼지 못 한다. 단순한 가사 노동이나 잡일을 할 때 느끼게 되는 감정 상태라

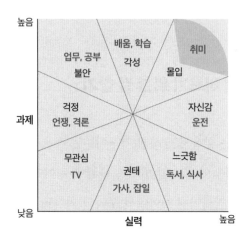

과제와 실력의 함수 관계

높음

과제

낮음

업무, 공부
불안

배움, 학습
각성

취미

몰입

걱정
언쟁, 격론

자신감
운전

무관심
TV

권태
가사, 잡일

느긋함
독서, 식사

실력

낮음　　　　　　　　　　높음

출처: 마시미니와 카를리(1988) 참고, 칙센트미하이(1990)

할 수 있다. 여기서 실력이 더 증가하면 심리 상태는 '느긋함'이 된다. 이 상태에 해당하는 활동이 독서나 식사다. 이런 여유로운 상태에서 과제의 수준이 조금 올라가면 문제 해결에 대한 자신감을 갖게 된다. 운전을 하는 행위가 이런 심리 상태에 속한다.

　반대로 실력은 그대로인데 과제의 수준만 높아지면 과제에 대한 걱정이 생긴다. 언쟁이나 격론을 벌일 때가 이런 심리 상태다. 여기에서 또다시 과제의 레벨이 높아지면 사람들은 '불안'을 느낀다. 이 상태에서 실력이 조금 상승하면 '각성' 상태가 된다. 이런 식으로 개인의 실력과 과제의 레벨이 상승하고 자신감이 구축되면 어느 순간 몰입에 이르게 된다. 앞의 그림을 이용하여 자신이 어느 심리 상태에 있는지 알게 되면 몰입으로 가는 길을 파악하는 것이 그리 어렵지 않을 것이다. 다시 말해 몰입 상태로 가기 위해서 자신의 실력을 올려야 하는지 아니면 과제의 난이도를 조정해야 하는지 알 수 있다는 얘기다.

그렇다면 과제의 수준이 월등하게 높아지면 어떤 일이 벌어질까. 바로 그런 상황이 우리가 여기에서 이야기하려는 의도적인 몰입이다. 그림에서 대각선 방향으로 가야 몰입이 가능해지므로 과제의 수준이 높아질수록 실력 또한 월등하게 높아져야 몰입에 이를 수 있다. 실력을 월등하게 향상시키려면 집중도도 훨씬 더 높아져야 하기 때문에 의도적인 몰입이 필요한 것이다.

'순간'이 아니라 '오래' 몰입하는 것이 중요하다

칙센트미하이는 몰입을 쉽게 하기 위해서는 첫째, 목표가 명확해야 하고 둘째, 일의 난이도가 적절하고 셋째, 결과의 피드백이 빨라야 한다고 했다. 그런데 목표는 명확하지만 너무 고난도라서 아무리 생각을 해도 해결이 되지 않아 피드백을 받을 수 없는 경우에는 어떻게 될까? 바로 이런 경우가 몰입하기에 가장 불리한 상황이다. 생각하는 시간은 길어지고 해결책은 오리무중이니, 자꾸만 다른 상념이 비집고 들어와 몰입이 안 되고 집중하기 어렵다. 그런데도 계속 그 문제를 풀려고 생각하면 어떻게 될까? 그것도 하루도 아니고 며칠을 계속 그 문제를 해결하려고 끙끙댄다면? 아마 우리 몸에서는 문제를 해결하려는 과정 자체를 대단한 위기 상황으로 받아들일 것이다. "얼마나 중요한 문제이기에 몇 날 며칠을 이 문제만 생각할까? 아마도 이 문제를 해결 못 하면 죽나 보다"라고 판단하게 된다. 그래서 우리 뇌에서는 비상사태를 선포하고 이 문제를 해결하는 데 온 힘을 쏟게 되는데, 이것이 바로 내가 체험한 몰입이다.

이 상태에 이르면 다른 모든 것을 잊고 오로지 그 문제만 생각할 수 있는 특별한 상태가 된다. 이 상태는 일상의 다른 몰입과는 달리 순간적으로 유지되는 것이 아니고 조금만 노력해도 내가 원하는 만큼 오랫동안 유지할 수 있다. 그래서 주어진 문제를 풀기 위하여 최고로 활성화된 두뇌를 문제가 풀릴 때까지 얼마든지 유지할 수 있다. 결국 자신의 지적 능력이 최대로 발휘되는 이러한 몰입 상태에서 문제를 푸는 노력이 몇 개월 이상 누적되면 평소에는 상상도 할 수 없는 어려운 문제를 해결할 수 있게 된다.

이제 우리도 본격적인 몰입을 시도해볼 텐데, 그렇다고 긴장할 건 없다. 누구나 만만히 여기는 '생각에 잠기기'가 몰입의 본질이니까. 칙센트미하이는 운동선수가 말하는 '물아일체의 상태', 신비주의자가 말하는 '무아경', 화가와 음악가가 말하는 '미적 황홀경'이 몰입이라고 했다. 이 순간을 가리켜 무용수들은 "마음이 방황하지 않고 하고 있는 일에 완전히 몰입하는 것"이라고 하고, 암벽 등반가는 "나 자신과 등반이라는 행위가 하나가 된다"고 말한다. 또 체스 선수는 "시합에 집중하는 것은 마치 숨쉬는 것과 같아서 지붕이 무너지더라도 벽돌에 맞지만 않는다면 무슨 일이 일어났는지 모를 것"이라고 표현한다. 이렇듯 몰입을 직업에 따라, 하는 일에 따라 각기 다르게 표현하지만 고도로 집중된 상태라는 본질에는 변함이 없다.

창조적 인재를 만드는 핵심 키워드

아인슈타인은 "나는 몇 달이고 몇 년이고 생각하고 또 생각한다. 그러다 보면 99번은 틀리고, 100번째가 되어서야 비로소 맞는 답을 얻어낸다"고 했다. 그러나 한 문제를 풀기 위해 생각하고 또 생각한다는 말의 의미를 정확하게 이해하는 사람은 별로 없을 것이다. 우리의 일상 속에서는 주어진 문제에 대하여 이렇게 오랫동안 집중적으로 생각할 일이 거의 없기 때문이다. 우리는 "아인슈타인 같은 사람이 생각해도 99번이나 틀렸다는데, 나처럼 평범한 사람이 생각은 무슨 생각이야. 그냥 되는 대로 살면 되지, 뭐!" 하는 식으로 생각하기를 포기한다. 그러나 아인슈타인이 말하는 '생각'을 제대로 이해하고 따라 해본다면 놀라운 세계를 만나게 된다. 자신의 목표를 이루겠다는 강한 의지와 몰입을 하면서 얻어지는 자신감이면 세상에 풀지 못할 문제가 없기 때문이다.

몰입은 지극히 이상적인 상태이지만, 그 과정이 그리 복잡하지는 않다. 방법과 요령, 주의점만 알면 단기간의 훈련을 통해서도 얼마든지 몰입에 이를 수 있다. 하지만 몰입이 인생에 미치는 의미와 효과는 엄청나다. 몰입 상태에서는 두뇌 활용이 극대화될 뿐만 아니라, 가장 빠른 속도로 사고력이 발전한다. 또 몰입 상태가 되면 머리가 잘 돌아가 평소에 풀리지 않던 어려운 문제도 아주 쉽게 풀린다. 이렇게 극대화된 두뇌에 어떤 문제라도 해결할 수 있다는 자신감과 문제에 대한 강한 호기심이 더해지면 아무리 어려운 문제라도 답을 얻을 때까지 포기하지 않게 되고, 결국은 풀게 된다. 그 순간 자신의 가치는 수직 상승하며 삶의 만족도滿足度도 치솟아 오를 것이다.

그런데도 대부분의 사람들은 아직 몰입에 대한 이해나 경험이 부족하다. 몰입에 대해 생각조차 안 해본 사람이 수두룩하고, 한때 관심을 가져본 사람이라도 너무 막연하거나 어렵게 생각하는 경우가 많다. 그러나 몰입은 나이나 학력, 지적 수준과 상관없이 가능한 일이다. 본격적으로 몰입을 소개하기 전에 이해를 돕기 위해 몰입을 하게 된 개인적인 동기와 배경을 소개한다. 몰입에 대한 이해가 좀 더 쉬워지지 않을까 싶다.

나의 특별한
몰입 체험

내가 개인적으로 몰입 상태를 경험하게 된 것은 극단적인 사고 활동을 추구하면서다. 당시 나는 최선을 다해서 후회 없이 인생을 살고 싶다는 생각에 사로잡혀 있었다. 그래서 아무리 힘들어도 의식이 있다면 오롯이 주어진 문제만을 생각하겠다는 극단적인 방법을 실천했다. 그러다 어느 순간 몰입 상태에 들어갔다. 최선을 다해 삶을 살아야겠다는 생각이 몰입의 동기가 된 것이다. 이제부터 최선에 대한 패러다임이 변화하는 과정을 통해 평범한 중학생이 점차 프로페셔널한 연구원으로 변화해가는 과정을 이야기해보겠다.

최선의 삶에 대한 관심은 중고등학교 시절로 거슬러 올라간다. 그 시절 나는 잠자리에서 하루를 결산하곤 했는데, 후회와 괴로운 마음으로 일과를 마감할 때는 아직 실패하지 않은 내일이 있고 내일부터는 최선을 다하겠다는 다짐이 유일한 위로가 되었다. 그러다가 "실패한 한 달 뒤에는 그 다음 달이 있고, 실패한 한 해 뒤에는 그 다음 해가 있지만, 실패한 인생 뒤에는 그 다음 인생이 없기 때문에 위로받을 방법이 없다"는 생각을 하게 됐다. 후회로 가득한 비참한 말년, 이런 인생은 내가 생각할 수 있는 가장 처절한 것이었다. 이때부터 나는 어떻게 하면 후회하지 않는 인생을 살 수 있을까 하는 문제를 생각하게 되었고, 결국 이 문제가 그때 이후로 지금까지 내 인생의 가장 중요한 화두가 되었다.

그렇다면 "최선이란 무엇인가?", "최선의 삶이란 어떻게 사는 것인가?" 이 물음에 자신 있게 대답할 수 있는 사람은 그다지 많지 않을 것이다. 이 물음에 확실한 답을 가지고 있다면 보다 성공한 인생을 살 수 있겠지만, 불행하게도 많은 사람이 어떻게 하는 것이 최선인지 모르고 있다. 나 역시 마찬가지였다. 최선의 삶을 추구했으나 최선에 대한 잘못된 이해 때문에 고생만 하고 성과를 얻지 못한 경우가 많았다.

잠과 공부에 대한 오해

내가 중학교 1학년을 마칠 무렵, 우리 집에서는 명문고에 입학하려면 4시간만 자고 공부해야 한다면서 매일 새벽 2시까지 공부하고 아침 6시에 일어나도록 했다. 그렇게 몇 개월이 지나자 4시간 자면서 공부하는 것이 몸에 배기 시작했다. 처음에야 괴롭기는 했지만 당시에는 4시간만 자고 공부하는 것이 미덕이라고 생각했기 때문에 남들보다 잠을 적게 자고 공부하는 내 자신이 자랑스러웠고 자부심도 적지 않았다. 일단 4시간 자는 것을 목표로 삼자, 하루를 성공적으로 보냈느냐 아니면 실패로 보냈느냐는 4시간 수면을 실천했느냐 그렇지 못했느냐에 의해 판가름되었다. 하루를 성공적으로 보냈으면 만족감을 느끼며 잠이 들었고 실패한 날은 후회와 괴로움 속에 잠이 들었다.

그러나 4시간 수면이 장기화되면서 수면 부족으로 인한 여러 가지 부작용이 생겨났다. 가장 큰 부작용은 공부에 대한 싫증이었다. 컨디션이 좋지 않은 상태에서 공부를 하려고 하니 집중이 안 되고 공부하기가 너무도 싫었다. 수업 시간에는 졸음을 참느라 괴로운 시간을 보냈고, 쉬는 시간은 주로 책상에 엎드려서 잠을 잤다. 그러다 보니 하루에 4시간 자는 목표가 지켜지지 않는 날이 많아졌고, 많은 날을 실패와 좌절 속에서 보내야 했다. 그렇게 스스로를 자책하는 날이 많아지다 보니 고등학교 2학년 때에는 살아가는 것 자체에 회의가 생기고 우울증이 나타나기 시작했다. 잠을 줄이고 공부하는 것이 최선이라는 생각에 뭔가 오류가 있다는 느낌이 든 것은 바로 이때부터였다.

수면 부족은 공부를 싫어하게 한다

고등학교 3학년이 되었다. 그 당시 3시간 자면 대학에 합격하고

4시간 자면 낙방한다는 말이 있었는데, 우리 가족도 나도 이 말을 철석같이 믿고 있었다. 그래서 내가 12시에 잠들면 새벽 3시에 어머니가 나를 깨우곤 했다. 누적된 피로에 힘은 들었지만 이제부터 1년은 공부만 할 각오를 했기 때문에 3시간 수면을 군말 없이 받아들였다. 수면 부족으로 머리가 멍해져서 학습 효과가 매우 낮았는데도 잠을 자는 시간은 3시간을 유지하려 노력했다.

그러나 시간이 가면서 체력은 계속 떨어졌고 몸과 마음은 쇠약해져만 갔다. 감기와 편도선염이 심해져서 목에 붕대를 감고 학교를 다녀야 할 정도였다. 그래도 3시간 수면을 멈출 수는 없었다. 결국은 부모님이 결단을 내렸다. 이러다가 큰일나겠다고 생각하신 거다. 대학 입시를 포기하더라도 자식의 건강부터 챙겨야겠다고 판단하셨던지 필요한 만큼 충분히 잠을 자도록 했다. 그날 이후부터는 6시간 정도 잠을 잤다.

그런데 놀라운 일이 벌어졌다. 잠을 필요한 만큼 자고부터 오히려 공부가 더 잘되는 것이었다. 잠이 부족할 때는 공부하는 것이 지옥 같고, 맑은 정신으로 공부했던 시간이 그렇게 많지 않았는데, 필요한 만큼 자고나자 맑은 정신이 오랫동안 유지되며 성적도 오르기 시작했다. 이전에 내가 왜 그렇게 공부를 싫어했는지 이해가 안 될 정도였다. 공부를 하기 위해 줄였던 잠이 오히려 수면 부족 상태를 만들어 역효과를 내온 것이다. 이런 경험을 통해 하나의 깨달음을 얻었다.

'공부를 한다는 것은 전혀 어려운 일이 아니다. 단지 의자에 앉아 있는 것에 불과하다. 서 있는 것보다 훨씬 편하다. 그런데 계속 앉아만 있으면 심심하니까 앞에 책을 펼치고 그것을 보는 것이다. 그 이상도 그 이하도 아니다.' 그러나 잠을 줄이게 되면 상황이 달라진다. 수면 부족으로 머리를 쓰는 일이 괴로워지면서 공부하는 것이 지옥처럼 힘들고 학습 효율도 떨어진다.

지속적으로 실천 가능한 페이스 찾기

마라톤에서 좋은 성적을 거두려면 자신만의 페이스를 지켜야 하듯, 공부를 할 때도 각자의 상황에서 최적의 페이스를 찾는 것이 중요하다. 특히 입시처럼 장기간에 걸쳐 최선을 다해야 하는 경우에는 자신만의 페이스를 찾아서 하루의 패턴을 만들고 이것을 반복해야 한다.

그때 가장 중요한 것은 정신적으로나 육체적으로 피로가 누적되어서는 안 된다는 것이다. 따라서 충분한 수면 외에 스트레스를 해소할 수 있는 규칙적인 활동도 일상의 패턴에 포함시켜야 한다. 나는 수업이 끝난 뒤 30분 정도 학교 야구부원들이 연습하는 광경을 지켜보았다. 그리고 나서는 11시까지 고3 전용 도서관에서 공부를 하다가 집으로 돌아오곤 했다. 이것이 내가 지속적으로 부작용 없이 실천했던 최적의 일과였다.

무리하지 않으면서
꾸준히 공부하는 비법

대학에서 학생들을 지도하다 보면 많은 학생이 방황하는 것을 알수 있다. 어떻게 보면 인생에서 방황은 피할 수 없는 과정일지도 모른다. 방황에는 자신을 한 차원 높은 상태로 성장시키는 생산적인 방황이 있는가 하면, 자신을 끝없는 나락으로 떨어뜨리는 파괴적인 방황도 있고, 아무 결론도 내리지 못하고 시간만 낭비하는 소모적인 방황도 있다.

내가 경험한 대학 시절의 방황은 대체로 소모적인 방황이었던 것같다. 그래서 무엇 하나 제대로 한 것 없이 어정쩡하게 대학 시절을 보내고 말았다.

몰입 확장판

분명한 목표를 정하라

대학에 입학한 지 얼마 되지 않아 대학생활을 어떻게 보내야 하는 가에 대한 고민이 생겼다. 고3 때처럼 공부만 열심히 하면 되는지, 많은 친구를 사귀거나 서클 활동을 열심히 하는 것이 좋은지, 민주화를 외치며 학생운동을 열심히 해야 좋은 것인지, 남을 위해 봉사하며 사는 것이 좋은지, 부모님에게 훌륭한 효자가 되는 것이 좋은지 알 수가 없었다. 그러다 다다른 결론이 '고3이라는 특수한 상황에서는 공부 한 가지만 했지만, 대학부터는 각각의 중요도에 맞게 나의 시간과 관심을 적절하게 배분하는 노력을 해야 한다. 그것이 최적의 대학생활이고 최선'이라는 것이었다. 이렇게 어정쩡한 결론은 결국 어정쩡한 결과로 이어졌다. 3학년이 되고 보니, 정말 한 것 없이 지난 2년을 흘려보냈다는 생각이 절로 들었다. 앞으로 남은 2년마저 이런 식으로 보내며 졸업한다고 생각하니 아찔할 지경이었다.

그래서 이번에는 한 가지 목표를 분명하게 정해서 노력해야겠다고 생각을 고쳐먹었다. 처음에는 본교 대학원 진학을 목표로 삼았다가 4학년 때 카이스트 진학으로 방향을 바꾸었다. 중요한 일을 오래 해야 할 때는 밤 11시를 넘기지 않되, 꾸준히 해나간다는 고3 때 익힌 패턴은 카이스트를 준비하는 기간에도 변치 않았다. 잠은 필요한 만큼 잤고, 공부하다가 졸리면 언제든 책상에 엎드려 자곤 했다. 이렇게 공부를 하다 보니 노는 것보다 오히려 마음이 더 편했고, 특히 잠자리에 들 때는 최선을 다해 하루를 보냈다는 만족감과 함께 행복함을 느꼈다. 덕분에 그 당시 입학 경쟁률이 6:1이었던 카이스트대학원에 무난히 합격할 수 있었다.

카이스트에 입학해서 석·박사 과정의 연구 활동을 하면서도 특별한 경우가 아니면 밤 11시까지 연구실에 있다가 기숙사로 돌아가 잠을 잤다. 11시까지 연구실에 있다가 기숙사로 돌아와 오늘 하루도 최선을 다했다고 생각하면서 잠자리에 들어야 마음이 편하고 만족스러웠다. 나는 특별히 무리하지도 않았지만 게을리하지도 않으면서 시간을 보냈다. 그리고 이런 식의 일과 패턴은 나중에 몰입적인 연구를 시작하기 전까지 계속되었다.

네가 일하는 분야에서 세계 최고가 되라

성실히 연구하는 것에서 더 발전된 패러다임을 깨닫기까지는 오랜 기간이 걸렸다. 여기에는 나의 지도 교수였던 윤덕용 선생님의 가르침이 큰 역할을 했다. 윤 교수님은 카이스트 원장을 지낸 분으로, 재료 분야의 세계적인 석학으로 명성이 자자했다. 이분이 나의 지도 교수가 된 것은 내 인생을 바꾼 커다란 행운이었다. 내가 몰입적인 사고를 하게 된 것도 이분의 특별한 가르침 덕분이었다.

몰입 확장판

- 생각 없이 열심히 노력만 하려고 하지 말고 머리를 써라.
- 네가 하는 분야에서 세계 최고가 되라.
- 연구하는 것을 즐겨라.
- 작품을 만들듯, 연구 활동 하나하나에 최선을 다하라.

윤 교수님의 이런 생각은 내가 생각하고 연구하는 방법을 완전히 바꿔놓았다. 교수님은 항상 학생들에게 연구 하나하나가 세계 최고, 일류가 될 것을 요구했다. 실험을 계획하는 일, 실험을 실시하는 일, 실험 결과를 해석하는 일, 연구 결과를 발표하는 일, 논문을 쓰는 일 등 모든 면에서 나로서는 거의 불가능해 보이는 수준과 노력을 요구했다. 하지만 이런 가르침은 프로페셔널이 되지 않으면 아무도 기억해주지도 않을뿐더러 살아남을 수 없음을 각인시켰다.

그 당시 나는 일을 대충하는 버릇이 있어서 호된 야단을 맞기 일쑤였다. 논문 한 편을 쓸 때도 너무 까다롭고 퇴짜 놓기를 밥 먹듯 해서, 이분에게 박사 학위를 받으려면 100년은 족히 걸리겠다는 참담한 생각이 들곤 했다. 내가 전생에 무슨 죄를 지어서 이런 분을 지도교수로 맞게 되었을까 하는 비관이 절로 들었다. 하지만 졸업을 위해서는 노력할 수밖에 없었고, 그 과정에서 나도 모르게 엄청난 성장을 경험했다. 윤 교수님은 은연중에 나의 잠재력을 이끌어내는 법을 심어주셨던 것이다.

지금 하는 일이 가장 '중요한' 일이다

사람들은 모두 엄청난 잠재력을 가지고 있지만 대부분은 이 능력을 전혀 발휘하지 못하고 인생을 마친다. 각 분야의 정상에 있는 사람들은 자신의 잠재력을 어느 정도 발굴해낸 사람들이다. 문제는 이런 잠재력이 절대 저절로 발휘되는 게 아니라는 것이다. 자신의 능력으로는 도저히 불가능해 보이는 수준의 일을 하도록 강요받지 않으면 내 안에 숨어 있는 능력은 영원히 빛을 못 볼 수도 있다. 잠재력을 끄집어내는 과정은 고통스럽지만, 한계를 뛰어넘어 잠재력의 발현을 경험하는 것은 살면서 느낄 수 있는 몇 안 되는 소중한 순간이 될 것이다.

이 시절에 나를 바꾼 또 다른 가르침은 프로가 되려면 자신이 연구하는 분야가 세상에서 가장 중요하다는 믿음이 있어야 한다는 것이다. 내가 하는 일이 세상에서 가장 중요하다고 믿어야 비로소 자신의 인생을 던져서 그 일을 하게 되고 그래야 일이 재미있고 경쟁력도 생긴다는 것이 윤 교수님의 가르침이었다.

그 말을 증명하듯 윤 교수님도 자신이 하는 연구가 세상에서 가장 중요한 일인 것처럼, 다른 일에는 전혀 관심이 없었다. 모든 사회 활동이나 사교 활동은 접어둔 채 오로지 연구에만 전념했다. 그러나 나는 연구가 아닌 다른 일에도 적당한 관심을 기울이는 것이 더 바람직해 보였다. 세상에 대한 관심을 모두 끊고 자신의 연구에만 '올인'하

몰입 확장판

는 프로페셔널리즘을 실천한다면 희생해야 할 것이 너무 많다고 느꼈기 때문이다. 그래서 그러한 삶에 적잖이 거부감을 갖고 있었고 적어도 그 당시에는 마음 깊이 받아들이지 못했다. 그러나 교수님의 이런 자세는 나중에 내가 몰입적인 사고를 실천하는 데, 그리고 그 이후의 삶에 결정적인 영향을 주었다.

진정한 프로들의 가치관

"참으로 중요한 일에 종사하고 있는 사람은 그 생활이 단순하다.
 그들은 쓸데없는 일에 마음을 쓸 겨를이 없기 때문이다."

_톨스토이

박사 학위를 받고 대전에 있는 한국표준과학연구원KRISS에 취직을 했지만 워낙 해야 할 일의 종류가 많고, 연구와는 직접 관련되지 않은 일들에 시간이 분산되었기 때문에 진지하게 연구만 하기는 매우 어려운 분위기였다. 학생 때처럼 연구 주제와 관련된 논문을 읽고 있으면 한가한 사람으로 취급하는 듯했다. 그래서 이때부터 또다시 '이곳에서의 최선'을 고민하기 시작했다.

그 당시만 해도 정부출연연구소에서 해야 하는 일이 무엇인지에 대해 명확하게 정의된 바가 없었다. 연구소에서 쓰는 보고서는 논문처럼 심사나 평가를 하는 것이 아니기 때문에 논문만큼 정성을 들이지 않아도 되었고, 실험을 하거나 데이터를 분석하거나 보고서를 작성할 때도 별다른 주의를 기울이지 않고 할 수 있었다. 이를 방지하기 위한 자구책으로 국제적으로 저명한 학술지에 논문을 발표해야 한다는 몇몇 연구원들의 주장이 있었고 나 역시 논문을 몇 편 발표했지만, 당시 연구소에는 논문을 쓰는 연구원이 별로 없었고, 논문을 쓰라고 권장하는 분위기도 아니었다.

그러다가 미국의 니스트NIST로 포스트닥(박사 후 과정)을 가게 되었다. 그곳에서 만난 사람이 바로 로버트 로스Robert S. Roth 박사다. 로스 박사는 세라믹스의 상태도에 대한 연구만 40여 년을 매진한 인물이었다. 그는 자신이 하는 상태도 연구 이외에 세상 어떤 대상에도 거의 관심을 가지지 않았다. 저 사람은 도대체 무슨 재미로 사나 의아할 정도였다. 하지만 그의 얼굴에서 지루함이라곤 찾아볼 수 없다. 오히려 굉장히 행복해하는 얼굴이었다. 니스트에는 이러한 연구원이 몇 사람 더 있었다. 카이스트의 윤 교수님 같이 연구밖에 모르고 사는 별난 사람들을 여기서 또 보게 된 것이다.

그들의 생각과 자세에는 무언가 나와는 맞지 않는 구석이 있었다. 그러다가 시간이 흐르면서 다른 생각이 들기 시작했다. 누가 옳은가? 내가 옳은가 아니면 윤 교수님이나 로스 박사가 옳은가? 그러다가 이런 생각을 하게 되었다. 골프를 치는 타이거 우즈는 골프 이외의 다른 것에는 관심이 없고 오로지 골프에만 올인한다. 이창호나 이세돌 기사 또한 바둑 이외의 다른 것에는 관심이 없고 오로지 바둑에만 올인한다. 우리는 이것을 이상하다고 생각하지 않는다. 왜냐하면 그들은 프로니까. 프로는 당연히 그래야 한다고 생각하니까. 그런데 로스 박사도 근무하는 직장은 연구소이고, 직업은 연구원이다. 직장이 '연구하는 장소'고, 직업이 '연구하는 사람'인 이가 연구에만 관심이 있고 하루 종일 즐거운 얼굴로 연구만 하는데, 나는 무엇이, 왜 잘못되었다고 생각하는 걸까? 혹시 내가 잘못된 것은 아닐까? 어쩌면 내가 아마추어이고, 그분들이 정말 프로가 아닐까 하는 생각이 들기 시작했다.

1년 동안 로스 박사와 같이 연구를 하다 보니 이 사람의 인생이 하도 단순해서 나에게 그의 전기를 쓰래도 쓸 수 있을 것 같았다. "태어나서 밥 먹고 연구하다 죽었다"가 전부일 테니까. 여러 가지 생각 사이를 오가다 결국 직업 연구원이라면 이렇게 살아가는 것이 더 옳다는 결론에 도달했다. 너무도 비슷한 두 사람, 윤 교수님과 로스 박사를 만나 그들의 삶을 지켜보니 그동안 내가 매몰되어 있던 가치관이 얼마나 잘못되어 있었는가를 실감할 수 있었다.

그러다가 나도 한번 그렇게 살아보고 싶다는 생각이 들었다. 그들처럼 연구 이외의 어떤 문제에도 관심을 갖지 않고, 오직 연구 자체를 인생의 목적으로 삼고 살겠다고 결심했다. 그래서 내 자서전에도 "태어나서 밥 먹고 연구하다 죽었다"라고 단순하게 기록되었으면 하는 생각을 갖게 된 것이다.

후회하지 않기 위해 떠올려야 할 것

연구만 하면서 사는 인생이라면 은퇴하거나 죽음에 이르렀을 때 남는 것은 결국 논문이다. 로스 박사는 그동안 100여 편의 논문을 발표했고, 나 역시 그때까지 발표할 100여 편의 논문과 내 인생을 맞바꾸게 될 것이다.

그런데 바로 그 순간, 막연하지만 강렬한 생각이 머릿속을 스치고 지나갔다. 100여 편의 논문들과 내 인생을 맞바꾸고 싶지 않다는 생각이었다. 그러자 문제가 심각해지기 시작했다. 은퇴할 때까지 모든 것을 희생하고 최선을 다해서 살아가려고 하는데, 그 노력의 결과와 내 인생을 바꾸고 싶지 않다면? 결국 내가 잘못된 길을 선택했다는 얘기였다.

그때부터 나는 내가 왜 이 길을 선택하게 됐는지를 생각해보았다. 대학과 카이스트 석·박사 과정 동안 정신없이 공부에 매진하고 결혼을 했고, 이제 이렇게 미국으로 포스트닥까지 오게 됐다. 모든 일이 정신없이 정해진 순서에 따라 진행된 느낌이었다. 돌이켜보니 내가 자유의지를 가지고 판단한 것이 하나도 없었다. "아, 그래서 이런 지경에 이르렀구나!" 내 의지대로 판단하지 않고 주변에서 이렇게 해야 한다고 하니 따라가고, 그러다 보니 지금 그 자리에 서 있게 되었다는 생각이 들었다. 이 길이 아닌 것은 분명했다. 후회하지 않을 삶, 혹은 직업을 새로이 찾아야 할 때였다.

인생의 마지막 순간에 후회를 한다면 그것은 실패한 인생이다. 그것은 내가 중학교 때부터 갖고 있던 확고한 신념이 아니던가. 그렇다면 과연 어떻게 살아야 인생의 마지막 순간에 후회하지 않을까? 온갖 생각이 머리를 어지럽혔다. 박사 학위와 안정된 좋은 직장을 갖고 있다는 프리미엄을 모두 버리고 이제라도 올바른 업을 찾아보자는 생각이 들었다. 그 길이 비록 가시밭길이라고 해도 후회하지 않을 길이라면 기어코 가리라 마음먹었다.

그때부터 내가 할 수 있는 다른 모든 직업을 하나씩 검토해보았다. 하지만 뾰족한 해결책은 없었다. 어떤 인생을 선택해도 마지막에는 후회할 것 같았고, 또 그것이 인생이라는 데 생각이 미쳤다. 나는 몇 주일이 지나도록 명확한 결론을 내리지 못하고 방황했다. 그즈음에 내린 결론은 한없이 우울한 것이었다. "어떻게 살아도 후회한다. 이렇게 살아도 후회하고 저렇게 살아도 후회한다. 이것이 인생이다." 더 이상 명쾌한 답을 얻지 못한 채 시간이 흘러가고 있었다.

Work Hard에서
Think Hard의 패러다임으로

그러던 중 중대한 사건이 일어났다. 니스트의 펠로우Fellow 연구원인 브라이언 론Brian Lawn 박사가 자기가 한 연구를 세미나 형식으로 발표하게 된 것이다. 그가 선택한 주제는 몇 년 동안 연구해도 논문 한 편이 나올까 말까 하는 매우 어려운 문제였다. 그는 지난 몇 년 동안 끈질기게 한 문제에만 매달려 씨름해왔는데 이제 그 중간 결과를 발표한다는 것이었다. 연구가 어렵든 쉽든, 논문을 쓸 수 있든 없든 간에 재료 분야에서 중요한 주제이기 때문에 연구한다는 론 박사의 태도는 내게 큰 충격으로 다가왔다. 론 박사처럼 책임감과 자부심을 갖고 연구를 하면 은퇴하거나 죽을 때조차 후회가 없을 것 같다는 생각이 들었다. 그리고 만약 내가 은퇴할 때 나의 연구 결과에 만족하지 못한다면 그 이유는 그때까지 연구에 임한 자세 때문일 것임을 깨닫게 되었다. 논문을 몇 편 쓰든 내가 그 연구를 수행하면서 최선을 다해 내 삶을 불태웠다면 후회할 이유가 없을 것이다. 그러나 그때까지 내가 걸어온 길을 돌아보니 내가 가진 능력을 충분히 발휘하고, 최선을 다하여 연구를 수행했다고 볼 수 없었다. 석·박사 과정에서는 주어진 기간 안에 학위 논문을 끝내야 한다는 제약 때문에 졸업 여건을 충족하는 데 큰 비중을 두었고, 연구소에 와서는 프로젝트마다 주제의 제약, 시간의 제약, 주위 환경의 제약, 연구 분위기의 제약 등이 있었고, 꼭 집어 이야기하기는 어렵지만 최선을 다해서 연구 활동을 하기 어려운 여러 가지 이유가 있었다. 이유가 어찌 되었든 분명한 건 나는 내 능력의 날개를 마음껏 펼쳐본 적이 한 번도 없었다. 론 박사의 세미나 이후 나는 오랜 갈등을 끝내고 명확한 답을 얻게 되었다.

"지극히 현실에 순응하는 삶을 살면 그 순간은 편할지 모르지만 인생을 정리하는 단계에서는 후회를 하게 된다. 현실적인 어려움과 능력의 한계에 부딪히더라도 정말 중요한 문제, 그리고 꼭 해결해야 하는 주제를 선택해 최선을 다해 연구하면 후회가 없을 것이다."

지난 시간을 돌아보니, 그동안 내가 현실에 적응하는 데 너무 많은 시간을 보냈음을 깨닫게 되었다. 연구에 대한 노력을 논문 편수 늘리는 데 쏟았고, 그러다 보니 논문을 쓰기 어려운 연구는 피해가고 있었다. 나의 아이디어는 모두 논문을 내는 데 초점을 두고 있었던 것이다.

그 순간 나는 윤 교수님의 말대로 작품을 만들 듯 연구를 하고 논문을 쓰리라 굳게 결심했다. 일생을 두고 작품을 추구하는 자세를 가져야 어릴 적 과학자에 대한 꿈도 이루고, 숨겨진 나의 잠재력도 발휘할 수 있을 것 같았다. 그리고 나는 여기에서 인생의 중요한 교훈을 깨달았다. 살아오는 동안 자신의 능력을 충분히 발휘하느냐 못 하느냐에 삶의 질이 달려 있다는 것이다. 인생을 장작에 비유하면, 장작이 100% 모두 타서 재가 되어 없어지면 아무런 후회가 없을 텐데 5%만 타고 나머지 95%가 전혀 타지 않은 채 폐기되지 않을까 두려운 것이다.

나는 인생의 방향뿐만 아니라 연구 방식에까지 두루 변화가 필요하다는 것을 절감했다. 더 이상 논문 쓰는 것을 목적으로 할 게 아니라 내가 연구하는 분야에서 정말 중요하고 해결해야 할 주제를 선택해, 시간이 얼마가 걸리더라도 내 능력을 모두 발휘하기로 했다.

Think Hard의 발견

이제 남은 문제는 어떻게 하면 자신의 능력을 최대한 발휘할 수 있느냐는 것이었다. 이 점에서는 니스트에 있는 세계적인 석학들의 연구 자세를 관찰한 것이 많은 도움이 되었다. 니스트의 펠로우들은 다른 연구원들에 비해 많은 시간을 생각하면서 보낸다. 한 펠로우 연구원은 실험 데이터가 그려진 16절지 크기의 종이 한 장을 항상 들고 다니면서 생각에 골몰했다. 복도를 걸어갈 때나 커피를 마실 때나 세미나에 참석할 때나 변함없이 그 메모지를 들고 다니면서 수시로 들여다보곤 했다.

이런 모습을 보면서 연구란 어떻게 해야 하는 것인지 머릿속에서 하나둘 정리가 되어갔다. 자신이 풀 수 없을 것 같은 문제라도 포기하지 않고 그 문제에 대해서 계속 생각하는 것이 자신의 두뇌를 최대로 활용하는 것이고, 이런 방식의 연구야말로 자신의 능력을 최대로 발휘하는 것이라는 결론에 다다랐다. 그리고 의식이 있는 한 내 연구와 관련하여 풀리지 않는 문제를 생각하는 데 모든 시간과 노력을 쏟아 붓겠다고 결심하게 되었다.

자나 깨나 실험만 한다고 해서 우수한 연구 업적이 나오는 것은 아니다. 연구의 우수성은 그 문제를 얼마나 오랜 시간 집중해서 생각하느냐에 달려 있다. 매일 열심히 일하는 것이 최선이라고 생각하던 기존의 패러다임에서 벗어나, 머리를 쓰지 않으면 아무리 열심히 해도 그저 그런 연구 결과밖에 얻지 못한다는 사실을 깨닫게 되자 나는 완전히 다른 사람이 되었다.

열심히 일하면 남들보다 2배 이상 잘하기도 힘들지만 열심히 생각하면 남보다 10배, 100배 아니 1000배까지도 잘할 수 있는 것이다. 그야말로 열심히 생각하는 것에 인생을 송두리째 던져볼 만했다. 이른바 'Work Hard'의 패러다임에서 'Think Hard'의 패러다임으로 일하는 방법 자체를 바꿔 탄 것이다.

니스트에서 배운 두 가지 교훈

포스트닥을 마치고 한국표준과학연구원KRISS으로 돌아온 나는 니스트에서 배운 교훈을 실천하기 시작했다. 또한 니스트에서 배운 상태도 연구에 대한 프로젝트를 수행하기 위해 연구계획서를 작성하고 발표했다. 그런데 그 모든 의욕이 한순간에 무너지고 말았다. 연구내용이 과제 선정에서 탈락된 것이었다. 기가 막혔다. 장기적으로 연구할 주제를 선정하여 1년 동안 니스트에서 훈련을 받고 왔는데 연구비를 주지 않으면 어쩌란 말인가? 이것이 바로 현실이었다. 상태도 연구는 그 당시 국내 현실에서는 그렇게 시급한 문제가 아니었던 것이다.

갈 길을 잃고 황망히 앉아 있던 내게 주어진 것은 다른 연구원이 이직하면서 남기고 간 저압 다이아몬드에 관한 연구였다. 나는 어쩔 수 없이 저압 다이아몬드 연구를 시작했다. 어쨌거나 이 연구를 통해 니스트에서 익힌 교훈을 실천하는 수밖에 없었다. 나는 스스로에게 저압 다이아몬드 연구가 세상에서 가장 중요하다는 강한 암시를 불어넣었다. 시간이 조금 걸리긴 했지만, 놀랍게도 어느 순간 나는 그것을 믿고 그에 따라 행동하고 있었다. 뒤이어 주어진 문제 하나에만 집중하기 시작했다. 일단 문제를 설정했다. 이 연구 주제에서 가장 중요한 문제는 무엇인가? 그것은 바로 왜 저압에서 안정상인 흑연이 생성되지 않고 준안정상인 다이아몬드가 생성되는가에 대한 의문이었다. 이 문제는 그 당시 해당 분야에서 가장 중요한 주제였다. 그러나 이 문제를 프로젝트 기간 내에 풀기란 불가능해 보였다. 어쩌면 내 능력으로는 평생을 노력해도 풀 수 없을지 모르는 일이었다. 그러나 나는 도전하기로 결심했다. 거의 불가능해 보이는 수준의 일을 하도록 자신을 채찍질하지 않으면 결코 내 안에 숨겨져 있는 잠재력을 끄집어낼 수 없을 것이라는 생각이 강하게 힘을 보태고 있었다. 잘못하면 죽도 밥도 안 될 수 있다는 생각으로 긴장의 고삐를 늦추지 않고 주어진 문제에 몰입하기 시작했다. 의식이 있는 한 모든 시간을 그 문제에만 쏟아 부으면서 생각하고자 했다.

이런 태도는 나를 완전한 몰입 상태로 이끌었다. 그리고 몰입을 오랜 시간 유지함에 따라 인트로에서 서술한 것처럼 두뇌 활동의 극대화와 지고의 즐거움을 동시에 경험하게 되었다. 모진 가시밭길일 것이라고 예상했던 그 길이 실은 천국으로 가는 길이었던 것이다.

세상 모든 현상은
궁극의 법칙대로 진행된다

고도로 몰입함으로써 다이아몬드 생성 메커니즘을 규명해낸 것을 비롯해 나는 한국표준과학연구원 재직 시절, 절정의 몰입을 통해 기적과도 같은 창의적 아이디어가 쏟아지는 체험을 7년간 반복적으로 경험했다. 2007년 출간한 『몰입』 초판은 그때의 경험을 바탕으로 펴낸 책이다. 연구가 직업인 사람이다 보니 나는 내가 경험한 몰입의 메커니즘을 파악하고 싶었다.

그래서 신경과학에 관해 다룬 책들을 두루 챙겨 읽고, 기회가 닿을 때마다 관련 연구를 하는 전문가들과 교류하면서 '의도적인 몰입에 대한 가설'을 전개해나갔다. 의도적인 몰입에 대한 가설을 한마디로 요약하자면, 어떤 한가지 생각을 오랫동안 지속하면 그와 관련된 뉴런(신경세포)과 시냅스가 다량으로 활성화되면서 몰입도가 올라가고 그 문제를 해결할 수 있는 잠재력이 깨어나 성장한다는 것이다. (이에 대한 뇌과학과 신경 과학적인 메커니즘은 3장에서 자세히 서술했다.)

나는 오랜 기간에 걸쳐 공부와 연구를 하면서 깨달은 진리가 있다. 이 세상 모든 현상은 예외 없이 하나의 법칙대로 진행된다는 것이다. 내가 연구뿐 아니라 일상의 삶에서 항상 적용하는 궁극의 법칙이기도 하다. 이 법칙은 모든 자연현상과 모든 생명현상에도 똑같이 적용된다. 그뿐 아니라 사람들이 살아가는 사회현상에도 똑같이 적용된다. 몰입이론을 만들기 위해서도 사용했던 법칙이다. 그렇지만 이 법칙은 독자들에게는 생소할 것이기에 이를 간략하게 소개한다.

궁극의 법칙, 속도론

이 법칙을 이야기하기 전에 먼저 앞에서도 언급한 엔트로피 법칙을 생각해보자. 엔트로피 법칙은 '모든 현상은 확률이 증가하는 방향으로 진행된다'는 것이다. 그런데 이 법칙은 모든 현상이 일어날 필요조건이지 충분조건은 아니다. 엔트로피 법칙은 어떤 현상이 일어나는 것이 가능할지 아니면 불가능할지를 판단해준다. 엔트로피 법칙의 아쉬운 점이 있다면 그 현상이 가능하다고 해도 얼마나 오랜 시간에 걸쳐 일어날지는 전혀 알 수 없다는 점이다. 즉, 엔트로피 법칙에는 시간이라는 변수가 없다. 엔트로피에 대한 보다 자세한 설명은 참고문헌의 영상 부분을 살펴보길 바란다.

우리는 어떠한 현상이 일어나는 것이 가능할지 불가능할지를 알고 싶어 한다. 만약 가능하다면 그 현상이 얼마나 빨리 일어날지도 알고 싶다. 그렇다면 이 두 가지를 모두 알려줄 법칙이 존재할까? 이 법칙은 어떤 현상이 일어날 필요조건뿐 아니라 충분조건까지 만족하는 소위 필요충분조건이어야 한다. 그렇다면 과연 그 법칙은 무엇일까? 이것이 바로 '모든 현상은 가장 확률이 높은 방식으로 진행된다'는 것이다. 전문용어로는 이것을 속도론이라고 한다.

산 정상에서 물을 계속 뿌린다고 하자. 그러면 물이 산 아래로 흘러 가면서 하나의 경로를 만들 것이다. 물의 경로는 직선이기 보다는 구불구불할 것이다. 물이 구불구불하게 흐르는 이유는 장벽이 높은 곳으로는 흐르지 못하고 장벽이 낮은 곳으로 흐르기 때문이다. 이때 물줄기가 선택하는 경로가 바로 자연이 선택한 것이고 이는 주어진 조건에서 가장 확률이 높은 방식으로 진행되는 경로다. 물이 위로 흐르지 않고 아래로 흐르는 이유는 엔트로피 법칙에 해당되지만, 물이 구불구불하게 흐르는 이유는 주어진 상태에서 가장 장벽이 낮은 경로를 선택하기 때문이다.

물이 주어진 위치에서 산 아래로 갈 수 있는 무한대의 경로가 있는데 그중에 자연은 어떤 경로를 선택할 것인가에 대한 것이 바로 속도론이다. 이때 자연은 가장 장벽이 낮은 경로를 선택한다. 가장 장벽이 낮은 경로가 가장 확률이 높은 경로가 된다. 이 장벽을 전문용어로는 속도론적 장벽kinetic barrier이라고 한다.

잘못 굴러가고 있는
삶의 경로를 바꾸려면?

우리의 삶의 행로도 궁극의 법칙 즉, 가장 확률이 높은 방식으로 결정된다. 다시 말하면 산 정상에서부터 시작되는 물줄기의 경로나 삶의 행로, 둘 다 같은 원리로 생성된다는 것이다. 삶의 행로는 관련된 요인이 복잡하고 불확실성이 커서 예측하기가 더 어려울 뿐이다. 인간이 자유의지를 갖고 있다고는 하지만 삶의 행로는 궁극의 법칙에 따라 흘러간다.

본능에 이끌리는 자연스러운 삶의 행로는 끝내 실패한 삶으로 귀결된다. 엔트로피 법칙에 따르면 우리의 습관은 내리막이기 때문이다. 어떻게 하면 본능에 이끌리는 내리막을 벗어나 내가 원하는 삶의 행로로 바꿀 수 있을까? 이는 삶에서 대단히 중요한 문제다. 이 문제를 최대한 체계적이고 과학적으로 접근해보자.

궁극의 법칙에 의하면 모든 현상은 가장 확률이 높은 방식으로 진행되기 때문에 확률에 영향을 미치는 요소를 찾아야 한다. 우리 몸에서 무엇이 내 생각과 행동의 확률에 영향을 미치는가? 그것은 정보를 처리하고 감정을 처리하는 곳이다. 그렇다면 정보와 감정을 처리하는 곳은 어디인가? 바로 시냅스다. 따라서 엔트로피 법칙 그리고 궁극의 법칙의 관점에서 보면 바로 시냅스가 핵심이다. 시냅스 배선이 어떻게 형성되느냐가 바로 나라는 사람을 만든다. 다시 말하면 시냅스 배선이 바로 '나'라는 것이고 이 개념을 상세하게 다룬 책이 신경과학 분야의 석학인 조지프 르두가 저술한 『시냅스와 자아』다. 원제가 『Synaptic Self』인데 이것이 본질적인 의미를 더 잘 전달하고 있다.

이러한 시냅스 배선은 장기기억에 해당하고 이들은 보통 의식할 수 없는 무의식 상태로 존재한다. 이러한 무의식 상태의 시냅스 배선이 나의 의식에 영향을 미치고 나의 의식이 다시 무의식에 영향을 미치면서 나라는 사람이 만들어진다. 무의식이 의식에 영향을 미친다는 것은 프로이드가 처음으로 제안한 이래 너무나 잘 알려져 왔다. 따라서 내 삶의 행로를 내가 원하는 방향으로 바꾸려면 의식에 영향을 미치는 무의식을 통제할 수 있어야 한다.

어떻게 무의식을 통제할 수 있을까? 이를 위해서는 의식과 무의식의 관계를 잘 이해해야 한다. 의식과 무의식의 관계를 누구나 쉽게 이해할 수 있게 설명한 이론이 있는데 바로 미국 신경과학연구소의 신경생물학 수석 연구원이자 인간의 인지구조에 대한 연구로 유명한 버나드 바스Bernad Baars 교수의 '의식의 통합작업공간 이론Theory of Global Workspace of Consciousness'이다.

내 의식에 무엇을 올려놓을지 결정하라

'의식의 통합작업공간 이론'은 몰입을 이해하는 데 큰 도움이 된다. 예로부터 의식은 극장의 무대에 비유되곤 했는데, 이를 '데카르트의 무대'라고 한다. 버나드 바스 교수가 제안한 의식의 통합작업공간 이론은 조금 더 현대화된 데카르트의 무대라고 보면 된다. 이 이론에서는 우리가 선택적으로 주의를 기울이고 있는 의식의 내용을 무대위에서 스포트라이트 조명을 받는 주인공으로 비유한다. 이때 무대는 작업기억에, 무대에서 스포트라이트가 비추는 공간은 우리가 통상적으로 느끼는 의식의 내용에 해당한다. 조명이 비치지 않는 어두운 무대 위는 현재 내가 의식하지 못해도 현재 내 의식과 행위에 영향을 주는 활성화된 암묵기억이다.

한편, 무대에서 떨어진 어두운 곳에서 무대 위를 바라보는 관객은 무의식에 해당하는데, 이는 장기기억이라고 할 수 있다. 무대라는 작업기억의 용량은 한정적이지만, 장기기억은 우리가 어렸을 때부터 경험하고 배운 모든 기억의 총체이므로 그 용량이 엄청나게 크다. 무대 뒤에서 무대를 관찰하고 스포트라이트를 조정하고 배우들에게 지시를 내리는 감독을 비롯한 스태프들은 무대 위에 오르는 존재가 아니기 때문에 무의식에 해당하지만, 종종 의식을 바라본다는 측면에서 의식의 주체라고 할 수 있다.

어두운 곳에 있는 무의식끼리는 서로 보이지 않기 때문에 소통이 어렵다. 그러나 무대 위에서 스포트라이트를 받는 의식의 내용은 무의식의 관중들에게 생중계된다. 따라서 무의식은 의식을 관찰할 수 있는 것이다. 이 의식의 무대 위를 어떤 내용이 차지할 것인지는 '자극의 경쟁'에 의해 결정된다고 알려져 있다. 즉, 자극의 세기가 큰 내용이 의식의 무대를 차지한다. 의식의 통제력이 있으면 자신이 원하는 의식의 내용을 무대 위에 올려서 원하지 않는 의식의 내용을 무대 밖으로 내쫓을 수 있다. 이때 의식의 통제력을 집중력 혹은 몰입 능력이라고도 할 수 있다.

여기서 중요한 것은 의식의 내용이 무의식, 장기기억에 생중계된다는 것이다. 의식의 내용이 무의식에 영향을 주고 그 결과가 나의 의식에 영향을 준다. 의식과 무의식이 서로 의사소통하면서 나라는 사람이 만들어지고 나의 삶의 행로에 영향을 미치는 것이다. 따라서 내 삶의 행로를 내가 원하는 방향으로 바꾸기 위해서 가장 중요한 것은 의식의 내용을 통제하는 것이다. 결국 나의 삶의 행로의 확률은 이 의식의 무대 위에 어떠한 내용이 올려져 있느냐에 영향을 받는다.

의식의 무대가 내가 원치 않는 생각이나 쓸데없는 걱정, 혹은 불안으로 가득 차 있다면 인생이 제대로 굴러갈 수 없을 것이다. 또한 많은 경우는 이러한 걱정이나 불안을 잊기 위해서 전자오락, 유튜브, 숏폼, 인스타그램, 릴스 등에 빠진다. 의식의 무대를 누가 차지할 것인가는 '자극의 경쟁'으로 결정되므로 우리는 자극적인 내용에 본능적으로 끌려가게 되어 있다. 스마트폰을 통해 자극적인 정보가 넘쳐나는 지금, 여기에서 헤어나기가 쉽지 않은 것이다. 결과적으로 이러한 소모적이거나 자극적인 내용이 무의식에 생중계되기 때문에 내 인생이 제대로 굴러갈 수가 없다.

의도적인 몰입으로 문제를 해결하다

의도적인 몰입 이론은 바로 의식의 무대 위에 내가 원하는, 혹은 필요로 하는 내용을 올리려는 의도적인 노력을 하자는 것이다. 그래서 내 삶의 행로의 확률을 바꾸자는 것이다. 그렇게 함으로써 평소에는 달성하기 힘든 낮은 확률을 구현하고 나의 꿈을 향한 인생의 오르막을 오를 수 있음을 뜻한다.

의도적인 몰입으로 낮은 확률을 구현하는 한 가지 예를 들어보자. 미지의 문제를 푸는 것은 매우 쉽지 않고 낮은 확률을 구현하는 것이다. 처음에는 풀리지 않던 문제라 할지라도 오랫동안 계속 생각하면 어떻게 될까? 이를 의식의 통합작업공간 이론으로 설명해보자. 계속 생각한다는 것은 그 문제를 계속 의식의 무대 위에 올려놓는 것이다.

그러면 무대 가까이에 있는 무의식이 그 의식의 내용을 보고, 자신이 그 문제를 푸는 데 도움이 되는 내용이라면 무대 위로 올라간다. 즉, 해당 장기기억이 인출되어 그 문제를 푸는 데 도움이 되는 아이디어가 떠오르는 것이다. 문제가 아무리 생각해도 잘 풀리지 않는다는 것은 문제를 푸는 데 도움이 되는 장기기억이 무대와 아주 멀리 떨어져 있다는 의미다. 이런 경우에는 그 문제가 무대 위에서 공연되는 시간이 아주 길어야만 해당 장기기억이 인출될 수 있다. 이처럼 의식의 통합작업공간 이론에 따르면, 우리가 어떤 문제를 해결하고자 한다면 그 문제를 의식의 무대 위에 충분히 오랫동안 올려두어야 함을 알 수 있다. 다음은 내 강연을 들은 중학교 3학년 학생이 미지의 수학 문제에 의도적인 몰입을 실천한 사례다.

> 66 이전에 풀리지 않던 수학 문제를 화장실에서도, 밥 먹으면서도, 길을 걸어갈 때도 생각했고 결국 그 문제를 풀 수 있었습니다. 문제를 풀고 나니 책상에 앉아 있는 시간이 조금 더 길어졌습니다. 작은 변화지만 많은 것을 느끼게 되었고 '나도 할 수 있겠구나'라는 생각이 들었습니다.

이처럼 미지의 문제에 도전하고 성공하는 경험은 확률적으로 대단히 낮은 행위다. 자연스럽게 경험하기는 어렵다. 그러나 의도적으로 그 문제를 풀기 위해 몰입함으로써 낮은 확률을 구현한 것이다. 결국 의도적으로 오르막을 갔고 정상에서의 희열을 경험함으로써

몰입 확장판

"혼신으로 힘을 다 썼지만 좋았다!"라는 교육적으로 유익한 과정을 경험하게 되었다. 누구든 이러한 경험을 반복한다면 가파르게 성장할 것이고 인생의 행로도 바뀌게 될 것이다. 이러한 도전과 성공 경험이 누적되면 어떠한 위력을 발휘하는지는 뒤에 소개할 예정이다.

우리는 살아가는 동안 수많은 난관에 부딪친다. 삶이 던지는 이러한 문제들을 직시하지 않고 회피하거나 해결하기를 포기해버린다면 우리는 발전하며 앞으로 나아갈 수 없다. 하지만 '내가 이 문제의 해결책을 찾고자 골똘히 생각하다 보면 언젠가 답을 얻을 수 있을 것이다'라는 마음가짐으로 몰입을 통해 응전하면, 즉 내 의식의 무대 위에 현재 나에게 가장 중요한 문제 하나를 올려놓고 스포트라이트를 계속 비춰주면, 나의 무의식에서 그 문제를 해결해낼 탁월하고 창의적인 아이디어가 솟아오르는 순간을 분명히 경험할 수 있다.

다음에 소개하는 두 사람의 이야기는 의도적인 몰입을 적용하여 인생의 행로를 바꾼 실제 사례다. 의도적인 몰입을 통하여 과정을 즐길 수 있고 기량도 올라가므로 행복한 최선이 가능함을 보여준다.

의도적인 몰입으로
서울대학교에 합격한 학생의 사례

예술고등학교 2학년에 재학하며 피아노를 전공하던 학생이 있었는데 처음부터 깊은 흥미와 관심이 있어 피아노 연주를 전공했던 것은 아니다. 하지만 계기가 무엇이었든 간에 피아노를 전공으로 삼고 연주에 매진하다 보니 잘하고 싶은 마음이 생겼다. 그런데 최근에 참가한 콩쿠르에서 예선을 통과하지 못하자 굉장한 스트레스를 받게 되었다. 그렇게 속앓이하고 있을 무렵, 우연히 나의 책을 읽고 몰입 훈련에 관심을 갖게 되어 도움을 요청하는 메일을 보내왔다. 이 학생은 그때까지 특별히 사고하는 훈련을 받은 경험이 없었으나 몰입을 경험하고자 하는 마음이 간절했다. 이후 나의 지도에 따라 의도적인 몰입을 시도함으로써 입시에서 원하는 결과를 얻었을 뿐만 아니라 삶을 대하는 태도도 극적으로 변화한 모습을 보여주었다.

2019년 5월 7일　첫 번째 메일

> 교수님, 안녕하세요. 오랜 고민 끝에 이걸 해결하지 못하면 죽는 게 낫겠다는 생각이 들어서 메일을 보내게 됐습니다. 저는 예고 2학년에 재학 중인, 피아노를 전공하고 있는 학생입니다. 우연히 집에 있던 『몰입 두 번째 이야기』를 읽은 뒤에 너무 공감되어서 교수님 책을 전부 사서 몇 번이고 읽었습니다. 좋아서 시작한 게 아니긴 하지만, 하다 보니 조금 좋아져서 이왕이면 제일 잘해서 연주가가 되고 싶어졌습니다. 그러나 이렇게 이도 저도 아니게 해서는 아무것도 이루지 못한다는 걸 저도 잘 알고 있습니다. 제발 도와주세요. 저도 간절하게 목표를 향해 몰입하고 싶습니다. 어떻게 해야 할까요?

몰입이 잘 일어나기 위해서는 절실함을 가져야 한다. 쉽게 말해 '여기에 내 목숨이 달려 있다'라고 생각하는 것이다. 그런 맥락에서 이 학생은 몰입을 하는 데 최적인 마음가짐을 이미 가지고 있었다. 피아노를 연습할 때는 관련 시냅스와 장기기억이 활성화되어 몰입도가 올라간다. 그런데 잠깐이라도 쉬게 되면 피아노와 관련된 시냅스와 장기기억이 비활성화되어 몰입도가 낮아진다. 비활성화 속도는 활성화 속도보다 빠르다. 따라서 나는 연습을 하지 않을 때에도 오로지 콩쿠르에서 연주할 그 곡에 대해서만 생각하라고 알려주었다. 연습을 할 때 내가 어떤 실수를 했는지를 생각한다든가, 그 연주곡을 세계적인 피아니스트가 치는 모습이 담긴 동영상을 찾아서 본다든가 하는 식으로 언제나 피아노와 관련된 생각을 의도적으로 하라고 조언했다.

2019년 5월 24일 의도적인 몰입 3주차

> 교수님, 5일 동안 정말 많은 일이 있었습니다. 결과적으로 그 어려운 콩쿠르 예선에 붙었습니다. 아직도 믿기지 않습니다. 태어나서 제일 많은 축하를 받았습니다. 교수님 덕분인 것 같습니다. 너무 감사드립니다.
>
> 몰입을 실천하기 전에는 연습할 때 1시간도 제대로 집중하지 못하고 연습 시간 50분을 채우기만 기다리며 시계를 3분마다 쳐다보곤 했습니다. 그런데 지금은 3시간이나 거뜬히 집중해서 연습할 수 있게 됐습니다. 가끔은 시계를 보면 1시간이나 지나서 놀랄 때도 있습니다. 정말 놀라운 변화인 것 같습니다.
>
> 또, 예전에는 인터넷 하는 시간을 줄이려고 피아노 연습을 할 때는 일부러 핸드폰을 안 가지고 가고는 했었는데, 지금은 핸드폰을 갖고 있거나 쉬는 시간이 생겨도 인터넷을 할 여유가 없습니다. 제가 연주할 곡을 생각하기에도 바쁘기 때문인 것 같습니다.
>
> 생각하는 것도 많이 달라졌습니다. 전에는 유명한 피아니스트가 돼서 외국을 돌아다니며 연주하면 멋있겠다고 생각했습니다. 하지만 지금

은 한 사람이라도 더 내 연주를 듣고 웃을 수 있다면, 그가 삶의 위안을 얻을 수 있다면 손가락이 부서져도 좋다는 생각으로 연습에 임하고 있습니다. 그렇게 생각하니까 지치지도 않고 제가 하는 음악이란 게 엄청 대단하게 느껴지면서 더 간절하게 연습할 수 있게 된 것 같습니다. 학교에서는 제가 연주해야 하는 곡을 생각하다가 '얼른 연습하고 싶다!' '빨리 피아노 치고 싶다!' 이런 생각이 처음으로 들기도 했습니다. 그리고 연습할 시간이 생기면 너무 신났습니다. 옛날에는 학교에서 빨리 피아노를 치고 싶다는 친구들이나 피아노 건반만 눌러도 행복하다고 하는 선배들이 이해가 안 됐는데 오늘은 어렴풋이나마 그런 마음을 알 것 같습니다.

의도적인 몰입을 3주 정도 실천한 후, 이 학생은 가치관의 변화, 삶을 대하는 태도의 변화까지 경험하게 되었다. 자신이 현재 몰두하는 일이 신성하게 여겨지고, 그 일에서 소명을 발견하게 되는 것은 몰입을 통해 얻을 수 있는 커다란 행복 중 하나다. 이 학생이 콩쿠르에 나가기 전 나는 콩쿠르 당일에도 무대에 서기 직전까지 몰입을 해야 한다고 조언했다. 음악을 하거나 운동을 하는 분들, 즉 무대에서 자신의 퍼포먼스를 선보여야 하는 사람들의 경우 무대 위에서 몰입이 되지 않으면 평소 실력의 절반도 기량을 발휘하지 못하게 된다. 따라서 무대에 오르기 직전까지도 고도로 몰입된 상태를 유지해야 한다. 이런 나의 조언을 들은 학생은 콩쿠르 당일 대기실은 무척 시끄럽기 때문에 지금까지 끌어올린 몰입도를 유지하는 것이 어렵다고 고민을 토로했다. 나는 학생에게 연습하는 소리를 녹음해둬서 콩쿠르 당일 대기실에서 이어폰으로 들으며 몰입도를 유지하라고 피드백했다. 의도적인 몰입을 실천한 결과, 이 학생은 아주 어렵다고 알려진 콩쿠르 예선을 통과할 수 있었다.

2019년 12월 1일 의도적인 몰입 7개월 후

“ 안녕하세요. 교수님. ○○○입니다. 실기 결과가 나왔는데 1등에는 못 미치지만 제가 여태껏 본 실기 시험 중에 제일 등수가 높게 나왔습니다. 감사합니다! 지금은 기말고사를 준비하며 공부하고 있습니다.

이 학생은 이후에도 꾸준히 몰입을 이어갔다. 몰입 기간이 길어질수록 연주할 때는 물론이고 연주하지 않는 일상생활 중에도 높은 몰입도를 유지해나갔다. 이는 무대 위에서의 탁월한 퍼포먼스로 이어졌다. 그리고 최종적으로 서울대학교 음악대학에 진학하는 결과를 얻었다.

의도적인 몰입을 통해
시험 합격과 정신적 성숙을 이룬 사례

이 학생은 변리사 시험을 준비하는 과정에서 무기력한 감정과 깊은 회의감에 빠져 공부를 그만두려던 끝에 마지막 지푸라기를 잡는 심정으로 내게 연락해왔다. 지속 가능한 최선이라는 것이 정말로 가능한 일인지에 대한 의문마저 들 정도로 공부로 인해 심신이 지쳐버린 상태였다. 이후 이 학생은 5개월 정도 의도적인 몰입을 한 끝에 변리사 1차 시험에 합격했고, 2021년 변리사 2차 시험에 수석으로 합격했다. 이 학생의 사례가 남다른 의미를 갖는 것은 몰입 훈련을 통해 원하던 결과를 얻은 것과 더불어 가치관의 변화를 극적으로 겪었다는 점이다. 몰입이 한 인간의 정신적 성숙을 어떻게 돕는지 보여주는 아주 모범적인 사례다. 다음은 이 학생에게 알려준 수험공부에 의도적인 몰입을 실천하기 위한 11가지 원칙이다.

1. 수면이 부족해서는 안 된다. 최소 7시간을 자거나 부족하면 8시간을 자도 좋다.

2. 가능한 이완된 집중을 하고 느긋하게 공부하다 졸리면 선잠을 잔다.

3. 깨어있는 시간은 1초도 쉬지 않고 공부와 관련된 생각의 끈을 놓지 않는다. 이렇게 1초도 쉬지 않고 생각하는 것을 일명 '1초 원칙'이라 한다. 1초 원칙을 실천하는 것이 가장 중요하다.

4. 매일 규칙적으로 숨이 차고 충분한 땀을 흘리는 운동을 30분 정도 한다

5. 한 과목을 최소 일주일 이상 연속적으로 공부한다. 가능한 그 과목의 한 회독이 끝날 때까지는 다른 과목으로 바꾸지 않는다.

6. 가능한 이해 위주 그리고 생각 위주의 학습을 한다. 특히 몰입도를 올리는 단계에서는 진도를 천천히 나가더라도 내용을 소화하면서 공부한다.

7. 미지의 문제는 해설에 의존하지 말고 스스로 해결하려고 한다. 시간이 부족할 때는 30분 혹은 1시간까지는 생각하고 해설을 본다. 객관식 문제도 보기에 의존하지 말고 단답형 혹은 주관식으로 푼다.

8. 결과보다는 과정을 중시한다. 특히 시험에 대한 걱정과 불안감이 생길 때 내가 할 수 있는 최선을 다하고 결과는 하늘에 맡긴다는 진인사대천명의 자세를 갖는다.

9. 선택과 집중을 한다. 시험장에 들어가기 전에 반드시 알아야 한다고 생각되는 중요한 내용임에도 불구하고 현재 불완전하게 알고 있거나

모르는 내용을 빨간색으로 구별해서 그 부분을 집중적으로 공부한다. 이는 명확한 목표를 설정해주는 효과가 있다.

10. 반드시 암기해야 하는 내용은 10초 이내로 휴대폰에 내 목소리로 녹음한 뒤, 무한반복 따라 하기를 한다. 최소 수십 번은 반복한 후, 충분히 외웠다고 생각하면 다음 내용으로 넘어간다. 이 방법은 암기 효율이 대단히 높고 모든 자투리 시간을 활용할 수 있어서 요긴하다. 특히 몰입도가 낮을 때 사용하면 비교적 쉽게 몰입이 된다.

11. 내가 싫어하는 과목이라도 그 과목을 공부할 때는 그 과목이 세상에서 가장 중요하다고 생각한다. 그리고 왜 그 과목이 중요한지 이유에 대해서 생각하면 더 좋다.

2018년 11월 9일
몰입 6주 차: 삶이 만족스러워지기 시작하다

> 짧은 시간이었지만 삶이 너무도 새롭게 느껴지는 경험이었습니다. 공부가 재미있음을 경험한다는 것 자체가 하나의 동기가 되는 것 같습니다. 그래서 민법 공부를 시작하고서도 빠르게 몰입할 수 있었습니다. 또 그 감정을 느끼고 싶고, 저 자신을 테스트하고 싶습니다.
>
> 삶에 대해 한 가지 논리로 답을 내리긴 어려웠지만 어렴풋이 알 것 같은 것은 '지금처럼 살면 후회하지 않을 것 같다'였습니다. 근래의 시간만큼 있는 그대로의 저 자신을 바라보고 기뻐했던 적이 없습니다. 저

는 항상 큰 목표를 잡아두고 그걸 이룬 스스로를 상상하며 행복감을 느끼곤 했습니다. 늘 그렇듯 미래는 생각대로 되지 않기에, 혹은 성취감이 생각만큼 크지 않아서 공허함과 허탈감을 많이 느꼈습니다. 하지만 지금은 이루고 싶은 목표를 마음속에 품고도 순간에 집중할 수 있어서 삶이 조화롭고 행복합니다. 그저 오늘을 열심히 살고 있는 제 자신이 만족스럽습니다.

몰입 상태에서는 공부하는 것도, 생각하는 것도 전혀 힘들지 않고 오히려 재미가 있다. 그 재미가 다시 몰입을 더 깊게 하는 원동력으로 작용하여 몰입도는 한층 더 끌어올려진다. 몰입의 선순환 효과다. 이 학생은 내가 체험한 몰입의 경험과 매우 유사한 경험을 이미 하고 있었다. 바로 '지금처럼 살면 후회하지 않을 것 같다'는 감각을 체험한 것이다. 내가 몰입을 시작한 이유도 후회 없는 삶을 살고 싶었기 때문이었다. 그러기 위해서는 지금 내 눈앞의 일이 내 삶에서 가장 중요한 일이라고 생각하고 몰두해야 한다. 이 학생에게는 변리사 공부가 그것이었는데, 시험 준비에 고도로 몰입하면서 이 학생은 온전히 '현재'를 살게 되었고, 그것이 곧 삶에 대한 만족감으로 이어졌다.

2018년 11월 23일
몰입 8주 차: 기질이 변화하다

>   요즘은 기분 나쁜 일이 잘 없습니다. 항상 약간 활기찬 상태입니다. 헬스장에 가도 사람들에게 먼저 인사를 건네게 되고, 부모님과도 거의 웃으면서 대화하는 것 같습니다. 가끔은 행복감에 넘쳐서 눈물을 흘리기도 합니다.

이 학생은 몰입과 더불어 매일 헬스장에 가서 규칙적으로 운동하는 것을 병행했다. 몰입이 지나치게 이루어지면 불면이나 지나친 각성 상태 등으로 이어질 수 있다. 이때 규칙적인 운동을 하면 몰입에서 효과적으로 빠져나올 수도 있고, 다시 몰입 상태로 들어가기에도 수월하다. 이 학생은 규칙적인 운동과 변리사 시험 준비를 위한 몰입을 매우 즐겁고 긍정적인 기분으로 즐기는 중이라고 말했다. 무기력감과 회의감에 빠져 있었던 처음의 모습을 찾아볼 수 없는 상태다. 기질 자체가 긍정적으로 변화한 것이다. 때로는 이러한 변화에 가슴이 벅차올라서 눈물이 날 만큼 고양된 행복감을 느끼게 되었다. 몰입이 삶의 행복을 가져다준다는 의미가 무엇인지 보여주는 아주 실증적인 사례다.

2018년 12월 14일
몰입 11주 차: 정신적 성숙에 이르다

> 누군가의 노력을 따라 하지 않고, 제가 할 수 있는 최선을 다해야 과정을 놓치지 않게 되는 것 같습니다. 그리고 그 과정에서 행복을 찾을 수 있어야 인생이 꽉 채워지는 것 같습니다. 지금껏 한 번도 느껴보지 못했던 충만한 행복감을 요새는 꽤 자주 느낍니다. 최선의 노력과 행복이 병존할 수 있음을 절감합니다.
> 부모님께서 제가 정신적으로 많이 성숙해진 것 같다고 말씀해주셨는데, 정말 삶이 바뀌고 있는 게 맞나 봅니다. 이 시간이 결과적으로 저한테 무엇을 남기든, 가치 있었다는 사실은 변하지 않을 것 같습니다. 한 주간 또 쉬지 않고 노력하겠습니다. 감사합니다!

미국의 로마가톨릭교회 추기경이었던 존 패트릭은 '고통은 사람을 생각하게 만들고, 그 생각은 사람을 성숙하게 만든다'라고 말했다. 몰입은 오르막을 오르는 과정이다. 그 과정이 처음에는 마냥 쉽지만은 않다. 하지만 오르막을 오르는 과정의 어려움을 견뎌내고 계속해서 한 문제만을 집중해서 생각하다 보면 그 문제를 해결하고 돌파해나갈 방법이 보인다. 이때 중요한 것은 결과에 집착하지 않는 것이다. 이 문제를 내가 풀 수 있을지 여부, 내가 이 목표에 도달할 수 있을지의 여부를 생각하면 제대로 된 몰입이 일어나기 어렵다. '이 문제를 어쩌면 내가 해결하지 못할 수도 있다. 하지만 나는 1초도 쉬지 않고 이 문제에 몰두하겠다. 과정에 최선을 다하겠다!'라고 생각하면 역설적으로 그 문제를 해결할 방법이 보이는 순간이 찾아온다. 결과에 대한 걱정은 몰입을 방해한다. 하지만 과정은 내 영향력 안에 있는 것이다. 이 학생은 변리사 시험 준비 과정에 최선을 다함으로써 결과로 인한 스트레스를 벗어나 지금 자신이 하는 몰입이 가치 있는 시간임을 진심으로 받아들이게 되었다. 그로 인해 마음에 여유가 생겼고, 점차 정신적으로 도량이 깊은 사람으로 거듭나고 있었다.

2019년 2월 1일
몰입 18주 차: 최선의 삶과 행복이 공존하다

66 '진인사대천명'이라는 교수님의 말씀을 새겼습니다. 완벽하진 못해도 마지막 1초까지 최선을 다하겠노라, 매일 다짐하고 있습니다. 마음가짐이 이러니 시험이 다가올수록 오히려 행복감이 더 큰 것 같습니다. 온종일 집중하다가 자려고 누우면 '아, 정말 특별한 삶이다!' 하는 느낌이 들 때가 있습니다. 그럴 땐 너무 행복해서 눈물이 납니다. 어떤 느낌이냐면, 늘 꼭두각시처럼 살다가 처음으로 인생을 스스로 움직이고 있는 것 같습니다. 예전의 제가 불행했다는 건 아닌데, 한 번도 삶다운 삶을 살아본 적이 없었음을 알게 된 것 같습니다.

학생이 변리사 시험 2주 전에 보내온 메일이다. 보통의 경우 시험 날짜가 가까워지면 불안하고 걱정스러운 마음이 들기 마련이다. 하지만 이 학생은 고도의 몰입을 지난 몇 달간 이어온 덕분에 큰 시험을 앞두고서도 마음에 행복감이 가득 찬 상태였다. 또한, 그전까지와는 달리 분명한 목표를 설정하고 그 목표에 도달하기 위해 몰입하는 과정에서 능동적으로 생각하게 됨에 따라 삶의 주체성까지 지니게 되었다.

2019년 2월 17일
몰입 20주 차: 변리사 시험 1차에 합격하다

> 말로 표현할 수 없을 정도로 기쁩니다. 결과는 다행히 좋게 나왔습니다. 하지만 결과 이전에 이미 모든 보상을 받은 것 같습니다. 어젯밤 누웠을 때, 지난 5개월 동안의 노력이 파노라마처럼 펼쳐졌습니다. 정말 치열하게 살았던 것 같습니다. '할 수 있는 건 다했다. 이보다 더할 순 없었겠다. 다행이다' 하는 마음에 눈물이 났습니다. 행복했습니다.

학생이 변리사 시험 1차에 합격한 이후 보내온 메일이다. '결과 이전에 이미 모든 보상을 받은 것 같다'는 표현에서 이 학생이 지난 5개월간 얼마나 치열하게 몰입했는지 알 수 있다. 이후 이 학생은 2차 시험을 준비하게 됐는데, 변리사 시험 2차의 경우 들어야 할 수업도 많은데다 개인적인 사정이 생겨서 몰입을 이어가지 못했다. 하지만 그동안 이어왔던 몰입 훈련의 성과를 바탕으로 2차 시험 준비도 잘 해냈고 2021년 그해 변리사 시험에서 수석으로 합격하는 영광을 누리게 되었다. 이 학생은 현재 국내 대형 로펌에 소속되어 변리사로 일하고 있다.

보편성을 획득한
몰입의 법칙

『몰입』 초판이 출간된 이후 책과 강연을 통해 몰입에 대한 나의 체험과 견해가 차츰차츰 세상에 알려지자 나에게 메일을 보내 몰입에 대해 묻는 사람들도 많아졌다. 성적을 끌어올리고 싶지만 어떻게 해야 집중력을 높일 수 있을지 몰라서 고민인 학생, 대학 입시나 고시 등 목적이 분명한 시험을 준비 중인 수험생, 좋은 아이디어를 제시해서 업무 생산성을 높이고 싶은 직장인 등 몰입을 통해 삶에서 의미 있는 결과를 얻고자 하는 사람들의 층위는 정말 다양했다. 나는 내게 연락을 준 사람들에게 최대한 도움이 될 수 있도록 피드백을 했다. 어떤 경우에는 피드백이 일회적으로 끝나지 않고 장기간 지속되기도 했다. 나의 조언을 참조하여 일상에서 몰입 훈련을 꾸준히 실천한 사람 중 대다수가 삶에서 의미 있는 성취를 이루어나갔다.

이 책에 실린, 다양한 몰입의 사례들은 지난 17년 동안 내가 목격한 몰입의 극적인 효과를 보여주는 사례 중에서 도움이 될 만한 것들을 엄선하여 실은 것들이다. 이처럼 17년의 시간이 흐르자 '의도적인 몰입에 대한 가설'을 검증해주는 수많은 몰입 성공 사례들이 축적되었다. 나는 이러한 사례들을 근거로 '의도적인 몰입에 대한 가설'이 타당한 이론임을 확인할 수 있었다. 그리고 몰입의 법칙은 개인적인 체험을 뛰어넘는 보편성이 있는 법칙이라는 결론에 다다르게 되었다.

2장

THINK
HARD

본격적인 몰입을
시도하기 위하여

몰입에 들어가기 전에
준비할 것들

문제를 설정하라

몰입에 들어가기 위해 생각을 한곳에 집중하려면 명확한 목표가 있어야 한다. 사격을 할 때 목표물을 눈으로 겨누듯이 생각으로 그 목표를 겨누는 것이다. 따라서 먼저 자신이 해결하고자 하는 문제를 설정한다. 문제가 명확해야 집중하기가 쉽다.

문제를 설정할 때는 미해결된 문제 중에서 중요하고 핵심이 되는 것을 택한다. 매우 어렵지만 대단히 중요해서 그것을 푸는 것이 의미가 있어야 한다. 거기에 그 문제가 절실하게 느껴질수록 유리하다. 또 해결해야 하는 기간을 정해두는 것도 절실함을 자극하는 데 도움이 된다.

먼저 몰입적인 사고를 시도하기 몇 주 전부터 관련 문헌 등을 읽어서 설정된 문제와 관련된 지식을 충분히 습득한다. 문제를 생각할 때는 관련 지식을 많이 알고 있을수록 몰입하기도 쉬워지고 문제 해결도 잘 된다. 이 원리는 스포츠나 취미 활동에 비교해보면 이해하기 쉽다. 테니스나 골프를 처음 배운다면 바로 게임에 몰입하기가 쉽지 않다. 적어도 1년 정도의 경험이 있어야 고도로 집중된 경기, 즉 몰입을 경험할 수 있을 것이다. 만약 문제 해결보다 몰입 경험 자체를 목적으로 할 때는 자신이 잘 알고 있고 관심이 큰 문제를 대상으로 하는 것이 좋다. 충분한 지식과 관심이 있어서 그 주제에 대하여 생각하는 것이 쉬울수록 몰입이 유리하기 때문이다. 특히 그 주제를 생각하는 것이 자신의 감정선과 맞닿아 있다면 더욱 효과적이다.

반면에 문제 해결을 목적으로 몰입을 시도할 경우에는 '어떻게 하면 되는가?'라는 물음보다는 '왜 그렇게 되는가?' 하는 물음이 훨씬 더 절실한 감정을 불러일으킨다. 대체로 '왜'에 대한 답은 한 가지 원인으로 생각을 집중시켜서 수렴적 사고를 유도하지만, '어떻게'에 대한 답은 여러 가지 가능성을 열어두어, 집중을 분산시키는 발산적 사고를 하는 경향이 있기 때문이다. 따라서 몰입을 시도하는 초기에는 '왜'라는 형식의 물음으로 문제를 선정한다. 그러고 나서 몰입 상태에 들어간 뒤에는 '어떻게'라는 분산적 사고에 관한 문제를 다루어도 몰입 상태를 유지할 수 있다.

몰입할 수 있는 환경의 확보

몰입을 제대로 체험하기 위해서는 몰입을 위한 기간이 적어도 일주일 이상은 되어야 한다. 따라서 본격적으로 몰입을 시도하려고 하는 사람은 일주일 이상 한 가지 문제에 집중할 수 있도록 주변 상황을 정리해두어야 한다. 몰입에 들어가는 과정이나 몰입 상태에 있을 때, 다른 일을 하면 집중도가 현저하게 떨어지므로 해야 할 일을 모두 끝내둔다.

그리고 오해의 소지가 없도록 가족이나 주변의 동료, 직장 상사에게 양해를 구한다. 일단 몰입 상태에 들어가면 옆에서 불러도 대답을 하지 못하는 일이 자주 발생한다. 이러한 상황에서는 내가 상대방을 무시했다고 오해를 받는 등 대인 관계에 갈등이 생길 수 있으므로 미리미리 대처해둔다.

불필요한 외부 정보의 차단

몰입 상태로 들어가기 위해서는 TV 시청, 인터넷 서핑, SNS, 유튜브, 숏폼 등 외부 정보가 자신의 뇌에 입력되는 것을 가능하면 차단해야 한다. 특히 뉴스 같은 자극적인 콘텐츠는 몰입하는 데 큰 방해가 된다. 같은 이유로, 몰입 시도 중에는 남들과 점심 식사를 같이 하는 것도 가급적 피하는 것이 좋다. 점심 식사를 하러 가거나 오는 도중, 혹은 식사 중에 나누는 단순한 잡담으로도 문제에 대한 집중도가 현저히 떨어지기 때문이다. 몰입을 준비하는 기간에는 자신이 집중하려는 문제가 아닌 다른 어떤 주제에 대한 이야기도 집중도를 떨어뜨릴 수 있다는 점을 잊어서는 안 된다.

혼자만의 공간 선정

몰입을 위해서는 직장이나 집에서 멀리 떨어진 한적한 장소를 택하는 것이 유리하며 반드시 조용하고 방해받지 않는 독방이나 혼자만의 공간이 있어야 한다. 방에 다른 사람이 한 명만 있어도 집중하는 데 방해가 된다. 자신의 마음을 송두리째 한 가지 문제에 두는 게 아니라 상대의 말이나 행동 등에 반응을 보이기 위해 뇌의 일부를 대기 상태로 준비하고 있기 때문이다.

몰입을 할 때는 뇌 전체가 문제를 푸는 데 전력해야 하는데 그중 일부가 다른 자극에 대기 상태가 되면 집중도를 올리기가 어려워진다. 그러므로 반드시 혼자만의 공간을 확보한다. 목까지 받칠 수 있는 편안한 의자나 소파를 준비하면 더욱 좋다. 자세가 편할수록 집중이 잘 된다는 점을 기억하기 바란다.

규칙적이고 땀 흘리는 운동

몰입은 극단적인 두뇌 활동이기 때문에 규칙적인 운동을 하지 않으면 생각에 빠져 헤어나오지 못하는 문제가 생길 수 있다. 따라서 아무런 문제 없이 몰입을 지속하기 위해서는 반드시 규칙적인 운동을 해야 한다. 운동을 할 때는 의식적으로 주어진 문제를 잊고, 다른 일에 열중할 수 있기 때문이다. 운동을 규칙적으로 일주일만 해도 기분이 한결 상쾌하고 컨디션이 좋아지며 자신감과 의욕이 생기는 것을 경험할 수 있다. 이런 최상의 컨디션, 그리고 자신감과 의욕이 몰입을 시도하는 데 대단히 중요한 역할을 한다.

운동은 매일 규칙적으로 하는 것이 중요하기 때문에 땀을 흘리고 재미있게 몰두할 수 있는 것을 선택하되, 30분 정도 하고 샤워까지 포함해 1시간을 넘기지 않는 것이 좋다. 운동의 가장 중요한 역할은 하루 종일 끊임없이 생각을 지속하면서 떨어지는 수면의 질을 올리는 것이다. 이뿐만 아니라 끊임없이 자신감과 의욕을 만들어주고 두뇌활동을 촉진시키기 때문에 운동과 몰입을 병행하면 시너지 효과가 나타난다.

단백질 위주의 식사

몰입 상태에서 연구를 하던 7년 동안 나는 의도적으로 육류 위주의 식단에 채소를 곁들여 섭취했다. 특별한 이유가 있었던 것은 아니고, 미국에서 보냈던 포스트닥 시절의 식사 패턴을 유지하기 위해서였다.

포스트닥 과정을 끝내고 귀국한 지 얼마 안 되어서는 에너지가 넘쳐나서 강도 높게 생각을 하거나 일을 해도 전혀 지치지 않았는데, 한 달 정도 시간이 지나니 몸이 지치기 시작했다. 그 이유가 무엇인가 곰곰이 생각하다가 깨달은 것이 바로 식사 패턴이었다. 그때부터 포스트닥 시절처럼 육류와 채소 중심으로 식단을 바꿨다. 몸은 금세 예전의 컨디션을 되찾았고 다시 강도 높은 생각을 할 수 있게 되었다.

몰입과 거의 비슷한 상태인 삼매三昧를 추구하는 화두선에서는 채식을 권하는 것으로 알려져 있지만 나는 개인적으로 육식이 몰입에 도움이 된다는 믿음을 가지고 있다. 몰입은 생각과 집중의 강도가 매우 높은 상태를 만드는 것이고 매우 활발한 두뇌 활동을 요구하는데, 이러한 활동은 단백질 소모가 많기 때문이다. 그리고 도파민과 같은 신경전달물질을 만들기 위해서는 단백질뿐 아니라 비타민B와 비타민C 등이 필요하므로 이러한 영양제 복용도 추천한다. 식사와 몰입의 상관관계에 대해서는 추가적인 연구가 행해져야 할 것이다.

완전한 몰입에 들어가는
3일간의 과정

천천히 생각하는 명상적 사고 훈련이 어느 정도 되어 있는 사람이라도 몰입을 처음 시도해보는 경우에는 완전한 몰입 상태에 들어가는 데 일주일 정도의 시간이 걸린다. 그러나 일단 몰입 경험이 생기고, 생각하는 주제에 대해 여러 번 몰입해서 익숙해지면 단 3일만에도 충분히 몰입에 도달할 수 있다.

<u>1일차</u> 잡념을 털어내고 자세를 만든다

설정된 문제를 분석하기 시작한다. 명상하듯이 마음을 차분하게 가라앉히고, 머리까지 기댈 수 있는 편안한 의자에 온몸의 힘을 빼고 편안하게 앉아 주어진 문제를 곰곰이 생각한다. 생각의 속도는 의식적으로 약간 늦춘다.

첫날은 이 문제를 생각하려고 해도 다른 잡념이 떠오르며 집중이 잘 되지 않는 것이 보통이다. 특히 마음이 산만한 상태라면 더욱 그렇다. 그러나 계속 노력한다. 자신도 모르게 자꾸 다른 생각이 나고, 더러는 설정된 문제를 생각하는 것조차 잊어버릴 때도 있다. 설정된 문제를 메모지에 써서 눈에 띄는 곳에 붙여놓으면 이런 일을 방지할 수 있다. 초보자의 경우 눈을 감고 생각하면 집중이 더 잘 된다.

생각에 진전이 없어 지루하고 힘들더라도 차분하게 생각을 계속한다. 어려운 문제를 선택한 경우, 생각에 진전이 없는 것은 당연한 일이다. 기억해야 할 것은 생각에 진전이 없어도 이렇게 노력하는 동안에 정신적인 집중도가 조금씩 올라간다는 것이다. 문제 해결에 전혀 진전이 없다고 느껴지지만 절대 그렇지 않다.

몰입이 힘든 것은 바로 집중된 정도가 눈에 보이지 않아서 진행되는 과정을 확인할 수 없기 때문이다. 이런 때에는 몰입 상태에 이르는 과정을 다른 가시적인 활동에 비유하면 도움이 된다. 모든 뇌 세포 하나씩을 이 생각으로 채워간다고 생각하거나 정상에 오르는 데 3일 정도 소요되는 등산에 비유하는 것도 효과적이다. 그런데 그 산이 약간씩 미끄러져 내려가는 산이라서 계속 노력하지 않으면 조금씩 집중도가 떨어짐을 명심해야 한다.

첫날은 평지에서 출발한 터라 신체도 워밍업이 되지 않고 머리가 산만한 상태이므로 가장 힘이 들고 괴롭다. 이때는 일어서서 왔다갔다 하면서 생각해도 좋고, 편안한 의자에 앉아 명상하듯이 생각해도 좋다. 마음 속으로 산책을 한다는 기분으로 여유를 갖고 천천히 생각한다. 생각의 속도를 천천히 하는 것이 익숙하지 않은 사람은 실제로 산책을 하면서 생각하는 것도 좋다. 걷는 속도에 맞춰 생각의 속도가 따라가는 경향이 있기 때문이다.

어차피 높은 집중도에 이르기까지는 3일 이상의 시간이 소요되므로 성급하게 생각하지 말고, 시간은 충분히 있다고 생각한다. 평생을 이 문제 하나만 생각하겠다는 각오면 더욱 좋다. 이 문제가 세상에서 가장 중요하다고 생각하는 것도 몰입하는 데 도움이 된다.

편안하게 앉은 채 천천히 생각하다 보면 자신도 모르게 선잠이나 가수면 상태에 들곤 한다. 고도의 몰입 상태에서도 생각을 하다가 가수면 상태를 자주 경험하게 되는데 선잠은 아이디어를 얻거나 집중도를 올리는 데 도움이 된다. 선잠이 들면 굳이 피하려 하지 말고 자연스럽게 받아들인다. 그러다 잠에서 깨어나면 다시 문제를 분석한다. 물 흐르듯이 자연스럽게 신체가 원하는 대로 따라가면 된다.

다만 생각을 할 때는 잠자리에 든 경우를 제외하고는 되도록이면 눕지 말고, 앉은 자세를 유지하는 것이 좋다. 잠자리가 아닌 상황에서 누워서 생각하면 깊은 잠이 들어 몸이 늘어지고 컨디션이 나빠진다. 앉아서 생각하다가도 선잠을 지나 완전히 잠이 드는 경우도 종종 있다. 이때는 앉은 채 머리를 뒤로 기대고 잠이 들면 된다. 특히 잠이 부족한 경우에는 앉은 상태에서도 깊은 잠이 드는 경향이 있는데, 잠이 부족하면 집중력이 떨어지기 때문에 잠은 충분히 자도록 한다.

생각하다가 기억하고 싶은 아이디어나 문제 해결과 관련되어 도움이 될 만한 사실이 떠오르면 즉시 노트에 기록한다. 첫날의 아이디어는 대부분 별로 도움이 안 되는 경우가 많다. 떠오른 아이디어가 유치하더라도 가능하면 적어둔다. 그러면 생각이 유도되고 집중에도 도움이 된다. 머릿속에 떠오른 아이디어를 노트에 기록해두면 그 아이디어를 기억하고 있어야 한다는 부담이 없어지고 머리를 비울 수 있어서 머리가 더 잘 돌아가는 효과도 있다.

이렇게 하루를 보내고 30분 정도 땀 흘리는 운동을 한 뒤, 집에 와서 샤워와 식사를 마치고 편안한 자세로 앉거나 누워서 생각을 이어간다. 잠자리에 누워서도 생각을 하다 잠이 들어야 한다.

2일 차 아이디어가 움직이기 시작한다

첫날과 마찬가지로 의식적인 노력을 통해 생각을 이어간다. 둘째 날은 첫날보다는 덜 힘들다. 잡념에 빼앗기는 시간이 줄어들면서 주어진 문제에 대해 생각하는 시간이 조금 더 길어진다. 아직도 지루하지만 첫날보다는 분명히 덜 지루하다.

둘째 날 오후나 저녁때쯤 되면, 주어진 문제와 관련된 사항들이 아이디어처럼 머리에 떠오른다. 그러나 이것은 이전에 이미 알고 있는 내용이어서 큰 도움은 되지 않는 경우가 많다. 대부분 대수롭지 않은 아이디어지만, 첫날에 비해서는 더 좋은 아이디어다. 이것은 의식의 깊은 곳에서 아이디어가 나오기 시작하고 있다는 징조다. 이런 상태의 변화는 집중도의 향상을 의미한다. 그리고 첫째 날에 이어 둘째 날에도 뇌가 문제 해결을 위하여 계속 작용하고 있음을 의미한다. 이렇게 주어진 문제와 관련된 대수롭지 않은 아이디어가 떠오르기 시작하면 고도의 집중 상태를 향하여 제대로 가고 있다고 할 수 있다. 그러나 둘째 날도 큰 진전은 없을 것이다.

경우에 따라 같은 문제를 계속 생각하는 것이 극도로 지루해질 수 있다. 생각의 진전이 전혀 없이 계속 같은 생각만 하므로 답답함을 느끼게 되는데 몰입적 사고를 처음 시도하는 사람들에게는 거의 예외 없이 각자의 인생에서 경험한 어떠한 지루함보다도 크게 다가올 것이다. 이 지루함이 스트레스가 쌓이는 방향으로 가면 안 된다. 마음을 안정시키고 천천히 생각함으로써 평온함을 유지해야 한다. 그러다 그 문제에 대해서 꿈을 꾸게 되면 몰입이 50% 정도 진행되었다고 보면 된다.

이때 주의해야 할 점은 주어진 문제를 집중적으로 생각하는 것을 쉬어서는 안 된다는 것이다. 이틀 시도한 뒤에 친구에게서 전화가 와서 함께 저녁 식사를 하고 술도 한 잔 마시면 집중도는 바닥으로 떨어져서 처음부터 다시 시작해야 한다. 따라서 집중도가 올라간 상태에서는 약속을 미뤄야 한다. 집중된 상태는 산만한 상태와 달리 자신의 정신적인 수행 능력, 즉 머리를 써서 고난도의 높은 문제를 공략할 수 있는 능력이 향상된 상태다. 그리고 이런 일들을 비교적 재미있게 할 수 있는 상태다. 따라서 집중된 상태를 잘 관리하는 습관을 길러야 한다.

경우에 따라서는 몰입에 이르기 위해 위기 상황을 이용할 수도 있다. 위기 상황에서는 집중된 상태로 들어가기가 비교적 쉽기 때문이다. 그러나 장기적인 안목으로 본다면 위기가 닥치지 않은 상황에서 스스로의 노력으로 집중된 상태에 갈 수 있는 방법을 터득하는 것이 매우 중요하다. 첫날과 마찬가지로 저녁때 30분 정도 땀 흘리는 운동을 하고, 잠들기 전까지 계속 그 문제만을 생각한다.

3일차 생각하는 재미가 솟구친다

셋째 날은 주어진 문제를 생각하기가 훨씬 쉬워진다. 중단 없이 생각할 수 있는 시간이 꽤 길어졌다는 느낌이 든다. 그리고 시간이 흐를수록 이 문제에 집중하여 생각하는 것이 더 이상 힘들지 않고 지루하지도 않다. 또 비교적 단순한 행동을 하면서 주어진 문제에 대한 생각을 유지할 수 있고, 다른 생각을 하다가도 다시 그 생각으로 돌아오기가 수월해진다. 이 상태가 되면 70~80% 정도는 몰입 상태에 들어간 것이다.

문제를 생각하는 것이 재미있다고 느껴지면 몰입의 90%에 이른 것이다. 고지가 머지 않았다. 계속 온몸의 힘을 빼고 명상하듯이 문제를 생각한다. 집중된 생각을 계속 하다 보면, 적어도 셋째 날 오후부터는 이 문제와 관련된 아이디어가 떠오를 것이다. 이 아이디어는 전날의 아이디어보다는 더 가치가 있는 것이다. 그렇다고 해도 이 아이디어가 새롭거나 대수로운 것은 아니다. 이미 이전에 알고 있었던 것을 이 문제와 관련된다는 생각에서 새삼스럽게 끄집어낸 것에 불과하다. 그러나 이 아이디어는 문제를 해결하는 데 중요한 사실임에는 틀림이 없다.

이제 힘든 과정은 거의 끝났다. 기분이 약간 좋아진 듯한 느낌이 들기 시작한다. 이 정도 수준에 이르면 몰입 상태를 유지하는 것도 한결 쉬워진다. 마치 산의 정상에 오를 때까지는 힘들다가 능선을 따라 걸어갈 때는 발걸음이 가벼워지는 것처럼, 어느새 자동적으로 몰입 상태가 유지된다는 느낌을 받는다. 그러나 이때도 의식적인 노력을 계속해서 이 상태를 유지하는 것이 중요하다.

TIP

뇌파가 몰입에
미치는 영향

생각의 속도가 빠른 경우, 다음 표에서 보여주는 것처럼 스트레스를 일으키는 베타파가 나온다. 이 경우는 단답형 문제처럼 쉬운 문제에 재빨리 응답하거나 대화를 나누는 것처럼 뇌의 빠른 입력과 출력을 요구하는 활동에 적합하다.

표1. 뇌파에 따른 신체적 정신적 특징

델타파	세타파	알파파			베타파
		느린 slow	중간 mid	빠른 fast	
0.1~3Hz	4~7Hz	8Hz	10~12Hz	12~13Hz	14~30Hz
깊이 잠들었을 때(수면), 혼수 상태(젖먹이, 유아 및 수면 중인 성인에게 나타남)	꾸벅꾸벅 졸거나 멍한 상태. 최면 상태일 때 생기는 뇌파. 잠들기 직전이나 잠이 가볍게 든 상태	명상, 무념무상(완전히 긴장이 이완되었을 때)	직감, 번뜩임, 문제 해결(신체는 긴장이 풀려 있으면서도 의식 집중이 이루어지고 있는 상태)	주의 집중과 약간의 긴장	육체 활동을 할 때나 운동할 때 등 보통 일을 할 때 생기는 뇌파. 특히 스트레스 받을 때 주로 생긴다.

육체 활동을 하거나 대화할 때 나타나는 뇌파가 바로 베타파인데, 수면과는 정반대인 각성 상태에서 나온다. 이때는 입력에 해당하는 감각 기관과 출력인 운동 감각이 활성화되어 있는 반면, 뇌의 정보 처리 능력은 다소 떨어진다. 즉 얕은 기억은 잘 끄집어내지만 깊은 기억은 잘 끄집어내지 못한다. 따라서 문제 해결을 위하여 주어진 문제를 곰곰이 생각하기에 적합한 상태는 아니다.

고난도의 문제를 푸는 경우는 명상하듯이 생각의 속도를 충분히 줄여줘야 한다. 이때는 알파파가 나타난다. 눈을 감으면 시각 정보의 입력이 차단되고 생각의 속도가 느려지면서 뇌파가 느려져 알파파 상태가 된다. 빠른 알파파는 약간 긴장한 상태에서 주의 집중이 이루어지고, 중간 알파파는 신체의 긴장은 풀려 있으면서도 의식 집중이 이루어지고 있는 상태다. 바로 이 중간 알파파일 때가 문제 해결을 위해 천천히 생각하는 때다. 여기서 뇌파가 더 느려지면 느린 알파파가 되는데, 이 느린 알파파일 때가 명상을 하는 등 완전히 긴장이 이완된 상태다.

느린 알파파에서 뇌파가 더 느려지면 세타파가 나타나는데, 꾸벅꾸벅 졸거나 잠이 들기 직전의 상태다. 이른바 선잠이 든 것인데, 이때 아이디어가 가장 잘 나오는 것으로 알려져 있다. 뇌에 입출력 활동이 활발한 각성 상태와 입출력이 차단된 수면 상태의 뇌 활동은 완전히 다른데, 수면 상태일 때 장기기억이 고도로 활성화된다고 알려져 있다. 선잠에서 아이디어가 잘 나오는 것도 바로 이렇게 고도로 활성화된 뇌를 활용하는 것이다.

몰입 확장판

몰입에 대한
가장 큰 오해

2001년 미국 워싱턴대학교의 뇌과학자 마커스 라이클Marcus Raichle 박사는 뇌 영상장비 fMRI(기능적 자기 공명 영상) 연구를 통해 사람이 아무것도 하지 않고 가만히 있을 때, 즉 아무런 인지 활동을 하지 않을 때도 활성화되는 뇌의 특정 부위가 있음을 알아냈다. 그 후, 해당 부위를 '디폴트 모드 네트워크Default Mode Network, DMN'라고 명명했다. 이때 활성화되는 영역은 내측전전두엽피질, 후대상피질, 두정엽피질에 퍼져 있는 신경세포망이다. 이후 다수의 연구를 통해 사람이 아무것도 하지 않고 쉬는, 소위 멍때리는 상태에 있을 때 이 영역이 활성화되면 뇌가 초기화되어서 창의성과 특정 수행 능력을 향상시킨다는 결과가 보고됐다. 이 영역들은 함께 기억 통합, 사회적 인지, 자기 관조 또는 성찰 및 정신적 시간 여행 등의 인지 과정에 관여하는 영역이다.

이 내용에 입각해서 몰입하는 것보다 멍때리면서 시간을 보내는 것이 더 창의적인 아이디어를 얻을 수 있다고 이야기하는 사람도 있다. 많은 사람이 몰입이란 긴장된 상태에서 정신 바짝 차리고 집중하는 것으로 간주한다. 그런데 내가 이야기하는 몰입은 그런 긴장된 상태가 아니고 쉬는 듯이 느긋하게 천천히 생각하는 명상적 사고를 하라는 것이다. 내가 고도의 몰입을 이어갈 때 느낌은 계속 쉬고 있는 것과 비슷하다. 무여 스님이 참선을 이야기한 책의 제목이 『쉬고, 쉬고 또 쉬고』인데 바로 이 느낌이다.

실제로 몰입했을 때 나의 뇌를 촬영한 양전자단층촬영 Positron Emission Tomography, PET 영상이 『몰입 두 번째 이야기』에 소개되어 있는데, 영상을 보면 전두엽 오른쪽이 활성화되고 두정엽이 비활성화되었음을 알 수 있다. 이는 명상에 빠진 티베트 불교 승려나 프란체스코회 수녀가 아주 강렬한 종교적 체험의 순간에 도달할 때의 뇌 상태를 촬영한 결과와 유사한 결과다.

몰입적 사고가 더 강력하다

그렇다면 이완된 쉬는 듯한 상태에서 아무 생각을 하지 않는 디폴트 모드 네트워크 상태가 문제 해결과 아이디어를 얻는 데 더 유리할까? 아니면 이러한 이완된 상태에서 해결하고자 하는 문제에 1초도 쉬지 않고 생각하는 것이 더 유리할까?

어느 방법이 더 유리한지는 대단히 중요하고 흥미로운 문제다. 나는 많은 경험을 통해서 이완된 상태에서 집중에 의한 몰입적 사고가 더 유리하다고 믿는다.

나는 사실 문제 해결을 위한 생각과 관련해서는 거의 모든 시도를 해봤다. 몰입을 시도하기 전에는 일정 기간 집중적으로 강도 높게 생각을 한 후 잊고 있으면 우연한 기회에 아이디어가 떠오르는 경험을 하곤 했다. 특히 이완한 상태에서 아이디어가 떠오르는 경우가 많았다. 아무것도 하지 않고 멍때리듯이 보내는 경험도 많이 해봤다. 물론 이 상태는 기분도 좋고 평소 생각하지 못했던 아이디어 등이 떠오르기도 한다. 그러나 이완된 상태에서 쉬는 듯이 느긋하게 생각하되 1초 원칙을 실천하는 몰입적 사고만큼 해결책이나 아이디어를 얻는 데 더 강력한 방법은 없었다.

나는 이 방법의 강력함을 믿고 있었기 때문에 평소 아이디어를 잘 낸다고 장담하던 IGM 컨설팅 대표이자 시사평론가인 이종훈 박사에게 몰입적 사고를 시도해보고 자신의 방법과 비교해보라고 권했다. 그래서 그에게 일주일에서 열흘 정도 집중적으로 생각한 뒤에도 생각의 끈을 놓지 말고 계속해서 생각해보라고 권유했다. 그는 내가 제안한 대로 지속적으로 몰입을 시도했더니 예전보다 아이디어가 3배 정도는 더 빠른 속도로 얻어지고 때로는 10배 이상 쏟아져 나오는 것 같다고 했다. 이와 관련된 이야기는 『몰입 두번째 이야기』에 소개되었다. 몰입 상태에서 아이디어가 나오는 원리는 뒤에 더 자세하게 다뤘다.

몰입 이후에
알게 되는 것들

일단 몰입 상태에 도달한 이후에는 조금만 집중력을 높여도 최대의 집중 상태를 경험하게 된다. 이 정도 수준에 이르면 다른 잡념이 완전히 사라지고 오로지 그 문제만 생각하게 된다. 그리고 문제를 생각하는 것만으로도 쾌감을 느낀다. 잠시 생각이 흐트러지다가도 금세 주어진 문제로 돌아온다. 생각의 흐름이 그 문제에 고정된 것이다.

저녁에는 문제를 생각하다 잠이 들고 새벽이면 그 생각과 함께 잠이 깬다. 그러다 다시 생각을 하면서 잠이 들고, 아침이 오면 역시 그 생각과 함께 잠이 깬다. 이런 상태가 계속되면 주어진 문제가 자신이 의식하는 선명한 현실처럼 느껴지는 반면 주변 현실은 마치 지나가는 차창 밖 풍경처럼 느껴진다.

잠을 통해 확인하는 몰입도

몰입의 90%와 100% 상태는 구별하기가 쉽지 않다. 하지만 잠에서 깨어나는 순간에는 명확히 구별된다. 잠에서 깨어나 몇 초가 경과한 뒤에 문제를 생각하기 시작하면 아직 100%가 아니라는 얘기다. 100% 몰입 상태가 되면 잠에서 깨어날 때, 혹은 잠에서 깨어 의식이 돌아올 때 이미 그 문제를 생각하고 있다. 이는 깨어나기 전 이미 그 문제를 생각하고 있었다는 것을 의미한다. 잠이 든 내내 그 문제를 생각했는지는 알 수 없지만 잠에서 깨기 직전에 그 문제를 생각한 것은 틀림없다. 이와 같이 잠에서 깨어날 때 그 문제와 함께 의식이 돌아오는 것이 몰입 상태의 전형적인 특징이다. 한 달 동안 몰입을 했다고 하면 한 달 내내 이런 현상을 경험한다. 이런 이유로 몰입 상태에서는 꿈을 꾸지 않는다. 내 개인적인 경우만 봐도 몰입 중에 꿈을 꾸다 깨어난 일은 한 번도 없었다. 그 문제에 대한 꿈을 꾸는 것도 몰입이 50~60% 정도 이루어졌을 때 일어나는 현상이다.

몰입 상태에서 잠이 깰 때의 또 다른 특징은 통상 그 문제에 대한 새로운 아이디어가 떠오르면서 의식이 돌아온다는 것이다. 떠오른 아이디어를 잊어버리지 않기 위해 적어두려고 일어나게 된다. 그러다 보니 새벽에 일어날 때도 전혀 힘이 들거나 졸리지 않다. 오히려 몸이 가볍다.

몰입 중인 연구원의 전형적인 하루

몰입을 알게 된 이후 나의 일과는 매우 단순해졌다. 날마다 똑같은 일상의 반복이다. 모든 행동은 생각을 위한 구도로 배치되어 있으며, 내게 주어진 시간은 온전히 생각에 투자한다. 그러나 이런 식의 패턴은 내가 사용하는 방법일 뿐, 모든 사람에게 맞는다고 할 수는 없다. 사람마다 하는 일이 다르고 바이오리듬이 다를 테니 자신에게 알맞은 패턴을 만들어 활용하는 것이 가장 좋다. 다만 각각의 일정에서 어떤 식으로 몰입을 유지하는지에 대해서는 도움을 얻을 수 있을 것이다.

오전 6시　출근 전 아침 시간

아이디어와 함께 잠이 깨면 떠오른 아이디어를 노트에 기록한다. 세수, 면도, 식사를 하면서도 머릿속에는 계속 그 문제가 맴돌고 있다. 이런 식으로 생각을 붙들고 있으려면 약간의 의도적인 노력이 필요하다. 하지만 명상을 하듯 천천히 생각하기 때문에 식사를 하면서 생각을 해도 음식을 먹거나 소화시키는 데는 전혀 지장이 없다.

오전 7시　출근하는 도중 차 안

집에서 나와 차를 타러 가는 도중이나 엘리베이터 안에서도 생각은 계속된다. 운전을 하면서도 계속 생각을 유지하는데, 운전처럼 다른 활동을 하면서도 생각을 계속 하는 것은 몰입 상태를 유지시켜주기 위함이다. 운전 중에 다른 생각을 하는 것은 위험하지 않은지 반문하는 사람들도 있다. 하지만 다른 활동을 하고 있을 때는 문제를 생각하는 강도가 낮아지기 때문에 일상적인 행동이나 익숙한 기계 조작 등에는 전혀 위험이 따르지 않는다. 식사할 때도 생각의 강도를 낮춘다. 생각의 강도를 낮춘다는 것은 생각을 더 진전시키려 하기보다는 생각을 그냥 들고만 있는 상태다. 운전 중에 차가 신호에 걸려 기다리는 동안에는 생각의 강도가 높아지고 집중에 대한 쾌감 또한 증가한다. 이런 기분을 만끽하면서 운전을 하다 보면 신호에 걸려 기다리는 것조차 즐기게 된다.

오전 8시 30분　사무실에서 보내는 시간

사무실에 가서는 온몸에 힘을 빼고 편안한 의자에 앉아 계속 생각에 골몰한다. 이때 가끔 앉은 채 선잠이 들기도 한다. 오랫동안 의자에 앉아만 있는 것이 지루하면 가끔 사무실에서 왔다갔다 걸으면서 생각하고, 그러다가 아이디어가 떠오르면 즉시 노트에 기록한다.

오후 12시 30분　점심 식사 시간

점심 식사 시간도 다를 것이 없다. 나는 도시락을 싸가지고 가거나 혼자 식당에 가서 조용한 시간을 갖는다. 배식을 기다리는 동안에도, 식사를 하는 동안에도 생각은 계속된다. 이것은 몰입 상태를 유지하기 위해서지만 이때 귀중한 아이디어가 떠오르는 경우도 많다.

오후 5시 30분   일과 후 운동 시간

5~6시면 보통 일과가 끝난다. 그러면 옷을 갈아입고 바로 테니스장으로 간다. 약간의 스트레칭으로 준비 운동을 하고, 정해진 파트너와 5분 정도 랠리를 한 뒤에 단식 경기를 한 게임 하는데, 30분 정도의 시간이 소요된다. 테니스 치는 동안은 문제를 잊고 오로지 테니스에만 집중하려고 노력한다. 이때가 유일하게 의식적으로 문제를 잊는 시간이다.

가끔은 테니스를 치기 직전에 중요한 아이디어가 떠올라서 테니스를 치는 동안에도 문제를 생각하는 경우가 있는데, 이런 경우에는 테니스에 몰두할 수 없게 되고 컨디션을 관리하는 데도 방해가 된다. 따라서 운동은 문제를 잊을 수 있을 정도로 재미있고 스스로 몰두할 수 있는 종목을 선택해야 한다. 또 운동의 강도를 너무 높이면 신체에 무리가 올 수 있으므로 운동 세기를 잘 조절하는 것이 중요하다. 또한 부상을 방지하기 위해 운동 전에 준비 운동을 하고 운동 뒤에는 반드시 정리 운동을 하는 것이 좋다.

오후 7시   퇴근 후 저녁 시간

운동이 끝나면 정리 운동을 마친 뒤 바로 집으로 돌아와 샤워를 하는데, 이때 기분이 아주 유쾌하다. 물론 운동이 끝남과 동시에 생각은 다시 시작된다. 저녁 식사를 하고, 30분에서 1시간 정도 가족과 함께 보낸다. 이 시간에는 어쩔 수 없이 집중도가 떨어지는데, 원만한 가정을 꾸려나가기 위해서는 어쩔 수 없이 양보해야 하는 시간이다. 하지만 이때도 아이디어가 떠오르면 수시로 노트에 적어야 한다.

오후 8시 저녁 시간 이후

이때쯤이면 몸이 약간 노곤해진다. 이때는 소파에 비스듬히 기대앉아서 주어진 문제를 곰곰이 생각한다. 그러다가 대략 8~9시가 되면 졸음이 온다. 이때 침대로 자리를 옮겨 편안하게 눕는다. 낮에 생각하던 문제를 아주 천천히 생각하며 누워 있노라면 으레 잠이 든다. 그러다가 12시에서 새벽 2시 사이에 문제에 대한 생각과 함께 잠에서 깨어난다. 잠자리를 털고 일어나 떠오르는 아이디어를 노트에 적는다. 식구들을 깨우지 않기 위해 조심스럽게 움직이긴 하지만 이때 일어나는 것은 전혀 피곤하거나 귀찮지 않다. 저절로 눈이 떠지면서 몸이 가뿐하기 때문이다. 거실로 나가서 불을 켠다.

오전 1시 혼자만의 새벽 시간

이때부터 계속해서 아이디어가 떠오른다. 이때가 하루 중 가장 많은 아이디어가 떠오르는 시간이다. 어느 정도 시간이 흘러 정신적인 흥분이 가라앉고 더 이상 아이디어의 진전이 없으면 다시 잠자리에 든다. 잠자리에 들었다가도 다시 아이디어가 떠오르면 주저 없이 누웠다 일어나기를 반복한다. 잠자리에 누웠다가 일어나는 것을 반복하면 옆에서 자던 아내가 깰 수도 있기 때문에 그냥 소파에 이불을 덮고 눕는 일도 많다.

아이디어가 떠오르는 것은 전혀 예측할 수가 없다. 잠을 자려고 누워 있다가 아이디어가 떠올라 일어나기도 하고, 아이디어가 떠오를 것을 기대하면서 누워 있다가 잠이 들기도 한다. 새벽에 일어나서 생각을 하는 시간은 불규칙한데, 짧으면 30분 정도, 길 때는 2시간 정도 된다. 다시 잠이 들고 아침 6시경에 주어진 문제를 생각하면서 잠에서 깨어난다.

천재의 뇌로 바뀌는
'50시간 몰입의 법칙'

아무런 진전이 없는 상태에서도 포기하지 않고 주어진 문제에 대하여 1초도 쉬지 않고 생각하기를 지속하면 시간이 지나면서 몰입도가 올라가는 경험을 7년 동안 반복해서 경험했다. 이는 너무나 반복적으로 재현이 되었다. 문제가 쉬우면 빨리 풀리고 문제가 어려우면 답을 얻는 데 시간이 오래 걸린다는 차이는 있지만, 문제가 어렵다고 해서 몰입도가 올라가지 않는 것은 아니다. 분명한 것은 연속해서 생각하면 몰입도가 올라간다는 것이다.

오랜 기간 몰입을 경험하지 못한 사람은 오랜 시간 생각했는데 아무런 진전이 없으면 헛수고하는 것이라고 생각한다. 이런 이유로 오랜 시간 생각하기를 포기한다. 몰입도가 변화하는 것이 눈에 보이지 않기 때문이다. 따라서 몰입도를 수치로 나타내면 좋다. 몰입도를 수치로 나타내는 가장 간단한 방법은 몰입도 100%에 도달하는 시간을 정하고 생각한 시간에 비례해서 몰입도를 수치로 나타내는 것이다.

몰입에 50시간이 필요한 이유

몰입도 100%에 도달하는 시간은 대략 3일이 걸린다. 잠을 자는 7시간 외에 눈떠 있는 시간은 오로지 주어진 문제만 생각한다면 하루에 17시간 생각을 할 수 있다. 3일 동안 51시간이 된다. 따라서 50시간 연속으로 생각하면 몰입도가 100%가 되는 것이다.

엄밀하게 말해서 '1초 원칙'을 철저히 지키며 40시간 정도를 보냈다면 몰입 상태라고 할 수 있다. 그런데 '1초 원칙'을 철저히 지킬 수 있는 사람은 거의 없다. 몰입도가 낮을 때는 그 문제만 생각하려고 해도 자신도 모르게 잡념이 들어오는 것을 피하기 힘들기 때문이다. 이것까지 고려해서 50시간이라고 이야기하는 것이다. 이를 계산해 보면 1시간 동안 연속해서 생각했을 때 몰입도는 2%가 되고, 10시간은 20%, 20시간은 40%가 된다. 몰입도는 두뇌 가동률이라고 생각해도 좋다.

연속해서 생각하는 시간이 증가함에 따라 몰입도가 올라가면서 동시에 주어진 문제에 대한 두뇌 가동률과 지적 능력이 증대되어 그 문제가 풀린다. 그런데 50시간을 연속적으로 생각해서 몰입도 100% 상태가 되면 지적인 능력에 있어서 불연속적인 변화가 일어난다. 아무리 어려운 문제라도 기적과 같은 아이디어가 나와서 현재보다는 한 단계 더 진전하게 된다. 주어진 문제의 답이 바로 나오는 것은 아니지만 항상 평소에는 도저히 생각하지 못할 새로운 생각이 떠오르면서 의미있는 진전을 하는 것이다.

내 전공 분야에서 수십 년 이상 미해결로 남아있는 난제들은 이 상태에서 새로운 깨달음과 아이디어가 나온다. 그렇지만 그 문제가 해결되지는 않는다. 단지 주어진 문제에 대해 고민하는 세계적인 석학들이 미처 생각하지 못한 깨달음을 계속 얻을 뿐이다. 내가 그 문제의 답에 가장 앞서가고 있다는 것은 분명하지만 나도 답을 모르는 상태가 계속된다. 이런 상태에서는 생각하는 것 자체가 즐겁기 때문에 생각을 지속하는 것은 전혀 힘들지 않다. 이렇게 몇 개월을 계속해서 생각하면 결국 그 문제의 답을 찾게 된다. 나는 적어도 이러한 경험을 몇 번 반복해서 경험했다. 이러한 경험을 함축해서 '50시간 몰입의 법칙'을 다음과 같이 정의할 수 있다.

미지의 문제를 50시간 연속으로 생각하면 몰입도 100%가 되어 두뇌 가동율이 최대가 된다. 그러면 그 사람을 기준으로 그 문제에 관한 한 영재의 뇌가 된다. 몰입도 100%인 상태를 몇 개월 이상 계속 유지하면 그 사람을 기준으로 그 문제에 관한 한 천재의 뇌가 된다.

이처럼 한 가지를 3일 동안 연속해서 생각하면 지적인 능력이 불연속적으로 상승한다는 이야기는 옛 서적에서도 발견할 수 있다. 예를 들면 중국의 경전인 『음부경陰符經』에서도 찾을 수 있다.

瞽者善聽(고자선청) 聾者善視(농자선시)

눈이 먼 자는 듣는 능력이 뛰어나고 귀가 먼 자는 보는 능력이 뛰어나니

絶利一源(절리일원) 用師十培(용사십배)

다른 것을 차단하고 하나에 집중하면 능력이 열 배가 되고

三反晝夜(삼반주야) 用師萬培(용사만배)

3일 동안 하나에 집중하면 능력이 만 배가 된다.

사업을 하는 사람 중에 3일 동안 하나에만 집중하는 경우가 종종 있다. 회사의 사활이 걸려있는 중요한 문제를 해결하기 위해 며칠 동안 자나 깨나 생각하다가 기적과 같은 아이디어를 떠올리곤 한다. 그런데 몇 달 동안 생각을 이어가는 경우는 드물다. 지금은 폐지되었지만, 사법시험을 준비하는 사람 중에는 몇 달 동안 고도의 집중과 몰입을 이어가는 사람들이 종종 있었다. 경쟁이 너무나 치열해서 비정상적인 노력을 해야 했기 때문이다. 최규호 변호사는 자신의 저서, 『불합격을 피하는 법』에서 '제50계명 천재가 되는 법'이라는 제목으로 몇 달 동안 고도의 몰입을 이어가면 천재가 될 수 있음을 이야기한다.

나는 공부 시작한 지 서너 달이 되었던 1999년 11월경 내 몸을 휘감는 어떠한 기운을 느꼈다. 그 당시 내 눈은 형형했고, 총기가 번뜩였으며 아이큐는 평소보다 30% 이상 증가했고, 이는 나를 만나는 이가 느낄

수 있을 정도였다. 그것이 불과 사시 공부를 시작하고 3~4개월 후의 일이다. 그때 나는 거의 득도했고, 도인의 경지에 이르렀으며, 마법을 부리지는 못하지만, 슈퍼맨이 되어 있었다.

여러분도 충분히 나처럼 될 수 있다. 누구라도 3개월 정도만 자기가 하는 일에 온 힘을 쏟는다면 그 분야의 천재가 될 수 있고, 도인이 될 수 있고, 슈퍼맨이 될 수 있고, 내가 그랬던 것처럼 눈이 형형하게 빛나고 총기가 번득이면, 앞에 있는 사람 또한 그 기운을 느낄 수 있다.

나의 도움을 받으며 강한 몰입을 시도한 사람들이 수십 명은 되는데 상당수가 최소 6일 이상을 몰입해서 새롭고 귀중한 아이디어를 얻는 데 성공했다. 또한 내가 '50시간 몰입의 법칙'을 유튜브 등에서 이야기하는 것을 듣고 블로그나 유튜브에서 이를 확인하기 위한 시도를 하고 비슷한 효과를 얻었다고 이야기한 사람들이 있다. '50시간 몰입의 법칙'은 실천이 어렵지 말 그대로 실천하는 사람은 대부분 효과를 경험할 것이다. 아마 앞으로 더 많은 사람들에 의하여 이 법칙이 유효하다는 것이 검증될 것이라 믿는다.

몰입 확장판

게임 중독 중학생이 몰입 훈련을 통해 엘리트로 성장한 사례

이 학생은 중학교 3학년 1학기 때까지 게임 중독에 빠져 있었다. 자연스레 학교 성적도 좋지 않았다. 하지만 이후에 열심히 공부해서 경북대학교 전자공학과에 입학하게 된다. 지금부터는 이 학생을 K라고 지칭하겠다.

K는 군 복무를 마치고 난 뒤 학부 2학년으로 복학한 2014년 내게 처음으로 연락을 해왔다. K는 창의로봇대회에 참가하려고 하는데 몰입을 통해 좋은 아이디어를 내고 싶다고 했다. 나는 K에게 캠퍼스를 거닐 때나 밥을 먹을 때에도 늘 생각하고, 특히 자고 있을 때 창의성이 고양되니 잠자리에 들 때에도 생각을 멈추지 말라는 등 몰입 상태에 이르는 방법들을 조언해주었다. 나의 조언에 따라 의도적인 몰입을 성실하고 꾸준히 한 결과, K는 창의로봇대회에서 대상을 수상했다. 다음은 K가 대상을 받고 보낸 메일의 내용이다.

2015년 1월 5일

> 로봇을 만들면서 여러 가지 문제를 해결하였고, 교수님이 말씀하신 대로 마치 잠을 잘 때 문제가 해결된다는 것을 느꼈습니다. 왜냐하면 풀리지 않는 문제를 계속 생각하고 있다가 자고 나면 아침에 무언가 실마리가 떠올랐는데, 그때 제가 할 일은 그 실마리를 조금 더 분석해서 실제로 적용하는 것이었습니다.
> 그 결과 창의로봇대회에서 대상을 받았고, 대회에 참관하셨던 변리사분들께서는 좋은 아이디어라고, 특허도 낼 수 있으면 내보라고 말해주셨습니다. 이러한 경험은 이후에도 문제 해결에 좋은 경험이 되었습니다. 가령, 학기 중 수업 시간에 팀 프로젝트를 할 때도 여유를 가지고 생각하여 좋은 아이디어(효율적인 해결 방안)를 많이 내놓았습니다.

몰입적 사고는 단발적으로 좋은 아이디어를 내는 데 그치지 않는다. 몰입을 통해 문제를 해결한 경험을 하면 그 이후로도 문제 상황에 부딪혔을 때마다 그것을 해결하기 위해 집중적으로 생각하는 습관을 갖게 된다. K는 학기 중 팀 프로젝트를 진행할 때도 슬로싱킹을 통해 좋은 아이디어를 많이 내놓았다고 이야기하고 있다.

K는 창의로봇대회 이후에도 문제해결력을 올리려면 어떻게 해야 하느냐고 물어왔다. 이때 나는 내 지도학생 중 연구에 어려움을 겪던 학생이 6개월 몰입 훈련을 한 후, 회사에 들어가서 해결사가 되고 능

력을 인정받고 있다는 성공 사례(4장 마지막에 소개된 성실하지만 생각을 하지 않던 지도 학생의 사례)를 확인한 후였다. 그래서 몰입 훈련의 위력을 더욱 믿고 있었다.

K에게 모르는 문제가 나오면 시간이 오래 걸리더라도 해설에 의존하지 말고 몰입해서 해결하는 방식으로 공부하라고 답변했다. 혹시 도전할 문제가 없으면 고등학교 수학 문제도 좋고, 중학교 수학 문제라도 좋으니 미지의 문제를 몰입적 사고로 해결하는 훈련을 하라고 조언했다.

2015년 2월 17일

> 지난번 전화로 교수님께 피드백을 받고 나서 고등학교 문제나 중학교 문제를 풀며 천천히 사고하는 방법을 터득하고 있습니다. 고등학교 문제는 주로 수능에 나온 수학 문제를 활용하고 있고, 중학교 도형 문제도 기회가 있을 때마다 하나씩 풀고 있습니다. 이외에 제가 속해 있는 연구실 세미나에서도 과제가 나왔었는데 계속 생각을 해서 답을 얻었습니다.

이렇게 훈련을 지속하니 창의로봇대회 이후에도 학교에서 개최한 다른 대회에도 참가해 몰입을 통해 좋은 아이디어를 창출해냈고 입상하는 결과를 얻었다. 이와 같은 활약이 누적되어 개교 69주년 기념행사에서는 학교를 빛낸 영예학생으로 선정되었다.

2015년 6월 1일

> 66 얼마 전 경북대학교 69주년 기념일이었는데, 기념행사에서 경북대학
> 교를 빛낸 영예학생으로 선정되어 장학증서와 장학금을 전달받았습니
> 다. 경북대학교 전체에서 7명만 선정되었기에 무척이나 기뻤고, 교수
> 님이 떠올랐습니다. 교수님이 가르쳐주신 몰입적 사고를 통해 얻은 아
> 이디어가 영예학생으로 선정되는 데 주요한 이유였기 때문입니다.
> 영예학생들끼리 저녁 식사를 했는데, 대부분 몰입적 사고를 통해 좋은
> 아이디어를 얻었던 것 같습니다. 아이디어를 얘기하면서 교수님의 몰
> 입 이야기도 했고, 어떤 여학생은 슬로싱킹이 잘되지 않아 머리가 뜨
> 거운 적이 많다고도 했습니다. 사실 제 친구들 중 대부분은 몰입보다
> 는 취업에 관심이 많아서 서로 몰입을 도와줄 수 있는 정보 공유가 힘
> 들었는데, 몰입과 아이디어에 관심이 있는 친구들을 알게 되어 기뻤습
> 니다.

자신과 비슷한 체험을 한 사람들과 그 경험을 나누는 과정을 통해
몰입의 놀라운 효과를 다시 한번 확인하고, 자신과 같은 기질을 가진
사람들과 교류함으로써 서로 긍정적인 피드백을 주고받아 즐거워하
는 모습을 확인할 수 있다.

2016년 1월 23일

❝ 교수님과 마지막 통화 후, 다양한 수학 문제를 통해 날카롭게 생각하는 연습을 하고 있습니다. 처음에는 쉬운 문제부터 몇 시간 걸리는 문제까지 풀릴 때까지 문제에 집중하고 있습니다. 한번은 고등학교 수학 문제를 해결하면서 생각했던 것보다 풀리지 않아 "내가 머리가 나쁜가?" 이런 생각이 많이 들었지만 계속 생각했더니 신기하게 답지에 적히지 않은 아이디어로 문제를 해결할 수 있었습니다. 그리고 제가 풀었던 문제들의 과반수가 답지의 해결방안과 달랐던 것도 재밌게 느껴졌습니다.

이처럼 나와 수차례 연락을 주고받으며 학교를 졸업할 때까지 몰입 훈련을 지속적으로 이어갔다. K는 졸업반인 4학년 때 한 대기업에 인턴으로 활동하게 된다. 다음은 K가 인턴으로 재직 중이던 시절에 보낸 메일의 내용이다.

2016년 9월 2일

❝ 계속해서 교수님의 말씀대로 시간이 날 때마다 틈틈이 문제를 풀고 있습니다. 지금 생각하는 방식대로 하면 문제가 안 풀릴 것 같다가도 툭툭 해결됩니다. 요즘은 회사에서 하고 있는 과제에서 오류가 많이 나

그 문제를 해결하는 데 집중하고 있습니다. 사실 일반적으로 난제에 속하지는 않겠지만 슬로싱킹을 적용하는 연습을 꾸준히 하고 있습니다. 최근 문제가 생길 때마다 슬로싱킹을 통해 문제를 정확히 정의하고 문제의 원인을 찾고 있습니다. 그 이후 문제의 해결 방안을 생각하고 있습니다.

이 학생은 대학교를 졸업하기까지 2년 동안 몰입 훈련을 장기적으로 꾸준히 했다. 시간으로 환산한다면 약 2,000시간 이상 답을 알지 못하는 문제 풀기에 도전하고 결국 답을 찾아내는 성공 경험을 누적해온 것이다. 이 학생은 졸업 직후인 2017년부터 인턴을 했던 대기업에 정식 사원으로 출근하게 되었다. 아마도 인턴임에도 활발하게 여러 회사 문제를 해결했기 때문이었을 것이다. 이 학생은 직장인이 되어서도 업무 중 난제를 마주할 때마다 몰입을 통해 문제를 해결해나가고자 했다. 다음은 K가 신입사원 1년 차였던 2017년 가을에 보내온 메일이다.

2017년 9월 30일

66 지금까지 문제해결력을 높이기 위해 문제가 있을 때마다 도전했습니다. 단순히 단품 문제부터 시스템 이해가 필요한 문제까지 다양하게 도전했습니다. 그 결과, 최근에 회사 사이트에 칭찬 글이 몇 개 올라와

'CEO 점심식사'를 가지기도 했습니다. 그뿐만 아니라, 파트장께서 제가 정식 입사를 한 지는 1년이 조금 안 되었지만 지식은 3년 또는 4년 차(주임 연구원) 급의 지식을 가졌다고 칭찬하셨습니다.

개인적인 변화로도 문제에 당면했을 때, 시간이 너무 촉박하지 않으면 스스로 생각하는 것이 궁금증을 유발하고 좀 더 빠르게 결론에 도달한다는 점입니다. 또 우리나라 기술이 선진국을 넘어서기 어렵다는 막연한 생각을 깨고 독일처럼 좋은 기술로 승부하고 싶다는 생각이 많이 듭니다.

팀에서 인정받고 즐겁게 일할 수 있는 것은 '몰입' 덕분이라고 생각합니다. 자투리 시간마다 문제에 대한 생각의 끈을 놓지 않으니 실마리가 항상 생깁니다. 그래서 주변 사람들에게 항상 몰입의 중요성을 전달하고 있습니다.

K는 이후에도 몰입을 통해 사내에서 발생한 문제를 풀었다고 메일을 계속 보내왔다. K가 회사의 문제들을 해결하는 방식은 내가 재료 분야의 난제를 해결할 때 몰입한 방식과는 다르다. K는 직장인이기에 자투리 시간이 날 때마다 한 것이다. 출퇴근 시 이동할 때나 퇴근 후 혹은 잠자리에 들 때 몰입했다. 즉, 몰입에는 두 가지 방식이 있는데 생각을 며칠이고 몇 주일이고 연속적으로 하는 방식과 자투리 시간이 날 때마다 불연속적으로 생각하는 방식이다. 그리고 이를 구별할 필요가 있다. 그래서 나는 편의상 불연속적으로 몰입하는 방식

을 '약한 몰입'이라고 부르고 오랫동안 연속적으로 몰입하는 방식을 '강한 몰입'이라고 부른다.

약한 몰입을 충분히 훈련한 사람은 강한 몰입까지 어렵지 않게 할 수 있지만, 약한 몰입을 충분히 훈련하지 않은 사람은 강한 몰입에 실패하는 경우가 많다. 약한 몰입과 강한 몰입은 각기 장단점이 있다. 약한 몰입은 바쁜 일상에서도 적용할 수 있다는 장점이 있다. 반면 강한 몰입은 방해받지 않고 연속적으로 며칠 동안 생각할 수 있는 시간이 주어져야 하므로 긴 연휴를 제외하면 시도하기가 어렵다. 그러나 강한 몰입은 약한 몰입보다 문제해결력에 있어서 훨씬 더 빠르고 강력하다. 약한 몰입으로 6개월 이상 걸리는 문제가 있다면, 강한 몰입으로는 일주일 혹은 2주 만에 해결할 수 있다. 앞서 이야기한 '50시간 몰입의 법칙'에 의하여 그 사람을 기준으로 그 문제에 관한 한 영재의 뇌가 되기 때문이다. 어느 날 K는 회사에서 해결해내야만 하는 아주 어려운 문제를 강한 몰입을 통해 해결하고 싶다는 연락을 해왔다.

2019년 1월 20일   구정 연휴 기간 동안 강한 몰입을 계획

❝ 다름이 아니라 평소 긴 시간을 내지 못해 명절이나 여름휴가에 강한 몰입을 많이 도전합니다. 이번 설 연휴에도 한 가지 주제를 선정해 강한 몰입에 도전하려고 합니다. 지난번에 말씀해주셨던 강한 몰입에 도움

을 주실 수 있을까 해서 문의를 드립니다. 기간은 설 연휴가 시작되는 주말(2월 2일)부터 최소 목요일(회사 휴일)까지 진행할 수 있고, 동료 또는 팀장 보고를 통해 가능하다면 금요일(2월 8일)에도 연차를 내려고 합니다.

강한 몰입을 위해서는 연속적으로 생각할 수 있는 시간이 확보되어야 한다. 내가 강한 몰입을 하고자 하는 분들에게 휴가나 명절 연휴 등을 활용하는 것을 권하는 이유다. 그러나 직장생활을 하는 중에는 길게 시간을 내기가 어렵다. 나는 경기도에 나를 비롯해 나와 함께 몰입 훈련을 하는 학생들이나 회사원들이 강한 몰입을 해야 할 때 종종 사용하는, 작은 아파트를 별도로 가지고 있었다. 이 공간은 몰입에 최적화된 몰입 의자가 구비되어 있고, 외부와 단절되어 있어서 강한 몰입을 하기에 적합한 장소다. 다음은 K가 강한 몰입을 하면서 그 진행 과정과 심리적 상태를 나에게 매일 공유해준 내용이다.

2019년 2월 2일   강한 몰입 1일 차

66 아이디어는 조금씩 나오고 있습니다. 쉽게 보고 지나쳤던 부분인데 생각을 계속하니 새로운 사실을 끄집어내고 있습니다. 이외에도 어떻게 확인해야 할지 아이디어도 떠오릅니다. 현재는 확률적으로 2개 소자에 동시에 문제가 발생하는 것이 쉽지 않아 어떤 형태로 문제가 생겼는

지 예상하고 있습니다. 이 문제와 관련되지 않은 것도 종종 떠오르고 있어 모두 기록 중입니다.

2019년 2월 3일　강한 몰입 2일 차

66　계속 생각하려고 노력 중입니다. 왜 커패시터와 저항의 값이 이상했다가 갑자기 정상으로 돌아왔는지 생각하고 있는데, 어려운지 좋은 아이디어가 떠오르고 있진 않습니다. 이외에도 평소 생각하던 다른 문제에 대한 실마리가 가끔 떠오릅니다. 생각할 때 잡념이 계속 치고 들어오지만 크게 신경 쓰지 않고 있습니다. 원래 잡념은 당연하다고 생각하고 있습니다. 말씀하신 대로 천천히 계속 생각하겠습니다.

2019년 2월 4일　강한 몰입 3일 차

66　말씀하신 대로 몰입도에 진전이 없더라도 우직하게 생각하기를 이어가고 있습니다. 오늘 아침 계속 생각 중이던 문제의 원인을 하나 찾았습니다(가설). 아직 논리가 미흡하여 좀 더 생각하려고 합니다. 지금 고민 중인 문제가 끝나면 다른 문제를 생각해도 몰입도에 지장이 없을까요? 회사 업무와 관련해서 풀어야 할 문제가 더 있습니다.

K는 강한 몰입 3일 만에 문제를 해결할 실마리를 찾은 것으로 보

인다. 현재 고민 중인 문제가 종료됨에 따라 다른 문제를 떠올리면 고도로 올라갔던 몰입도는 조금 떨어지게 된다. 그러나 이 경우에는 몰입도 자체를 올리는 것이 목표가 아니라 문제를 해결할 방안을 떠올리는 것이 더 중요했기 때문에 다른 문제로 전환하여 생각을 이어가라고 조언했다. 50시간 이상 몰입해서 영재의 뇌가 되었으니 이제 문제해결력에 주목할 필요가 있었다. 평소에는 문제를 해결하는 데 몇 주가 걸리는 것이 보통이다. 그러나 이 상태에서는 불과 하루 이틀 만에 해결하는 것을 확인할 수 있다.

2019년 2월 5일 강한 몰입 4일 차

> 생각하고 있는 문제에 관하여 아이디어는 계속 나오고 있습니다. 어제부터 새로운 문제에 도전하고 있는데 제대로 이해하지 못한 부분도 이해되고 더 깊게 이해하게 됩니다. 머리가 약간 흥분된 상태인 것 같습니다. 가끔 문제가 재밌기도 하고 특히 계단 오르기 운동을 할 때 생각하는 게 재밌습니다.

강한 몰입을 하는 중에도 규칙적으로 매일 30~40분 정도 운동을 해줘야 한다. 이는 최상의 컨디션을 유지하면서 몰입을 하기 위해 꼭 필요한 루틴이다. 몰입도가 높아져서 아이디어가 쏟아지기 시작하면 자신도 모르게 감정적으로 고양이 되어 잠에 들기 어렵거나 흥분된 상태가 되기도 한다. K도 강한 몰입 4일째에 들어가자 '머리가 약간 흥분된 상태'라고 이야기하고 있었는데, 이는 몰입도가 높아진 상태에서 일어나는 전형적인 현상이다.

2019년 2월 6일　강한 몰입 5일 차

> 얼마 전 바꿨던 문제와 관련된 작은 문제까지 깔끔하게 원인이 설명됩니다. 이를 정확하게 확인하기 위해서는 사무실 복귀 후 문제가 발생했을 때 전류를 읽는 부분이 어떻게 동작하는지 확인이 필요합니다. 어제 늦은 오후부터 비슷하지만 새로운 문제에 도전하고 있습니다. 제 경험상 하나도 진전이 되지 않는 문제일수록 잡념이 잘 들어옵니다. 이때 약간 힘들긴 하지만 계속 생각을 이어나가고 있습니다. 특히나 말씀하신 대로 '누가 이기나 보자!' 하는 마음으로 열심히 생각하겠습니다. 답이 하나도 보이지 않는 문제를 계속 풀다 보니 이 문제도 결국 풀릴 것 같다는 막연한 마음이 듭니다. 결국 풀릴 문제이니까 생각만 하면 된다는 마음입니다.

두 번째 문제는 몰입 3일 차일 때부터 생각해서 4일 차 오후에 해결했다. 하루 만에 해결한 것이다. 세 번째 문제는 4일 차의 늦은 오후부터 몰입을 시작했다. 아직 답을 더 구해야 하는 상태이기는 하지만, 강한 몰입을 통해 문제를 해결해낼 아이디어들이 샘솟는 것을 경험함으로써 미지의 영역에 대해서도 자신감이 생겼음을 알 수 있다.

2019년 2월 7일 강한 몰입 6일 차

> 새로 도전한 문제에 관하여 오늘 점심쯤 작은 아이디어를 얻었기 때문인지, 몰입도가 올랐기 때문인지 머리가 약간 흥분한 것처럼 느껴집니다. 저녁쯤 되니 중요하든 아니든 아이디어가 꽤 나오고 있습니다. 결국 9시쯤 생각하던 문제에 대한 해결방안 몇 가지를 도출했습니다. 길을 걸을 때도 밥을 먹을 때도 생각하기 수월하고 잠깐 몰입도가 떨어지더라도 금방 돌아옵니다.
> 지금은 다시 새로운 문제에 도전하고 있습니다. 전류를 정확히 센싱하는 콘셉트인데 재밌을 것 같습니다. 해당 문제도 쉽지 않겠지만 이상하게 웃음이 나오면서 풀린 거라는 생각을 합니다. 그럼 전 계속 생각하면서 몰입도를 올리겠습니다.

세 번째 문제도 6일 차 저녁 9시쯤 해결했다. 이틀 만에 해결한 것이다. 6일 차에 네 번째 문제에 도전했다. 강한 몰입 상태에서는 몰입도가 잠시 떨어져도 금방 되돌아온다. 참고로 K는 몰입도가 이미 높이 올라간 상태이고 고도의 지적 능력을 발휘할 수 있는 수준에 이르렀다. 이러한 상태는 몰입도를 떨어뜨리지 않는 한 몇 주, 몇 달이고 지속적으로 유지될 수 있다.

2019년 2월 8일 강한 몰입 7일 차

> 오늘 오전부로 준비해온 모든 문제를 끝냈습니다, 전류 센싱에 대한 문제의 핵심 아이디어는 어제 저녁 늦게 얻었고, 문제가 그렇게 어렵지는 않았습니다. 아무래도 이전에 풀었던 문제들과 겹치기 때문인지 금방 풀렸습니다. 오늘까지 냈던 아이디어들이 총 14페이지, 종이 앞뒤로 7장 정도입니다. 그림도 있고 불필요한 내용도 있겠지만 스스로 고생했다는 생각이 듭니다.

네 번째 문제의 핵심 아이디어는 6일 차의 저녁 늦게 얻었는데 문제가 이전에 풀었던 문제들과 겹쳐서 많이 어렵지 않았던 덕분이다. 결국 강한 몰입으로 평소 일주일 이상 걸리는 문제들을 하루 이틀 만에 모두 해결한 것이다.

강한 몰입의 위력을 경험한 K는 이후에도 명절이나 긴 연휴가 있을 때마다 내게 연락을 해서 몰입 공간 대여를 요청하고 강한 몰입에 들어가곤 했다. 또한, 강한 몰입 기간 중 자신의 상태를 수시로 공유해 내게 피드백과 조언을 받았다. 예를 들면 다음은 2019년 9월 7일부터 12일까지 6일간 강한 몰입을 시도한 후 5일 차에 보내온 메일의 일부다.

66 강한 몰입을 하면 도저히 답이 없을 것 같은 문제여도 힌트를 얻고 정답을 찾아간다는 걸 절실히 느꼈습니다. 짧은 기간 동안 느껴서인지 평소보다 더 많이 와닿습니다. 고민하던 문제는 사소한 것 하나까지도 의문점이 없습니다. 얼마 없는 실험 결과로 해결했다는 게 신기하고 놀랍습니다. 그리고 앞으로도 이어질 가파른 성장도 기대됩니다. 해결한 문제는 사무실 복귀 후 하드웨어 전문가와 논의하고 검증할 예정입니다.

K의 사례로도 알 수 있듯이 50시간 동안 생각하면 고도의 몰입에 도달하고 또 그 상태에서는 평소에는 생각할 수 없는 기적과 같은 해결책이나 아이디어를 얻는 일이 계속 재현된다. 누구나 적절한 훈련으로 강한 몰입을 경험할 수 있고, 자신의 숨겨진 잠재력을 드러낼 수 있다는 것이다. 이렇게 회사의 많은 문제를 해결한 공로를 인정받아 현재 K는 자신이 다니는 회사에서 핵심 인재로 선정되었다.

몰입의 즐거움과
주의할 점

내가 처음 몰입을 경험한 것은 1990년 2월이었다. 미국 니스트에서 보낸 1년간의 포스트닥 생활을 2개월 정도 남겨놓은 때였다. 당시 나는 가족을 한국에 남겨두고 혼자 지냈기 때문에 조용히 생각할 수 있는 시간이 많았다.

최선의 연구 활동이란 무엇인지 오랫동안 고민해오던 나는 '해결되지 않은 문제를 포기하지 않고 의식이 있는 한 풀릴 때까지 계속해서 생각하는 것'이라는 나름대로의 결론을 얻어 연구에 매진하고 있었다. 실제로도 실험을 하다가 실험 결과가 잘 해석되지 않을 때는 의식이 깨어 있는 모든 시간을 동원하여 그 실험 결과의 의미만을 생각했다. 그러던 어느 날 문득 내가 온통 그 문제만을 생각하고 있다는 것을 깨닫게 되었다. 그야말로 다른 생각이 전혀 없이 오로지 그 실험 결과만을 생각하고 있었던 것이다. 이 상태는 일상의 나와는 확

몰입 확장판

실히 달랐다. 의식의 흐름이 한 가지 문제만을 가지고 연속되고 있었던 것이다. 몰입 상태를 경험한 나는 문제를 해결하기 위한 가장 이상적인 상태에 도달했다는 생각에 뛸 듯이 기뻤다. 그것은 바로 내가 바라던 최선의 상태였다. 이 상태를 유지하기만 하면 지적 능력을 최대한 발휘하면서 살아갈 수 있을 것이라는 생각에 흥분을 감출 수가 없었다.

나는 그 상태를 지속하기 위해 의식적인 노력을 계속했다. 그리고 주어진 문제에 대해 멈추지 않고 계속 생각함으로써 이 특별한 몰입 상태의 특징을 파악해나갔다. 이 상태에서는 두 가지 특징이 있었다. 하나는 생각하고 있는 문제와 관련된 아이디어가 상당히 높은 빈도로 얻어진다는 것이고, 다른 하나는 이 상태가 스트레스보다는 오히려 약간의 쾌감을 준다는 것이다.

그런데 정도가 지나쳤는지 11시에 잠자리에 들었는데 새벽 2시가 되어도 잠이 오지 않았다. 오히려 머리가 아주 맑아져서 문제에 대한 아이디어가 계속 떠올랐다. 당연히 침대에서 일어나 떠오른 아이디어를 적었다. 그리고 다시 누웠는데, 새로운 아이디어가 또 떠올랐다. 그렇게 다시 일어나기를 반복하다 새벽 3시가 되었다. 아이디어도 좋지만, 이제는 그만 잠이 들었으면 좋겠다 싶었다. 그런데 도무지 잠이 오지 않았다. 잠깐 잠이 들었다가도 아침이면 일어나자마자 생각을 이어갔다. 이런 일이 며칠간 계속되자 수면 부족으로 몸이 점점 지쳐갔다. 몸은 지쳤는데 밤마다 머리는 맑아지고 아이디어가 튀어

나와 도저히 잠에 들 수 없었다.

건강한 몰입을 위해 운동하라

이런 상태가 계속되자 슬슬 걱정이 되기 시작했다. 이러다가 뭔가 잘못되는 것은 아닐까? 혹시 정신이 이상해지면 어떡하지? 그래서 그 문제에 대해 생각하는 것을 의도적으로 중단하기 위해 TV를 켰다. 그런데 뉴스고 드라마고 전혀 눈에 들어오지 않고 머리는 여전히 같은 생각에 사로잡혀 있었다. 어느 순간, 스스로 생각을 멈추거나 조절할 수 없는 상태가 되어버린 것이다. 불안감은 더 커졌다. 그렇지만 설마 하는 생각에 적극적으로 대처하지는 않았다.

그러던 어느 날, 아침에 일어나 식사 준비를 하면서 대중가요 테이프를 틀었다. 그 테이프는 몇 개월 동안 반복해서 들은 것이어서 아주 익숙한 노래들이 연달아 흘러나왔다. 그때도 머릿속의 의식은 한 가지 생각에만 사로잡혀 있었다. 바로 그때 묘한 일이 벌어졌다. 문제에 대한 생각으로 붙잡혀 있던 의식이 한순간 잠시 노래를 듣는 것이었다. 그러고는 다시 생각이 이어지고, 다시 잠시 노래를 듣는 것이 반복되더니, 일순간 노래를 듣는 것이 그 문제에 대한 생각을 완전히 대체해버렸다. 불과 몇 분 만에 일어난 변화였다.

일단 그 상태에서 빠져나오자 그전의 상황이 아주 심각했음을 깨닫게 되었다. 그래서 나는 어떻게 하면 몰입의 장점을 최대한 살리면서 정신 건강을 해치지 않을 수 있을까 고민하기 시작했다. 가장 큰 문제는 잠을 제대로 잘 수 없는 것이었으므로 몸을 지치게 하는 운동을 해보자는 데 생각이 미쳤고, 이때부터 테니스를 치기 시작했다.

예상은 적중했다. 매일 테니스를 규칙적으로 치면서 몰입했더니 잠이 오지 않는 증상이 사라지기 시작했다. 그 후 규칙적인 운동을 병행하니 몰입적 사고를 몇 년을 해도 아무런 이상이 없고, 오히려 몸이 건강해지고 의욕이 넘쳤다. 운동은 몰입 상태에 들어가거나 몰입 상태를 유지하는 데 큰 도움이 되었다. 몰입 상태에서 빠져나와 일상으로 돌아간 뒤에도 규칙적인 운동을 계속했다. 장기간의 몰입 활동을 하면서 얻은 결론 중 하나는 몰입적인 사고를 하는 데 가장 중요한 조건이 바로 규칙적인 운동이라는 점이다.

저명한 과학자나 예술가들 중에는 젊은 나이에 죽거나 조현병 또는 조울증을 앓은 이들이 많다. 이들 중에는 몰입 상태에서 무리를 했던 사람이 적지 않을 것이다. 몰입 상태에서는 평소에 그렇게도 갈구하던 아이디어가 봇물 터지듯이 쏟아지고 약간의 쾌감이 동반되어 지치는 줄 모르고 일을 하게 되기 때문이다. 이런 상태에서는 정신적으로 흥분이 되어 잠을 못 이루게 되는데, 이런 상태가 계속되면 육체적 혹은 정신적으로 문제가 생길 수 있으므로 주의해야 한다.

모차르트의 생을 그린 영화 〈아마데우스〉를 보면 악상이 떠오른 모차르트가 잠도 안 자고 계속 곡을 쓰는 장면이 나온다. 이런 모습

이야말로 극도의 몰입에 빠져 있는 상태다. 이 영화를 보고 있으면 모차르트가 몰입 상태에서 너무 무리를 해서 요절했으리란 생각이 들곤 한다. 뉴턴이 조현병 증상을 보인 사실도 잘 알려져 있다. 아인슈타인도 고등학교 시절, 심각한 정신 질환의 징조를 느꼈음을 밝힌 적이 있고, 철학자 비트겐슈타인, 화가 반 고흐도 조현병을 앓았다. 영화 〈뷰티풀 마인드〉에 나오는 천재 수학자 존 내시는 뛰어난 업적으로 노벨상을 수상했지만 오랫동안 조현병으로 고생을 해야 했다. 조울증을 앓은 천재들도 많다. 진화론을 제창한 찰스 다윈, 코펜하겐 학파를 이끌면서 양자역학을 확립한 닐스 보어, 시인 윌리엄 블레이크, 로드 바이런, 앨프레드 테니슨, 음악가 로버트 슈만 등이 대표적이다.

일부 호사가들은 이들이 앓았던 조현병이나 조울증이 천재성의 근원이라고 얘기하기도 한다. 하지만 이들은 선천적으로 몰입적 기질을 타고난 것일 뿐, 이들 역시 몰입에 규칙적인 운동을 병행했다면 훨씬 건강하고 왕성한 활동을 펼쳤을지도 모른다.

건강한 몰입을 위해 숙면하라

강한 몰입으로 영재나 천재 같은 지적 능력을 발휘하는 것은 어렵지 않다고 생각한다. 단지 걱정되는 것은 조현병이나 조울증과 같은 정신질환이다. 몰입을 경험했다는 사람 중 상당수로부터 조현병과 같은 증세를 경험했다는 이야기를 들었다. 그래서 몰입을 중단하거나 병원에 가서 약을 먹고 회복되었다는 것이다. 예를 들면 그림을 그리는 데 몰입한 미술학도가 있었는데, 지인들이 자신의 상태가 이상하다고들 해서 몰입에서 빠져나왔다고 했다. 그러면서 자신의 경험담을 같은 미술학도 친구에게 이야기했더니 그 친구가 전한 이야기를 메일로 보내왔다.

> 얼마 후 전공이 같은 친한 친구에게 이 이야기를 했더니 친구는 자기도 그런 경험이 있었다고 고백했습니다. 그 친구는 2년 전 조현병을 앓았는데, 사실 그 직전에는 몰입된 상태였다더군요. 지금은 어떻게 몰입했는지 잘 기억나지 않는다고 합니다. 당시에는 4일간 잠을 자지 않았고, 너무나 큰 쾌락이 느껴져 이대로 죽어도 좋다는 생각이 들었다고 합니다. 원하면 샤워 물줄기의 물방울 하나하나까지 볼 수 있었다고 해요. 머릿속에는 소설을 쓸 만한 모든 요소가 있었고, 언어가 자연스럽게 흘러넘쳐 쏟아내듯 글을 쓸 수 있었다고도 합니다. 그렇게 4일을 보내고 갑자기 조현병 증세가 와서 병원 치료를 받았던 것입니다. 친구는 그 상태를 안전하게 지속할 수만 있다면 남들이 엄두도 못 낼 대작을 그릴 수 있을 거라고 합니다. 지금은 삶이 너무 재미없어서 그 상태로 돌아가고 싶다고 해요"

이외에도 비슷한 이야기를 여러 번 전해 들었다. 그러면서 발견한 공통점은 고도의 몰입 상태가 되면 도파민 과잉 분비로 각성과 흥분된 상태가 되어 잠을 자지 못하게 된다. 그리고 이러한 수면 부족이 조현병과 같은 정신질환을 발생하는 것으로 보인다. 특히 가족이나 가까운 친족 중에 조현병 환자가 있다면 조현병에 취약한 유전자를 가질 확률이 높기에 이런 사람들은 더욱 조심해야 한다. 몰입을 활용하려면 확실하게 이러한 부작용을 해결해야 한다.

수면 부족이 왜 정신질환을 일으킬까? 수면이 부족하면 낮에 두뇌활동으로 쌓인 노폐물인 베타아밀로이드나 타우 단백질 등이 축적되는데 이 물질들은 신경세포를 파괴하고, 치매를 유발하는 것으로도 잘 알려져 있다. 그런데 베타아밀로이드 등은 잠자는 동안 뇌척수액에 의해 제거된다. 따라서 숙면을 할 수 있다면 이러한 부작용을 막을 수 있는 것이다.

나의 도움을 받으며 강한 몰입을 하는 사람이 몰입 상태에서 미친 듯이 아이디어가 계속 나와서 날을 샜다고 하면 나는 바싹 긴장한다. 만일 날을 샜다더라도 아침에 잠이 들어 5시간 이상 숙면하면 문제가 되지 않는다. 그런데 만약 이틀이 넘어가도록 잠을 자지 못했다면 그 즉시 몰입을 중단해야 한다. 다행히 내가 지도하는 사람 중에서는 아직 이런 경우를 보지 못했다.

숙면을 유도하고 베타아밀로이드 등을 제거하는 데 도움을 주는 물질이 두뇌신경영양인자Brain Derived Neurotropic Factor, BDNF다. BDNF는 운동을 할 때 생성된다. 이는 숨이 차고, 땀을 흘릴 정도의 운동을 30분 이상 매일매일 규칙적으로 함으로써 7년 동안 고도의 몰입을 해도 전혀 부작용이 없었던 내 경험과도 일치한다. 나는 강한 몰입을 시도하는 사람에게는 운동뿐 아니라 두뇌에 좋은 영양제인 비타민D 와 오메가3를 권하기도 한다. 그리고 긴장된 상태의 몰입이 아닌 이완된 상태의 몰입, 즉 느긋한 마음으로 천천히 생각하는 방식이어야 한다고 이야기한다.

천천히 생각하기의
중요성

　연구나 사업 등과 관련하여 고민이나 걱정이 머리를 떠나지 않는 경우가 종종 있다. 이런 경우 고민이나 걱정이 효과적인 몰입으로 발전하여 한순간에 떠오른 아이디어가 고민하던 문제에 대한 극적인 해결책이 됨으로써 위기를 모면하는 경우도 많다. 그러나 잘못 나아가면 노이로제나 신경쇠약으로 발전한다. 이런 경우는 고민이나 걱정이 효과적인 문제 해결로 연결되지 않고 스트레스와 고통만 주게된다. 그래서 이런 사람들은 위기 상황에서만 몰입을 하고 절박한 문제가 해결되면 즉시 몰입에서 빠져나와 버린다. 이들은 몰입 자체에 대해 부정적인 생각을 가지고 있는 것이다. 그러나 7년 동안이나 몰입을 경험해온 나로서는 그런 부정적인 생각을 가진 사람들을 보면 몹시 안타까울 따름이다.

　적당한 걱정이나 스트레스는 그 문제에 몰입하게 만들고 몰입된 상태에서 높은 문제해결력을 보여주지만, 과도한 걱정이나 스트레스는 오히려 위기감을 조성하고 고통스러운 감정을 느끼게 한다. 분명한 것은 걱정이나 스트레스 자체가 문제를 해결하는 것이 아니고 이들이 유도한 몰입 상태가 문제를 해결한다는 것이다. 따라서 문제 해결에 필요한 것은 몰입이지 걱정, 스트레스 또는 위기감이 아니다. 따라서 역기능을 주는 걱정과 스트레스를 최소화하고 순기능을 주는 몰입의 효과를 최대화하려고 노력해야 하며 이러한 방법을 터득하는 것이 중요하다.

이를 위해서 내가 추천하는 것은 슬로싱킹, 즉 천천히 생각하기다. 천천히 생각하기는 명상에 가까운 행위다. 온몸에 힘을 빼고 목을 뒤로 기대고 편안하게 앉아 명상을 하듯이 마음을 차분히 가라앉힌 다음, 자신이 고민하는 문제를 아주 천천히 생각한다. 자율적으로 몰입도를 올리기 위해서는 천천히 생각하기가 가장 효과적이다. 여기에 문제에 대한 자신감을 키우면 더 좋은데 이를 위해서는 매일 땀을 흘리는 규칙적인 운동을 하면 된다.

알파파 상태에서 생각해야 진정한 몰입

생각을 많이 하면 잠이 안 오고 머리가 아프거나 심한 피로를 느낀다는 사람들이 있다. 이런 양상은 화두선에서 말하는 '상기'와 비슷한 현상이다. 머리가 아프다면 무엇인가 긴장을 했거나 스트레스가 발생한다는 뜻이다. 이 경우, 규칙적인 운동을 병행하지 않았거나 생각의 속도가 너무 빨라서 베타파 상태에서 생각했을 경우가 많다.

몰입을 시도할 때에 규칙적인 운동 못지않게 중요한 것이 주어진 문제를 되도록이면 천천히 생각하는 것이다. 이렇게 하면 스트레스가 안 생기고 몰입적인 사고의 부작용도 거의 나타나지 않는다. 몰입을 시도하다가 머리가 아픈 경우에는 땀을 흘릴 수 있는 규칙적인 운동을 하고 동시에 마음을 조금 더 편안하게 먹으면서 생각의 속도를 늦추어야 한다. 그래야만 알파파가 나오는 상태에서 생각을 할 수 있게 된다. 온몸에 힘을 빼고 명상하듯이 생각을 하면 머리 아플 일이 거의 없다. 이런 상태에서 생각하면 기분이 좋고, 생각하는 것이 재미있고, 의식의 깊은 곳까지 생각이 도달해서 아이디어도 잘 나온다. 이와 관련해 하루야마 시게오는 『뇌내혁명』에서 "천재는 뇌파를 알파 상태로 만들어 뇌 내 모르핀을 그만큼 쉽게 끌어내는 요령을 체득한 사람이다"라고 밝혔다. 여기에서 뇌 내 모르핀은 쾌감 신경에 작용하는 물질인 엔도르핀이나 도파민 등을 의미한다.

선잠은 좋은 신호다

온몸의 힘을 빼고 가장 편안한 자세로 앉아 하나의 문제에 집중하여 천천히 생각하다 보면 졸음이 오고 선잠이 들곤 한다. 생각하다가 졸음이 오고 선잠이 든다면 천천히 생각하기를 올바르게 실천하고 있다는 증거로 받아들이면 된다.

생각하는 도중에 선잠이 드는 것은 어떤 면에서는 바람직한 현상이다. 선잠 상태에서는 의식의 깊은 곳까지 문제에 대한 생각이 들어가게 되어 문제와 관련된 깊은 아이디어가 나오는 경우가 많기 때문이다. 선잠 상태는 최면 상태와 비슷하다. 까마득하게 잊어버린 사실을 최면 상태에서는 기억해내는 것처럼, 선잠 상태에서는 장기기억이 활성화된다. 선잠이 들었다가 깨면 그 문제에 대한 집중도가 불연속적으로 증가하는 느낌이 든다. 실제로 선잠 상태에서는 주어진 문제에 대한 몰입도는 올라가는 반면, 문제를 정교하게 분석하고 비평하는 능력은 각성 상태보다 현저하게 떨어진다. 선잠 상태에서는 감정의 뇌나 장기기억의 뇌가 활성화되어 각성 상태에서 집중하고 있던 생각이 선잠 상태에서도 이어지면서 아이디어가 생성되는 것으로 분석할 수 있다. 선잠 상태에서 주어진 문제를 계속 생각하다 보면 그 문제에 대한 강한 애착이 생기게 되고 이러한 상태가 오랜 기간 반복되면 가치관까지 변화하는 것을 느낄 수 있다.

선잠은 몰입 상태뿐만 아니라 몰입에 들어갈 때도 중요한 역할을 한다. 몰입을 시도하는 과정이나 몰입 상태에서 소파에 누워서 생각을 하고 있다가 아내와 이야기를 나누면 내가 방금 전에 잠을 자고 있었다고 한다. 나는 잠을 잔 것이 아니고 생각을 하고 있었다고 이야기하지만 아내는 웃으면서 분명히 잠을 자고 있었다고 우긴다.

이런 일은 자주 벌어졌다. 그러던 어느 날, 생각을 하고 있다가 같은 상황이 또 발생했다. 나는 분명히 생각을 하고 있었는데 아내는 내가 잠을 자고 있었다는 것이다. 내가 잠을 잔 것이 아니라 생각을 하고 있었다고 하자, 이번에는 내가 코까지 골면서 잠을 잤다고 했다. 이 말을 듣고 방금 전 상태의 기억을 차분하게 더듬어보니 내가 코 고는 소리를 들은 기억이 어렴풋이 떠올랐다. 나는 분명히 생각을 하고 있었지만 잠이 든 상태였던 것이다.

이처럼 자신은 생각을 하고 있었는데 주위 사람들은 잠을 잤다고 하는 것이 어떤 문제에 몰입하다가 경험하는 선잠의 특징이다. 어떤 문제를 오랜 시간 곰곰이 생각하다가 선잠이 들면, 선잠 상태에서도 그 문제를 계속 생각하게 된다. 그러다가 다시 의식이 돌아온다. 의식이 돌아올 때도 그 문제를 계속 생각하기 때문에 의식의 내용이 선잠이 들기 전과 선잠이 든 후, 그리고 다시 의식이 돌아온 후까지 지속되는 것이다. 이러한 의식의 연속 때문에 본인은 계속 생각했다고 믿는다. 선잠 상태의 사고를 무의식이라고 정의한다면 깨어 있을 때의 의식과 선잠 상태의 무의식이 동일한 사고의 내용으로 이어지기 때문에 이렇게 되면 자기 자신은 선잠 상태와 깨어 있는 상태를 구별하지 못하는 것이 당연한 일이다.

앞서 언급했던 전설적인 천재 수학자 에르되시 팔의 전기를 읽어보면, 그도 항상 몰입 상태에서 연구했음을 알 수 있는 증상이 여러

몰입 확장판

곳에서 나타난다. 그중 하나가 선잠이다.

에모리대학교의 수학 교수인 로널드 굴드Ronald Gould 의 말이다.

"에르되시는 하루 3시간밖에 안 자지만 낮 동안에 잠깐씩 선잠을 잤어요. 하지만 그렇게 선잠을 자면서도 수학을 계속했어요. 어느 날 저녁, 나는 그에게 어떤 증명을 설명하고 있었어요. 그런데 그가 조는 거예요. 그래서 관심 없나 보다 생각하고 설명을 중단했지요. 내가 중단하니까 그가 고개를 쳐들면서 계속하라는 거예요. 이런 식으로 그날 저녁이 지나갔어요. 그가 졸다가 내 말이 중단되면 깨어나고, 졸다가 깨어나고, 뭐 그런 식으로 말이에요. 그런데 정말 놀라운 일은 그 다음에 벌어졌어요. 그렇게 졸았는데도 나의 증명을 완벽하게 이해하고 있더군요!"

완벽한 몰입에 이르게 하는 선잠의 어시스트

내가 몰입을 하는 동안 선잠을 많이 잔다는 사실은 전화벨이 울려 전화를 받을 때 생기는 분위기의 변화로 알게 되었다. 사무실에서 편안하게 앉아서 몰입을 하다가 갑자기 전화벨이 울려서 전화를 받고 나면 조금 전에 내가 잠이 들었던가 아니면 깨어 있었던가 의아할 때가 많다. 비몽사몽 같은 상태인 것이다. 깨어 있을 때 전화벨이 울리면 그냥 아무렇지도 않게 전화를 받지만, 선잠 상태에서 전화벨이 울리면 소스라치게 놀라는 경우가 많다. 고요함에 취해 있는데 갑자기 찬물을 끼얹는 것처럼 분위기가 바뀌는 것이다. 선잠 상태도 경우에 따라 얕고 깊은 정도가 각각 다르지만 전화벨이 울리면 두 번에 한 번은 무드가 갑자기 바뀌는 것을 느꼈다. 결과적으로 몰입 상태에 이르면 상당히 많은 시간을 선잠 상태로 보낸다는 얘기가 된다.

선잠 상태에서는 의식은 깨어 있지만 잠이 든 상태가 공존하는 것으로 보인다. 선잠은 완전한 각성 상태도 완전한 수면 상태도 아닌, 각성과 수면의 특징이 공존할 수 있는 특별한 상태인 것이다. 그래서 선잠 상태에서는 옆에서 누가 이야기하는 것이 그대로 들리기도 한다. 그러나 말을 하려고 해도 할 수 없고 몸도 움직여지지 않는다.

몰입을 시도하는 과정에서 계속 주어진 문제를 생각하다 보면 그 문제만을 생각하는 시간의 비율이 증가한다. 이틀째 오후나 저녁때가 되면 시간의 70~90% 정도를 주어진 문제만 생각하게 된다. 물론 몰입 상태에서는 이 값이 100%이거나 100%에 가깝다. 그런데 몰입의 70~90% 상태에서 주어진 문제를 생각하다 선잠이 들면 선잠 상태에서는 100% 그 문제만 생각하게 된다. 즉 선잠 상태에서 먼저 몰입에 돌입하는 것이다. 하지만 선잠 상태에서 깨어나 의식이 돌아오면 몰입도 깨지고 만다. 각성 상태의 몰입이 선잠 상태의 몰입보다 더 어렵다. 그러나 선잠 상태의 몰입을 수차례 경험하면 각성 상태의 몰입도가 불연속적으로 증가하게 되고, 결국 각성 상태의 몰입이 가능해진다.

선잠 상태에서 몰입을 하는 양상을 보면 각성 상태에서 생각하는 것과는 다른 몇 가지 특징이 있다. 일단 생각이 분석적이거나 비평적이지 못하고 매우 단순하다. 몰입은 하지만 전혀 분석적이지 못하고 단지 주어진 문제만을 계속 생각할 뿐이다. 이럴 때는 고차원적인 머리를 쓰지 않고 맹목적으로 주어진 문제만을 붙들고 있다는 느낌이 든다. 또 가끔은 해결하려는 목표가 핵심에서 약간 벗어나기도 한다. 각성 상태에서 생각하는 것과 비교하면 마치 갑자기 바보가 되어 동일한 문제를 계속 생각하는 것과 같다.

선잠 상태에서 생각하는 것이 단순해지는 것은 우리 신체에 들어오는 모든 정보를 처리하는 전두엽이 활동을 하지 않거나 기능이 현저하게 떨어지기 때문일 것이다. 그런데도 몰입은 오히려 더 쉽게 한다. 수면 상태에서는 신체에 들어오는 정보의 입력이 차단되므로 몰입하는 데 영향을 미치는 방해 요소가 없어지는 것이다. 선잠 상태가 각성 상태보다 더 쉽게 몰입에 이르는 것은 바로 이 때문이다.

선잠 상태는 잠이 들기 시작해서 10~15분 정도로 수면의 N1단계라고 한다. 이러한 선잠 상태에서 문제해결력이 올라간다는 것은 최신 뇌과학 연구에서도 확인되었다. 2021년 12월 8일, 국제 학술지인 「사이언스 어드밴스_Science Advance_」에 'Sleep onset is a creative sweet spot'이란 제목으로 발표된 논문이다. 우리말로는 '선잠은 창의성을 위한 최적의 순간이다'로 해석할 수 있다. 이 내용이 머니투데이, 〈천재들의 특별한 비밀… 몰입 극대화하는 '낮잠의 기술'〉이라는 제목으로 소개되었다.

"프랑스 국립보건의학연구소 INSERM 뇌과학자들이 실험자들에게 각기 다른 상태에서 수학 문제를 풀도록 했다. 그 결과, 선잠 상태인 N1수면에 빠진 이들의 수학 문제 풀이 능력이 83%가량으로 나타났다. 반면 N1수면보다 깊은 잠인 N2수면에선 14% 수준만 문제를 해결했고, 깨어있던 그룹의 문제 풀이 능력은 31% 수준이었다."

선잠 상태의 문제 풀이 능력이 깨어있는 상태보다 약 3배 정도 높다는 것이다. 풀리지 않던 수학 문제가 선잠을 자고 나면 잘 해결된다는 것은 몰입캠프 참여 학생들 상당수가 경험하는 일이고 학생들 사이에서는 상식처럼 여겨지고 있다.

몰입 상태에서의
문제해결력

몰입 상태에 들어가면 이때부터 주어진 문제에 대한 유용한 아이디어가 떠오르기 시작한다. 평소에는 쉽게 떠오르지 않는 기발한 생각들이다. 그리고 문제와 관련된 섬세한 사항까지 아주 명확하게 보인다. 프로 기사들이 바둑을 둘 때는 바둑판 전체가 머리에 떠 있다고 하는데, 이처럼 문제와 관련된 수많은 정보가 동시에 머리에 떠 있는 느낌이다. 이렇게 되면 문제 해결에 필요한 복잡한 정보들을 뇌에서 동시에 분석할 수 있어서 아이디어가 쉽게 떠오르고 문제해결력이 상승한다. 이때의 문제해결력은 자신의 지적 능력과는 명확하게 구별할 수 있을 정도로 크게 상승한다. 평소와는 비교할 수 없는 집중력 때문에 마치 슈퍼맨이라도 된 듯한 느낌이 든다.

몰입 상태가 되었다고 모든 사람이 동일한 문제 해결 능력을 갖는 것은 아니다. 각자가 그때까지 축적한 지식과 사고력 등에 따라 격차가 생긴다. 바둑 1급이 몰입할 때의 능력과 10급이 몰입할 때의 판단 능력은 다를 것이다. 따라서 몰입 상태에서 보다 더 높은 수준의 능력을 발휘하기 위해서는 꾸준히 관련 지식을 쌓고 사고력과 창의력을 개발하는 것이 중요하다.

아이디어가 샘처럼 솟아난다

아이디어가 나오는 형태도 다양하다. 문제와 직접 관련된 구체적인 해결책이 나오기도 하지만, 내가 어떠한 방향으로 노력을 해야 하고 어떤 문제에 집중해야 한다는 결론을 얻기도 한다. 이 문제를 해결하기 위해서는 어떤 책의 어느 부분을 보아야 한다거나 어떤 논문들을 찾아서 읽어야 하는지, 어떤 전문가를 만나서 상의해야 하는지 등 떠오르는 방법들도 다양하다.

또한 몰입 상태에서는 현재 해결하려고 하는 문제가 아닌, 다른 문제에 대한 답이 얻어지기도 한다. 그래서 어떤 아이디어가 떠오를지는 예측하기 힘들지만 매우 유용하고 가치 있는 아이디어들이 떠오른다는 것만은 분명하다. 연구와 관련된 것은 아니지만 평소에 관심이 있던 일상의 문제에 대해 아주 현명하고 지혜로운 답이 떠오르기도 한다. 이런 문제들의 상당수는 인생을 어떻게 살아야 하느냐 같은 철학적인 문제여서 명확한 정답과 오답이 있는 것은 아니다. 정답이

몰입 확장판

라기보다는 현명하고 지혜로운 답이라고 표현하는 편이 옳을 것이다. 즉 몰입 상태에서는 무엇이든 상관없이 평소에 자신이 고민했던 문제들에 대한 아주 고차원적인 답들이 떠오르는 것이다.

게다가 생각하는 일 자체가 그리 어렵지 않고, 오히려 약간의 즐거움을 준다는 것도 깨닫게 된다. 힘들이지 않고 즐겁게 생각에 몰입할 수 있기 때문에 이 상태를 원하는 기간만큼 오래 지속할 수 있다. 물론 땀을 흘리는 규칙적인 운동을 병행해야 하고 천천히 명상하듯이 생각한다는 전제하에서 가능한 이야기다. 이처럼 원하는 만큼 오랜 시간 동안 몰입이 가능하기 때문에 문제해결력도 나날이 높아진다.

우연이 아닌 필연

물론 생각에 잠겼다고 해서 바로 아이디어가 쏟아져 나오는 것은 아니다. 한동안 지루할 정도로 아무런 진전이 없이 같은 생각만 반복하다가 어느 순간 아이디어가 떠오르기 시작한다. 그러다가 다시 답보 상태에 들어가고 다시 아이디어가 떠오르는 상황이 반복된다. 그런데 좋은 아이디어가 떠오를 때는 그 당시 생각하던 것과 전혀 논리적으로 연결이 되지 않은 채 갑자기, 그리고 우연히 한순간의 영감에 의해 생기는 듯한 느낌이다. 그래서 그 순간, 운이 좋아서 그 아이디어가 머리에 떠올랐다는 느낌을 받게 된다. 그러나 경험이 쌓이다 보면 우연이나 운에 상관없이 몰입 상태에 돌입하기만 하면 항상 아이디어가 떠오른다는 것을 알게 된다. 몰입을 하는 동안에는 말할 수 없이 기분 좋은 우연이 하루도 예외 없이 일어난다.

초기에는 몰입 상태에서 빠져나왔다가 다시 몰입에 들어가려 할 때마다 이틀을 꼬박 아무것도 못하고 발버둥을 쳐야 했다. 주어진 문제에만 집중하려고 애를 쓰며 불안감을 달랬다. 이제까지는 운이 좋아서 좋은 아이디어들을 얻었는데 이번에도 운이 좋을 수 있을까 하는 걱정 때문이다. 하지만 신기하게도 몰입 상태만 되면 어김없이 좋은 아이디어가 떠올랐다. 수년 동안 이런 경험을 반복하면서 이것은 우연이 아니라는 생각이 들었다. 우연처럼 느껴지는 필연이라는 생각을 하게 된 것이다. 그래서 왜 몰입 상태에 들어가기만 하면 좋은 아이디어가 떠오르는지, 그 사이에 숨겨진 연관성을 찾기 시작했다. 물론 여기에도 몰입이 이용되었다. 몰입 상태에서는 아이디어가 떠오르는 빈도가 평소보다 10배에서 100배까지 높아지기 때문에 아이디어가 생기는 원리를 규명하는 것도 그리 어렵지 않으리란 자신감이 있었던 것이다.

이때부터 어떤 아이디어가 불현듯 떠오르면 다시 생각을 역으로 추적하여 어떠한 방식으로 아이디어가 떠올랐나를 곰곰이 분석하기 시작했다. 물론 논리적으로 전혀 연결되지 않는 경우가 훨씬 많았다. 추적을 거듭할수록 그야말로 밑도 끝도 없이 우연히 떠오른 것이라는 생각만 강해졌다. 하필이면 그 순간에 운 좋게 그 생각이 떠올라

몰입 확장판

서 문제를 해결하거나 돌파구를 찾는 것이다. 아이디어나 영감은 내가 끄집어내려고 할 때 즉시 나오는 것이 아니고 내가 끄집어내려고 노력한 시점과 상당한 시간차를 두고 예기치 않게 나왔다.

이미 내 안에 있는 아이디어

아이디어가 얻어지는 원리를 추적하던 중 한번은 아주 특별한 경험을 했다. 책상에 앉아 몰입 상태에서 생각을 하고 있을 때였는데, 한순간 중요한 아이디어가 떠올랐다. 그 아이디어가 매우 중요하다는 것은 알겠는데 내용이 무엇인지는 전혀 모르는 상태에서 아이디어가 아지랑이처럼 희미하게 떠오르는 순간이었다. 바로 그때 열려 있던 사무실 문 앞에 누군가가 나를 만나기 위해 서 있었다. 내가 앉아 있는 위치에서 누군가 문 앞에 서 있다는 것은 알 수 있었지만 그의 얼굴을 식별하려면 고개를 돌려야만 하는 상황이었다. 그런데 만약 내가 그를 향해 고개를 돌리고 이야기를 하면 아지랑이 같은 그 아이디어를 놓칠 것 같았다. 그래서 나는 고개를 돌리지도 못하고 잔뜩 긴장한 채 아지랑이같이 희미한 그 아이디어를 의식으로 끌어올려 노트에 적었다. 그러고 나서 고개를 돌리니 기다리던 사람은 보이지 않았다.

나는 지금도 그 당시 문 앞에 서 있던 사람이 누구였는지 모르지만, 이 경험은 아이디어가 얻어지는 원리를 추적하던 나에게 아주 중요한 단서를 주었다. 나는 그 당시 떠올랐던 아이디어가 매우 중요하다는 사실은 알았지만 그 내용은 몰랐다. 어떻게 이러한 것이 가능한가? 이유는 그 아이디어가 그 순간에 만들어진 것이 아니라 이미 내 머릿속에 있었기 때문이다. 내 안에 존재하지만 깨닫지 못한, 아지랑이같이 희미한 의식 저편의 기억을 바로 그 순간에 끄집어낸 것이다. 그렇다면 이 아이디어가 생긴 건 언제일까.

몰입적 사고를 오랫동안 경험하면서 내가 알게 된 사실은 아이디어는 잠이 들 때 잘 떠오른다는 것이다. 문제에 대한 생각을 하다가 낮에 잠깐씩 선잠이 드는 경우가 많은데 이때 아이디어가 떠오르는 경우도 많고, 집에서 초저녁에 잠이 들어 새벽에 깰 때는 거의 예외 없이 아이디어와 함께 잠에서 깬다. 그리고 새벽에 일어났을 때 가장 활발하게 아이디어가 떠오른다. 이러한 경험을 하면서 나는 낮에 생각을 하다가 졸리면 졸음을 참기보다는 그대로 편하게 앉아서 머리를 뒤로 기대고 자는 습관이 생겼다. 선잠이 들면 아이디어도 잘 떠오르고 정신이 맑아져 컨디션도 좋아지는 것을 경험으로 알았기 때문이다. 그리고 이러한 경험으로 미루어보아 낮에 우연히 떠오른 아이디어는 잠이 들었을 때 떠오른 것이라는 강한 확신이 들었다.

서양 속담에 'Sleep on the problem'이라는 말이 있다. 중대한 문제가 있을 때 잘 풀리지 않으면 잠을 잘 때 그 문제를 생각하라는 뜻이다. 이러한 속담이 생길 정도라면 자는 동안 문제가 잘 풀린다는 것은 사람들이 일반적으로 경험하는 일인 것이다. 또한 위대한 발견들이 꿈에서 혹은 선잠을 자다가 이루어졌다는 일화도 많이 있다.

그런데 낮에 우연히 떠오른 아이디어가 수면 상태에서 얻어진 것이라면 이것이 왜 기억나지 않다가 문득 떠오르는 것인가? 이 현상을 이해하려면 수면에 대한 뇌과학을 참조해야 한다. 다음에 소개할 수면의 뇌과학 지식으로 이러한 현상을 어느 정도는 설명할 수 있을 것이다.

당신이 잠든 사이에
문제는 풀린다

우리 뇌는 기억을 저장하기도 하고 인출하기도 한다. 기억을 장기기억으로 저장하기 위해서는 먼저 단기기억이 만들어져야 한다. 단기기억을 만드는 신경전달물질은 도파민, 세로토닌, 노르에피네프린인데 이들은 낮에 깨어있을 때 특히 각성 상태에서 분비가 잘된다. 따라서 각성도가 높으면 단기기억을 만드는 데 유리하다. 그리고 잠을 자는 동안 단기기억 중에서 중요하다고 판단되는 일부가 장기기억으로 저장된다.

그러나 장기기억의 인출과 관련된 신경전달물질은 아세틸콜린이다. 아세틸콜린은 이완된 상태에서 분비가 잘되고 잠이 들면 분비가 증가하는데 꿈을 꾸는 렘수면Rapid Eye Movement, REM 중 최대가 된다. 따라서 잠이 들 때 장기기억의 인출이 유리함을 알 수 있다. 그런데 여기에 또 다른 효과가 더해진다. 깨어있을 때는 전두엽이 감정의 뇌를 억제하고 있다가 잠이 들면 전두엽의 활동이 약화되어 이 억제가 풀린다. 감정의 뇌는 기억의 뇌이기 때문에 억제가 풀리면 장기기억의 인출이 활성화된다는 것을 의미한다. 따라서 잠이 든 상태에서 장기기억의 인출 능력은 깨어있는 상태보다 월등하게 높다.

수면의 과학

우리가 문제를 해결하고, 아이디어를 얻는 것은 장기기억의 인출에 달려있다. 따라서 창의적인 문제 해결을 위해서는 각성된 상태보다 이완된 상태가 유리하고 잠이 든 상태가 더 유리함을 알 수 있다. 특히 잠이 든 상태에서는 아세틸콜린의 분비가 증가하고 기억의 뇌에 대한 전두엽의 억제가 풀리기 때문에 장기기억의 인출 능력에 있어서 거의 천재의 뇌가 된다고 할 수 있다. 이것은 수면 상태에 가까운 최면 상태에서 놀라운 기억력을 발휘하는 것과 비슷하다.

매일 밤 우리는 잠을 잘 때 '천재의 뇌'를 경험하는 것이다. 그런데 왜 우리는 이 '천재의 뇌'를 활용하지 못하고 하찮은 개꿈이나 꾸는 걸까? 자는 동안에는 전두엽이 약화되어 해결해야 할 문제에 대한 의식이 없기 때문이다. 이것이 바로 잠이 든 상태의 '천재의 뇌'를 활용하지 못하는 이유다. 따라서 잠이 든 상태의 '천재의 뇌'를 활용하려면 잠이 든 상태에서도 그 문제를 생각해야 한다. 어떻게 이러한 상태를 만들 수 있을까? 불교 간화선看話禪에서 말하는 깊은 잠 속에서도 화두話頭를 생각하는 '숙면일여熟眠一如' 상태가 되면 된다. 이 상태를 만들기 위해서는 몰입도가 100% 되어야 하고 50시간 연속해서 생각해야 한다.

몰입적 사고의 위력은 바로 수면 상태에서 고도로 활성화된 장기기억을 활용한다는 데 있다. 즉 몰입 상태가 되면 잠을 자면서도 주어진 문제를 풀려는 생각을 계속 한다. 이는 몰입 상태에서 깨어나면 항상 그 문제에 대한 생각과 함께 깬다는 사실로 알 수 있다. 반면 몰입을 하지 않으면 수면 상태에서 뇌에게 명확한 목표 의식을 줄 수 없기 때문에 자는 동안에 고도로 활성화된 두뇌를 활용할 수 없다. 그래서 이런저런 꿈을 꾸는 것이다. 몰입적 사고를 하면 수면 중에도 문제 해결에 대한 생각을 계속하게 되고 이것이 고도로 활성화된 장기기억에 작용하여 놀라운 문제 해결 능력과 수많은 아이디어를 얻게 된다.

그런데 왜 낮에 아이디어가 우연히 떠오를까? 그 이유는 단기 기억에 필요한 신경 전달 물질인 도파민, 세로토닌, 노르아드레날린의 양이 수면 중에는 극히 감소하기 때문이다. 다음 그림은 쥐가 각성과 수면 상태일 때 노르아드레날린의 양이 어떻게 변화하는지를 나타낸 데이터다. 깨어 있는 상태에서는 노르아드레날린의 분비량이 많은데 서파수면 상태로 가면서 계속 감소하고, 꿈을 꾸는 렘수면 중에는 거의 바닥이다. 그러다 잠이 깨면 노르아드레날린이 갑자기 증가한다

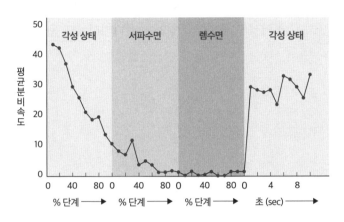

자유로이 움직이는 쥐의 청반Locus Coeruleus에서의 노르아드레날린 뉴런의 활동

출처: Aston-Jones, G., and Bloom, F.E. The Journal of Nevroscience, 1981, 1, 876-886

는 것을 보여준다.

이러한 이유로 모든 사람이 렘수면 중에는 통상 꿈을 꾸는데 아침에 일어나면 전혀 기억을 못하고 깰 때 꾼 꿈만 기억한다고 한다. 그래서 수면 중에 문제 해결에 도움이 되는 많은 아이디어가 떠오르지만 잠에서 깨고 나면 이것을 모두 잊어버리는 것이다. 그러다가 낮에 이 생각이 떠오를 때가 있는데 본인은 그 순간에 우연히 그 생각이 떠올랐다고 믿는다. 많은 사람이 선잠 상태에서 아이디어가 잘 나오는데 노트에 기록하지 않으면 쉽게 잊어버린다고 이야기한다. 이것도 마찬가지로 선잠 상태에서는 기억에 필요한 신경 전달 물질의 양이 적어 기억을 못하기 때문이다. 이렇게 내가 경험한 몰입 상태에서 수많은 아이디어가 나오고 그 아이디어가 우연히 떠오르는 것처럼 느껴지는 이유에 대하여 뇌과학적 지식으로 설명할 수 있다. 이것은 다음에 소개될 창의성의 중요한 특징인 세렌디피티에도 동일하게 적용된다.

세렌디피티와
꿈속에서의 영감

"나는 결코 이성적인 사고 과정 중에 커다란 발견을 이룬 적이 없다"고 말한 아인슈타인이 맨 처음 상대성원리에 대한 생각을 떠올린 것은 '우연히'였다. 어느 날 아침 침대에서 일어나서 갑자기 그에 대한 아이디어가 떠올랐다는 것이다. 그가 중력 이론에 대한 아이디어에 도달한 것 역시 '문득 떠오른 생각'이었다. 아인슈타인이 중력 이론에 대한 아이디어를 떠올린 순간을 묘사한 글을 보면 무슨 얘긴지 금방 이해가 될 것이다.

"베른의 특허 사무실에 앉아 있는데 문득 어떤 생각이 떠올랐습니다. '만약 어떤 사람이 자유롭게 낙하한다면 그는 자신의 무게를 느끼지 못할 것이다.' 저는 이 단순한 생각으로부터 깊은 감명을 받았습니다. 이것이 저를 중력 이론으로 끌고 갔습니다."

창의성의 원천, 세렌디피티

역사적으로 위대한 과학적 발견은 우연한 영감으로 이루어진 경우가 많다. 창의성을 연구하는 사람들 역시 '세렌디피티serendipity'가 창의성의 중요한 특징이라고 얘기하곤 한다. 세렌디피티란 위대한 발견을 이끄는 핵심적인 아이디어는 통상 우연히 떠오른다는 개념을 정의하기 위해 생겨난 단어다. 많은 위대한 발견이 운 좋게도 한순간의 생각이나 영감으로 얻어졌다는 얘기다.

하이젠베르크가 양자역학의 핵심 이론인 '불확정성 원리'를 발견한 것은 열병에 걸려 헬골란트에 요양을 가 있을 때였다. 하이젠베르크 역시 우연히 떠오른 영감이 중요한 역할을 했다고 한다.

"헬골란트에서 에너지가 시간적으로 일정하다는 것을 발견한 것은 내 머릿속에 떠오른 한순간의 영감 덕분이었다. 늦은 밤, 힘들여서 계산을 마쳤는데, 정확히 들어맞는 답을 얻게 되었다. 그날 새벽, 나는 바위 위에 올라가서 해가 솟아오르는 것을 바라보았다. 그리고 행복했다."

최초로 증기 엔진을 개발한 제임스 와트의 경우도 비슷하다. 뉴커먼 증기 기관이 열 손실이 너무 커서 비능률적이란 사실을 주목한 와트는 1695년 5월 어느 맑은 휴일, 글래스고의 초원을 거닐다가 문득 그 해결 방법을 깨닫게 되었다고 한다. 교세라의 이나모리 가즈오 회장도 『카르마 경영』을 통해 다음과 같은 이야기를 전하고 있다.

"나는 인류에게 새로운 지평을 열어준 분야별 연구자들을 많이 만났다. 그런데 놀랍게도 그들 모두가 창조적인 아이디어가 떠오른 것은 신의 계시라도 받은 것처럼 한순간에 이루어졌다고 얘기하는 것이 아닌가. 그 창조의 순간은 잠깐 쉬는 시간에, 때로는 꿈속에서 '우연히' 찾아오는 것이다."

꿈속에서 이루어지는 위대한 발견

역사적으로 유명한 발견이 얻어지는 또 다른 순간은 꿈속에서다. 꿈속에서 문제를 해결한 경우가 의외로 많다. 아인슈타인은 머리맡에 늘 펜과 노트를 두고 자는 습관이 있었다고 한다. 꿈에서 유용한 정보를 얻으면 기록하기 위해서였다. 닐스 보어도 꿈에서 진기한 태양계의 모습을 보고 이를 참조하여 원자구조 이론을 완성했는데, 이것이 현대 원자물리학의 기초가 되었다.

에디슨도 선잠 상태에서 연구 작업을 했던 것으로 알려져 있다. 그는 연구가 막힐 때마다 손에 쇠구슬을 쥔 채 의자에 앉아 꾸벅꾸벅 졸곤 했다. 자신이 알파파 상태로 흐르는 가수면 상태에 빠져 팔이 이완되면 마룻바닥에 있는 냄비에 쇠구슬이 떨어지게 하기 위해서였다. 쇠구슬이 떨어지는 요란한 소리에 잠에서 깨어난 에디슨은 자신이 설계하고 있던 것과 관련된 아이디어를 얻곤 했다.

원소의 주기율표를 발명한 드미트리 멘델레예프도 원자들의 규칙성을 찾으려 오랫동안 노력했으나 실패를 거듭하다, 1869년 어느 날 꿈속에서 주기율표 작성에 필요한 모든 아이디어를 찾았다고 한다. 또 스위스 박물학자인 장가아시는 아주 생생한 꿈을 연속해서 3번 꾸었는데, 그 꿈을 통해 자신이 연구하고 있던 물고기 화석의 훼손된 부분을 똑똑히 보고 재현해냈다. 재봉틀을 발명한 일라이어스 하우는 바늘을 상하로 움직이는 데까지는 성공하였으나 바늘을 어떻게 만들 것인가를 고민하던 중 꿈속에서 바늘 끝에 구멍을 뚫는 아이디어를 얻었다고 한다.

모차르트 역시 자신이 작곡한 작품들 모두 꿈에서 얻은 것이라고 이야기한 바 있다. 꿈에서 영감을 얻은 소설가들도 많다. 『파우스트』의 괴테, 『지킬 박사와 하이드』의 로버트 루이스 스티븐슨, 『변신』의 프란츠 카프카, 『검은 고양이』의 에드거 앨런 포, 『해리 포터』의 조앤 K. 롤링, 『개미』의 베르나르 베르베르 등 셀 수 없을 정도다. 특히 베르나르 베르베르는 소설 『잠』을 출간한 직후, 동아일보와의 인터뷰 〈소설 '잠'으로 돌아온 베르나르 베르베르 "꿈은 영감의 원천 잠들기 전 부탁하죠 뇌야, 아이디어를 주렴"〉에서 이렇게 밝혔다.

"나는 잠과 꿈을 통해 창의력을 키우고 유지한다. 꿈은 내 모든 영감의 원천이다. 꿈에서 얻은 아이디어를 대부분 글에 쓴다. 가끔은 한 개의 장 전체를 꿈에서 얻어 그대로 옮겨 쓰기도 한다. 쓰다가 막히면 누워서 뇌한테 '내 문제 좀 해결해줘' 부탁하고 잠들길 기다린다. 꿈속에서 만날 여러 아이디어를 기대하며."

천재 발명가 니콜라 테슬라도 발명할 때, 자각몽을 이용했다. 유튜버 '클립: 크게 일어서다'의 영상, 〈니콜라 테슬라, 자면서 성공하는 법 3가지〉에 따르면 테슬라가 80대 무렵에 다음과 같은 충격적인 고백을 했다고 한다.

"매일 밤 나는 필기류와 메모장을 내 침대 옆에 올려뒀다. 그리고 다음 날 아침에 눈을 뜨면 나의 메모장에는 발명품에 대한 설명이 적혀 있었다. 누군가가 내 방에 들어와서는 밤마다 발명품에 대한 설명을 적고 간 것이다. 그러면 나는 연구실로 향하여 메모장에 적혀 있는 것을 그대로 따라 했다. 나의 발명품들은 이렇게 만들어진 것이다."

이 결과를 수면의 뇌과학으로 해석해보면 테슬라가 잠이 든 상태에서 얻은 아이디어를 일어나자마자 메모하고 다시 잠이 들었다. 그런데 잠이 든 상태에서는 기억을 저장하는 능력이 떨어져 자신이 메모했다는 사실을 기억하지 못한다. 그래서 본인은 누군가가 밤마다 발명품에 대한 설명을 적고 갔다고 생각하는 것이다. 어쩌면 그는 몽유병 환자였을지도 모른다.

한국일보, 〈'구골' 될뻔한 '구글'의 괴짜 창업주 "비전 없다면 죽은 것"〉의 제목으로 소개된 기사에 의하면 구글의 공동창업자이자 알파벳의 CEO인 래리 페이지도 웹 검색 엔진을 만드는 알고리즘의 기반을 꿈에서 얻었다고 했다. 어떤 것을 검색했을 때 그것과 관련된 인터넷 링크만 남겨두는 식의 아이디어인데, 이 경우 링크를 타고 해당 사이트로 넘어갈 수 있다. 여기에 세르게이 브린이 개발한 복잡한 수학 원리가 더해졌다. 여기서 발전한 게 구글 검색 기술의 핵심인 '페이지랭크'라는 독창적인 알고리즘이다. 페이지가 본인의 이름을 따 명명했다.

중요한 아이디어는 대부분 수면 중에 얻어지며, 수면 중에 뇌는 각성 상태와는 다른 초능력에 가까운 기능을 가지고 있다는 것을 알 수 있다. 그러나 위대한 발견은 진정한 의미에서 우연히 얻어지는 것이 아니다. 우연한 영감에 의한 위대한 발견 뒤에는 그러한 영감을 얻을 때까지 오랫동안 피나는 노력을 기울인 사람들의 정성이 있었다는 것을 간과해서는 안 된다. 주어진 문제에 대하여 자나 깨나 깊이 몰입해서 생각할 때, 그래서 그 문제를 푸는 의식적인 노력이 수면 중에도 연속될 때 수면 상태의 활성화된 뇌가 활용되고 그 결과로 문제가 풀리는 것이다. 그리고 그 아이디어가 꿈에 나타나든지 혹은 낮에 한순간의 영감으로 떠오르는 것이다. 아이디어가 떠오른 순간은 우

몰입 확장판

연처럼 느껴지지만 몰입적인 사고를 한다면 반드시 겪게 되는 필연적인 결과다.

잠이 든 상태에서 창의성이 고양된다는 것은 이제 신경과학 분야에서 정설로 인정받고 있다. 고도의 몰입 상태에서 아이디어가 나오는 양상과 관련해 주목하고 싶은 것은 뤼벡대학교 얀 보른Jan Born 교수의 주장이다. 전반부 수면에서 창의성이 극대화된다는 것이다. 깨어있는 동안 학습 활동으로 얻은 단기기억이 장기기억으로 변환되는 것은 꿈을 꾸지 않는 비렘수면 중에 일어나는데, 이러한 변환 대부분이 전반부 수면 중에 일어난다는 것이다. 따라서 창의성 발현을 위해서는 밤늦게까지 깨어 있기보다 일찍 잠드는 것이 바람직하다고 한다.

이러한 주장은 나의 몰입 경험과 정확하게 일치한다. 내 경험으로는 숙면일여의 몰입 상태에서 서너 시간 자고 일어나면 아이디어가 가장 많이 떠오르고, 다시 잠이 들어 아침에 일어나면 생각나는 아이디어가 거의 없다. 따라서 잠든 상태에서 떠올린 아이디어를 붙잡는 가장 좋은 방법은 잠이 들고서 서너 시간 후에 일어나는 것이다. 저절로 눈이 떠지지 않는다면 알람을 맞춰 놓는 방법도 있다. 경험상 이렇게 중간에 잠을 깨면 창의적인 아이디어가 놀랄 만큼 쏟아진다. 물론 그러기 위해서는 반드시 몰입을 통해 자면서도 생각을 지속하는 숙면일여의 상태에 도달해야 한다.

더할 나위 없는
행복의 절정에 오르다

몰입은 즐거움과 특별한 감정을 동반하는 놀라운 경험이다. 몰입 상태에 이르면 즐거움과 쾌감이 증폭되어 온몸을 감싸게 되는데, 특히 일주일 이상 몰입이 유지되면 쾌감에 도취되어 있는 듯한 느낌에 사로잡힌다.

무엇보다 주어진 문제를 머릿속에 품고 있기를 몇 주간 지속하다 보면 열애하는 것 같은 감정 상태에 이르게 된다. 평소와는 달리 몸이 약간 흥분되어 들떠 있고, 풀려고 하는 문제와 관련된 문헌을 읽거나 단어만 들어도 흥분이 된다. 물론 문제 해결에 대한 진전이 없고 새로운 아이디어가 떠오르지 않으면 지루함을 느낄 때도 있지만, 그뒤에 새로운 돌파구나 아이디어가 떠오르면 더욱 강렬한 흥분을 느끼게 된다. 이 순간 문제 해결 활동은 흥미진진한 게임이 된다. '이렇게 재미있는 일을 하면서 월급을 받아도 되나', '남부러울 것이 없

몰입 확장판

다는 말을 이럴 때 사용하는 것이구나' 하는 생각이 절로 든다.

하루하루, 순간순간이 감격으로 채워지고 가슴 깊은 곳에서 무어라 설명하기 어려운 고요한 행복감이 밀려온다. 이런 감정은 특히 새벽에 더 잘 나타난다. 새벽에 혼자 일어나서 주어진 문제에 몰입하다 보면 세상은 모두 잠들어 조용한데, 이 광활한 우주에 이 문제와 이 문제를 생각하는 나, 오로지 둘만 존재한다는 느낌이 들곤 한다. 자신이 도달할 수 있는 최대의 집중 상태에서 문제를 해결하기 위하여 최선을 다하고 있다는 충만감이 전해지는 것이다.

이때는 내가 그토록 바라던 최대의 지적 능력이 발휘되고 있고, 자아실현을 하고 있다는, 더할 나위 없는 만족감이 느껴진다. 이보다 더 좋을 수 없다는 느낌이 들며, 평소 자신의 능력보다 훨씬 높은 지적 능력이 발휘되고 있다는 사실 때문에 깊은 고마움을 얻는다. 태어나서 처음으로 맛보는 듯한 벅찬 행복감이 가슴속 깊은 곳에서 밀려온다.

권태 없는 영원한 쾌감

이렇게 행복감이 충만해지면 해결하려는 문제가 대단히 어려워도 해결할 수 있다는 자신감과 확신이 든다. 자신감이 생기는 근거는 알 수 없지만 그 문제를 풀 수 있다는 확신만은 아주 명확하다. 제아무리 복잡하고 머리 아픈 문제라도 머지않아 풀릴 것이라는 생각이 들며, 세상의 어떤 문제도 풀 수 있다는 자신감이 넘쳐난다.

실제로도 이런 자신감과 확신은 문제를 해결하는 데 매우 중요한 역할을 한다. 만약 문제에 대한 자신감이 없거나 다른 일도 많은데 풀리지 않을 문제로 허송세월을 보내고 있다는 생각이 들면 문제 풀기를 포기하고 말 것이다. 자신감과 확신은 문제를 계속 생각할 수 있게 하는 동력이 되는 것이다.

더욱 좋은 것은 몰입은 하루 종일 주어진 문제만을 생각하는 매우 강도 높은 사고 활동인데도 며칠, 몇 주일, 몇 달이 지나도 아무런 부작용이 없다는 것이다. 피로가 누적되지도 않고 일이 싫증나지도 않는다. 오히려 매일 사기가 더 충천하고 자신감과 의욕이 솟구치는 최상의 컨디션이 유지되는데, 그 생각을 지속하는 한 기분 좋은 이 상태는 무한정 지속된다.

몰입 확장판

보다 의미 있는 삶으로 이끄는
가치관의 변화

몰입을 몇 주간 계속하면 감정이 고조된다. 새로운 삶을 살고 있다고 느껴져서 이전에 살았던 삶은 매우 시시해 보인다. 인생에서 처음으로 삶다운 삶을 살고 있다고 느껴지는데, "이제까지는 인생을 헛되이 살았다. 하루를 살아도 이렇게 살아야 한다!"는 생각이 절로 든다.

그러나 모든 문제가 생각처럼 간단하게 풀리지는 않는다. 문제를 해결할 수 있다는 확신에 차서 "이 문제는 독 안에 든 쥐다", "도저히 빠져나갈 수 없게 완벽하게 포위했다"라고 중얼거리면서도 주어진 문제를 해결하는 데 1년이 넘게 걸리기도 한다. 하지만 이런 상태가 되면 풀릴 때까지 포기하지 않고 최대의 지적 능력을 발휘하면서 열정을 가지고 문제를 공략한다. 아무리 어려운 문제라도 시간의 문제이지 결국은 풀 수 있다. 매일 기적같은 깨달음과 아이디어가 나오기 때문이다.

이런 상태에서는 평상시에는 상상할 수도 없을 만큼 수준이 높은 문제들을 해결할 수 있다. 초인적인 능력이 발휘되면서 평소 자신의 능력으로는 엄두를 낼 수 없었던 고차원의 문제들을 해결하게 되는 것이다. 수개월, 혹은 수년 동안의 몰입 이후에 문제에 대한 해결책이 완성되어 모습을 드러내게 되면, 그 일을 내가 해냈다는 것이 도무지 믿겨지지 않는다. 〈벤허〉의 감독 윌리엄 와일러가 "하느님, 정말로 이 작품을 내가 만들었습니까?"라고 했다는 바로 그 심정이 되는 것이다.

문제를 해결해가는 오랜 기간 동안 느끼는 감정은 마치 자식을 키우는 것 같은 느낌이다. 자연스럽게 감사하는 마음이 생기며 결과에 대한 신성함, 거룩함, 성스러운 종교적 감정이 생겨난다. 그 결과가 마치 자신의 분신처럼 느껴지며, 이제 자신은 죽어도 좋지만 이 아이만은 훌륭하게 키워야 한다는 생각이 든다. 결과의 가치에 비하여 자신은 상대적으로 미천하게 느껴지는 것이다. 내가 죽으나 하루살이가 죽으나 이 세상은 변함이 없지만 이 결과만큼은 세상에 알려야 한다는 사명감이 생겨난다. 이를 위해서라면 자신의 자존심도 버리게 된다. 이런 경험은 인생의 가치관을 바꾸기에 충분하다.

가치관을 바꾸는 일은 사람을 바꾸는 일이다. 가치관이 바뀌면 그 효과는 평생 지속된다. 몰입하는 과정에서 자신의 일에 대한 가치관이 바뀌면 자신이 하는 일이 여타 다른 일에 비해 훨씬 더 중요한 의미가 있으므로 자신의 인생을 송두리째 던질 만한 가치가 있다는 확

몰입 확장판

신이 들게 된다. 죽음과 삶에 대한 깊은 통찰과 더불어 진정으로 의미 있고 행복한 삶은 자신에게 주어진 일에 몰입함으로써 얻는다는 것을 알게 되는 것이다.

이때부터 진정한 의미에서 자신이 가지고 있는 모든 능력을 발휘하기 시작하고, 새로 발견한 생산적 목표를 향해 매진하게 된다. 예전에는 생산적인 목표와 관련 없는 많은 활동이나 목표에 자신의 관심과 에너지를 소모하는 일이 많았는데, 이제는 모든 관심과 에너지를 하나의 명확한 목표에 집중한다. 심지어 신문이나 TV를 보다가 흥분하는 에너지도 아깝다고 느낄 정도가 된다. 그야말로 자신이 가용할 수 있는 모든 에너지를 모아서 주어진 목표를 향해 쏟아 붓는다. 그 결과, 높은 성과를 낼 수 있을 뿐만 아니라 지고의 행복감을 느끼게 된다. 이러한 가치관의 변화는 일시적인 효과로 끝나지 않고 남은 인생을 보다 성공적이고 의미 있는 삶으로 이끈다.

새로운 패러다임을 만든
몰입에 의한 문제 해결

몇 달간 A라는 문제 하나에만 몰입하며 계속 생각하면 어떻게 될까? 몰입을 경험해보지 못한 사람은 이때 일어나는 감정의 변화를 이해하기 힘들다. 이 상태를 이해하기 위해서 먼저 일주일 동안 A라는 문제만을 생각했다고 가정하자. 일상의 기억은 일주일 전 일이 되어 기억이 희미해지면서 일주일 동안 A라는 문제로 머리가 채워진다. 한 달간 A만을 생각했다고 하자. 일상의 기억은 더욱 희미해지고 한 달간 A라는 문제로 머리가 채워진다. 몇 달간 A만을 생각했다고 하자. 그러면 일상의 기억은 머릿속에서 거의 사라지고 머릿속에는 온통 A와 관련된 생각만 가득하게 된다. 그렇게 되면 A를 제외한 세상의 모든 일에 관심이 없어진다. 오랫동안 인식하지 않으면 기억이 사라질 뿐만 아니라 그것에 대한 중요성과 관심도 사라지는 것이다.

이 세상에서 오직 이 문제만이 삶의 유일한 관심사가 된다. 이 관

몰입 확장판

심과 호기심의 정도가 너무 커져서 내일 죽는다고 해도 무서울 것이 하나도 없는데, 단지 이 문제를 못 풀고 죽는 것만이 아쉽게 느껴진다. A를 해결하는 것이 내가 세상을 사는 이유가 된다.

또한 이 상태가 되면 인생이 아주 단순해진다. 이 문제를 생각하는 동안 나는 세상에서 가장 행복한 사람이고, 이 문제를 생각할 수 없다면 세상에서 가장 불행한 사람이라고 느낀다. 사랑하던 사람을 잃고 그 뒤를 따라갔다는 소식을 들으면 혀를 차거나 고개를 갸웃거리는 사람이 있지만, 몰입을 경험해본 사람이라면 이들을 이해할 수 있을 것이다. 이들은 함께 있으면 행복하고 그렇지 않으면 불행하다고 느끼기 때문에 선택의 여지가 없는 것이다. 고도의 몰입 상태에서 느끼는 감정도 바로 열애의 감정과 비슷하다.

이 상태가 되면 집중하고 있는 문제를 놓지 못한다. 즉, 문제 밖으로 빠져나올 수가 없다. 이제는 풀릴 때까지 갈 수밖에 없다. 다른 활동을 하는 것은 세상에서 가장 불행한 일을 선택하는 것이고, 이것을 해결하려는 활동이 세상에서 가장 행복한 일이기 때문이다. 이 상태가 되면 주어진 문제에 대한 호기심이 몹시 강해지고 그것을 빨리 알고 싶은 정도가 심해져서 마음이 아프다. 해결책이 손에 잡힐 듯, 말 듯하면서 빠져나가고 꼬리를 잡았다가 놓친 것 같은 상황이 계속된다. 그렇다면 이렇게 극도의 몰입을 통해 과연 무엇을 해결했는지 궁금할 것이다. 다음에는 몰입적 사고로 해결한 몇 가지 예를 소개해보겠다.

몰입적 사고에 의한 문제 해결

나는 1년 6개월간 몰입적 사고를 지속하며 '화학 증착에 의한 다이아몬드 생성 원리'에 관한 문제를 연구한 적이 있다. 이 연구는 '하전된 나노입자' 이론으로 발전해 다이아몬드뿐만 아니라 반도체 공정에 사용되는 거의 모든 화학 증착 공정에 적용되는 이론이 되었다. 이제까지 화학 증착으로 만들어지는 박막은 모두 원자나 분자가 표면에 앉아서 성장한다고 믿어왔는데, 가시광선의 파장보다 훨씬 작아서 눈에 보이지 않는 '하전된 나노입자'가 허공에 생성되고 이들이 표면에 앉아 박막, 나노선, 나노튜브 등을 만든다는 사실을 밝혀냈다. 내 안에 깊이 숨어 있던 모든 잠재력을 원 없이 발휘해서 예전의 방식으로는 평생을 노력해도 풀지 못할 문제를 해결한 것이다. 처음으로 드는 생각은 "이제 죽어도 여한이 없다", "이제부터의 삶은 보너스 인생이다"였다. 내가 항상 추구했던 후회 없는 삶을 실현하게 되었다.

이 문제를 해결하는데 1년 6개월이나 헤맨 이유는 박막이 성장하는 기존의 교과서의 설명이 잘못되었고 이 잘못된 교과서로 공부한 연구자들의 믿음이 잘못되었기 때문이다. 이 논문을 처음 국제학회지에 제출했을 때는 4년간이나 출판이 거절되었다. 기존에 믿고 있던 패러다임에 반하는 새로운 패러다임을 제안할 때는 이와 같은 진통이 따른다는 것도 처음 알게 되었다. 그 당시 4년 만에 논문 게재

몰입 확장판

를 승인한 심사위원의 논평을 번역하여 소개한다.

"이 논문은 화학증착에 의한 다이아몬드 성장에 있어서 대단히 독창적이면서도 대단히 위험한 가설을 내포하고 있다. 이 모델은 자체적으로는 일관성이 있다. 그러나 나는 나노미터 크기의 다이아몬드 입자가 정말로 허공에 생성되는지 확신하지 못하겠다.

이 모델의 '아름다움' 때문에, 그리고 이런 종류의 주장이 다른 결정성장 시스템에 유용할 수 있기에 이 논문은 발표될 가치가 있다. 실험을 통해 기상의 다이아몬드 입자가 정말로 허공에 존재하는지 밝혀야할 것이다. 이 논문이 화학증착에 의한 다이아몬드 성장에 관해 활발한 토론의 장을 열기를 희망한다."

서울대 교수로 부임한 이래 정년 때까지 20년간 하전된 나노입자이론을 뒷받침하는 100여 편의 논문을 발표했고 다수의 리뷰논문도 발표했다. 기존 박막 결정 성장에 대한 교과서가 잘못되었으니 올바른 교과서를 출간할 필요가 있었다. 그래서 2016년 'Non-Classical Crystallization of Thin Films and Nanostructures in CVD and PVD Processes'라는 제목의 단행본으로 스프링거Springer 출판사에서 출간도 했다. 물론 아직도 연구자들 대부분이 종래의 원자 단위로 박막 결정이 성장한다는 메커니즘에 대한 믿음을 고수하고 있다. 이를 계기로 몰입의 위력도 확인했지만, 동시에 굳게 믿고 있는 기존의 패러다임이 잘못되었음을 설득하기란 정말 어려운 일이라는 것을 뼈저리게 느꼈다.

몰입 상태에서 고양된 자신감 때문이었는지 나는 몰입적인 사고를 하면 이 세상에서 해결 못 할 문제가 없을 것 같다는 생각이 들었다. 그래서 대학원 시절부터 관심을 가졌던, 재료 분야에서 수십 년간 해결되지 않은 '세라믹스의 비정상 입자성장' 문제에 도전했다. 이 문제는 몇 개월의 몰입 끝에 해답을 얻었다. 용기백배한 나는 또 수십 년간 해결되지 않은 '금속의 이차 재결정' 문제에 도전했다. 이 문제 역시 몇 개월간의 몰입 끝에 해결해냈다.

'세라믹스의 비정상 입자성장' 이론과 관련해서는 43편의 국제논문을 발표했고, 이 이론은 다행히 학계에서 인정받고 있다. '금속의 이차 재결정' 이론과 관련한 논문은 2022년을 마지막으로 총 37편의 논문을 발표했고, 이 이론은 학계에서 일부만 인정받는 상태다. 내 중요한 업적의 절반 이상이 정당한 평가를 받지 못한 채 정년을 맞이한 것은 매우 아쉬운 일이다. 몰입의 강력한 힘으로 남들이 미처 생각하지 못한 새로운 창의적인 이론을 발표한 것이 죄라면 죄일 것이다. 그러나 국내에서는 나의 연구업적이 나름의 인정을 받아 2014년 대한금속재료학회에서 LS 학술상을, 그리고 2021년에는 동학회에서 가장 권위있는 포스코 학술상을 수상했다. 이들 연구와 관련된 보다 자세한 설명은 『몰입 두 번째 이야기』 부록과 유튜브 채널 〈황농문의 몰입 이야기〉 속 '황농문 교수의 몰입을 통한 재료공학분야 성과 소개 편'에 소개했다.

이런 경험은 나에게 많은 것을 느끼게 해주었다. 장기간의 몰입을 경험해보지 않은 사람은 자신이 가진 잠재력을 모두 동원하면 어느 정도의 문제를 해결할 수 있는지 알지 못한다. 아마 평생을 모르며 살아갈 것이다. 나는 이러한 경험을 통하여 예전의 'Work Hard' 패러다임에서는 평생을 해도 얻을 수 없는 성과를 'Think Hard' 패러다임으로 불과 수개월 만에 얻을 수 있다는 것을 확인할 수 있었다.

몰입적인 사고를 오랫동안 하다 보면 사고력이 놀라울 정도로 발달하게 된다. 바둑에 비유하자면 수읽기가 발달하는 것과 비슷하다. 그래서 다른 사람이 쓴 논문을 읽어도 논문을 쓴 사람보다 그 결과의 의미를 더 잘 알게 된다. 즉, 실험을 하지 않았어도 그 실험 결과가 의미하는 것을 읽어내는 데는 직접 실험을 한 사람보다 더 놀라운 직관력을 발휘하게 된다. 이런 이유로 학문 분야에서 몰입의 효과와 경쟁력은 명확하다. 그렇다면 산업체 분야에서 몰입의 효과와 경쟁력은 어떠할까?

고질적인 불량을 해결하다

위기에 봉착한 국내의 한 마이크로 LCD 제조업체로부터 도움을 요청받은 적이 있다. LCD Liquid Crystal Display 는 액정표시장치를 뜻한다.

들어보니 열 군데 공정에서 불량이 발생하고 있었고, 수율은 고작 10% 정도여서 생산할수록 적자를 보는 상황이었다. 경영진에서는 3년 동안 제조 공정 불량을 해결하기 위해 해당 분야의 전문가들과 기술 컨설턴트들을 초빙하는 등 갖은 노력을 다했지만 수율은 올라가지 않았고, 결국 모두가 두 손을 들 수밖에 없는 지경에 이르렀다. 그러던 중 우연한 기회에 내게 이 문제를 해결해달라고 요청한 것이다. 나는 그 분야의 전공자도 아니고 산업체에 근무한 경험도 없었다. 하지만 몰입으로 재료 분야의 난제들을 해결한 경험이 있기에 몰입이 산업체 문제 해결에도 위력을 발휘할 것이라는 믿음이 있었다. 그래서 일종의 도전이라고 생각하고 제안을 수락했다. 그런데 나도 믿을 수 없는 일이 일어났다. 관련된 지식이 전혀 없었지만 직원들로부터 자세한 설명을 듣고 몰입해서 열 군데 공정의 불량 문제를 모두 해결한 것이다.

이 중에서 회사가 가장 골머리를 앓았던 '진행성 불량'을 어떻게 해결했는지 소개한다. '진행성 불량'은 품질검사 과정에서는 발견되지 않지만, 소비자가 사용하게 되면 나타나는 불량이다. 마이크로 LCD는 당시 프로젝션 TV에 사용되었는데, 지금 빔프로젝터에 들어가는 작은 LCD를 생각하면 된다. 회사가 마이크로 LCD를 대만 회사에 수출하면 그곳에서 프로젝션 TV 완제품을 제조한 후 다시 미국으로 수출한다. 미국에서 소비자가 TV를 구매할 때는 이상이 없다. 그런데 몇 개월간 사용하다 보면 TV 화면 일부가 일그러지는 현상이

몰입 확장판

나타난다.

소비자 과실이 아닌 제품 부품의 불량이어서 결국 이 회사가 모든 책임을 떠안고 소비자와 판매상, 대만 회사의 피해를 변상하게 되었다. 더 큰 문제는 대만 회사가 더 이상 회사의 부품을 사려고 하지 않는 것이었다. 이 회사의 최고경영자도 이 불량이 해결되지 않으면 그만두고 싶다고 할 정도로 회사 내에서 악명이 높은 불량이었다. 최고경영자와 직원 모두가 이 불량이 해결되길 간절히 바라고 있었다.

나는 이에 대한 설명을 듣고 몰입하기 시작했다. 왜 품질검사 단계에서는 문제가 없었는데, 소비자가 사용하면서 불량이 발생할까? 소비자가 사용할 때 일어나는 변화는 무엇일까? 프로젝션 TV를 사용할 때는 램프를 켠다. 그리고 이 램프 때문에 온도가 대략 100도 안팎으로 올라간다. 온도가 100도로 장시간 유지되면 이 불량이 발생한다. 즉, 이 불량은 시간과 온도로 인해 액정이 망가지는 것이었다. 이는 공정 중에 어떠한 물질이 예상치 못하게 혼입되었고, TV를 켜서 온도가 올라가면 이 물질이 화학반응을 일으킨다는 것을 뜻한다. 이후 제조 과정을 다시 살펴보고 몰입해, 해당 물질이 섞이는 공정을 찾아 불량을 해결할 수 있었다. 회사에서 가장 골머리를 앓던 '진행성 불량'은, 이곳 연구원들 말을 빌리자면 "완전히 전설 속으로 사라졌다".

중요한 것은 관련 지식이 없어도, 학문이 아닌 산업체에서도 몰입으로 원인을 찾고 문제를 해결할 수 있다는 것이다. 이런 방식으로 제품 불량을 하나하나 해결하는 과정을 지켜본 연구원들은 몰입적 사고를 업무 현장에 적용하기 시작했고 지금까지 논리적인 사고의 효과를 보고 있다. 또 수율과 품질도 정상 궤도에 오르게 되었다. 후에 책임자였던 어느 직원의 이야기를 들어보니 몰입으로 문제를 해결하는 활동을 즐기게 된 후로는, 전과 달리 이직하는 직원이 한 명도 없었다고 한다. 이후에도 몰입으로 수많은 산업체 문제를 해결했는데 『몰입 두번째 이야기』의 추천사와 부록에 일부 소개되었다. 이로써 학문 분야뿐 아니라 산업체 분야에서도 몰입의 효과와 경쟁력은 명확하다.

독창적인 생각을 얻는 데
어려움을 겪던 미국 유학생

이 학생은 현재까지 500일 이상 강한 몰입을 실천 중이고 지금까지 거의 한주도 빼먹지 않고 몰입 실천 메일을 보내오고 있다. 일단 이 학생이 나에게 처음으로 보내온 메일이다.

2021년 10월 4일   첫 메일

❝ 교수님 안녕하세요. 최근 유튜브에서 교수님 몰입 강연을 보고, 교수님께서 말씀하시는 몰입 경험을 해보고 싶어서 메일 드립니다. 저는 미국에서 영문학 박사과정 중입니다. 지금은 박사 코스웍을 마친 상태고, 2021년 11월 8일에 있을 박사 종합시험만 끝나면 학위논문만 남은 상황입니다. 『몰입』은 2009년부터 여러 번 읽었지만, 여러 가지 이유로 제대로 실천하지 못했던 것 같습니다. 그래서 대부분의 일에서

평균 정도의 성과를 냈었습니다. 마지막 학업 과정에서 한 번은 몰입 경험을 꼭 해보고 싶습니다. 제 상황에서 그리고 인문학 연구에서도 몰입이 가능할까요? 가능하다면 어떤 방법이 좋을까요? 괜찮으시다면, 제 몰입 관련 성과를 지속적으로 이메일 드려도 될까요?

나는 이 메일을 받고 10월 5일에 이 학생에게 박사 논문 주제에 어떻게 몰입해야 하는지에 대해 회신했다.

"먼저 박사 논문 주제와 관련해서 깊이 생각하면 좋을 문제를 찾길 바랍니다. 저는 이것을 포커싱 포인트Focusing Point라고 합니다. 논문 주제와 관련된 충분히 오랫동안 시간과 에너지를 쏟아서 생각하고 조사하면 좋을 문제들을 찾는 것이 중요합니다. 그리고 적절한 포커싱 포인트를 하나 선택해서 이 문제만 집중적으로 생각하는 것입니다. 관련 지식이 필요하면 해당 문헌을 읽어도 좋습니다. 집중적으로 생각할 때는 가급적 편하게, 쉬는 듯이 생각하길 바랍니다. 안락한 소파에 앉아 쉬는 듯한 느낌을 받으면서 생각하다 졸리면 선잠을 자면 됩니다. 잠이 깨면 또 계속 생각을 이어갑니다. 생각하다가 진전이 없으면 잡념이 떠오르게 되는데, 잡념이 떠오른다는 것을 의식했으면 다시 그 문제로 돌아갑니다. 내가 잡념을 생각하는지 빠르게 알아차려야 다시 그 문제로 돌아갈 수 있는데, 이를 돕기 위하여 포스트잇에 관련 중요한 단어를 적고 여기저기 눈에 띄는 곳에 붙여 놓으면 좋습니다."

이 학생은 2021년 11월 8일 종합시험을 통과했다. 그런데 지도교수에게 박사 논문 건으로 보고할 때마다 항상 "그런데 너의 생각은 무엇이냐?"는 질문을 받는데, 답을 잘하지 못한다는 것이다. 한국에서 창의성 교육을 받지 못해서인지 문학작품을 읽어도 그 내용을 소화하고 이해는 잘하지만 자기만의 관점이나 독창적인 생각을 갖는 데 어려움을 겪고 있었다. 앞으로 있을 1차 프로포절(박사 예비심사)에서 나만의 독창적인 생각이 절실한 상황이었다. 다음은 박사 논문 1차 프로포절 준비를 위해 추수감사절 연휴를 이용하여 7일간 강한 몰입을 시작한 첫날의 메일이다.

2021년 11월 21일　강한 몰입 1일 차

> 11월 21일 일요일 저녁 7시부터 11월 28일 일요일 밤 12시까지 강한 몰입을 시도하려고 합니다. 목표는 박사 논문 1차 프로포절입니다. 구체적으로 전체 논지, 중요성, 각 챕터 논지와 아웃라인 잡기입니다.
> (pm7:00~9:30) 참고용으로 같은 분야의 프로포절을 읽기 시작했습니다.
> (pm9:30~10:30) 13층까지 계단 오르내리기 4번을 했고, 30분 정도 소요되었습니다. 생각보다 숨이 차서, 생각을 이어가지는 못했습니다. 샤워하면서 생각을 이어가려 했지만, 아직 구체적인 질문이 없어서 그런지 중간중간 다른 생각들이 들어왔습니다.

(pm10:30~am12:00) 참고용 프로포절을 다시 읽기 시작했고, 결론 부분을 제외하고는 다 읽었지만, 어렴풋하게 이해가 돼서 내일 다시 한번 읽어야 할 것 같습니다.

(am12:00~1:30) 'English 101' 이메일 답변과 밀린 업무를 다 처리 했습니다. 앞으로 일주일간은 추수감사절이기 때문에, 이메일 답변을 하지 않으려고 합니다. 또한 일주일간 휴대폰도 꺼 놓고 사용하지 않 으려고 합니다. 내일부터 생각할 주제(전체 논지, 중요성, 각 단락 논 지)를 노트에 적었습니다. 종합시험 준비하면서 100페이지가량 노트 를 작성해 놓은 파일이 있어서, 생각을 이어가다가 필요하면 참고하려 고 합니다. 질문을 생각하면서 잠들겠습니다.

이처럼 강한 몰입에 들어갈 때는 미리 관련 지식을 충분히 습득하 는 것이 좋다. 여기에서 English 101은 이 학생이 학부생들에게 하 는 수업이다. 미국 대학원에서는 장학금을 받는 대신 이런 식으로 조 교를 하면서 학부생들에게 강의하는 경우가 있다.

강한 몰입을 하는 일주일 동안 휴대폰을 꺼 놓고 사용하지 않으려 고 한다고 하는데 이와 같은 마음가짐과 절실함을 가져야 고도의 몰 입 상태를 경험할 수 있다. 문제가 어려운 경우 몰입도를 올리는 며 칠의 과정은 대체로 큰 진전이 없다. 지면을 아끼기 위하여 몰입도가 충분히 올라가서 숙면일여 효과가 나타나 잠이 든 상태에서의 고양 된 창의성이 발휘되는 6일 차와 7일 차의 메일을 소개한다.

" 새벽 3시 정도부터 아이디어가 계속 나왔습니다. 아침 8시까지 잠을 잘 수가 없었습니다. 잠이 오지 않아서 그냥 계속 생각하고, 아이디어가 나오면 적고, 생각하고, 적기를 반복했습니다. 8시에 잠이 들어서 1시쯤 일어났습니다. 1시쯤에도 일어날 때, 이미 그 주제를 생각하고 있었습니다.

평생을 생각하고 싶은 주제를 발견한 것 같고, 강한 자신감이 듭니다. 금요일 저녁까지는 머릿속 공간에 틈이 있는 느낌이었습니다. 그래서 다른 생각들이 들어왔다 나갔다 하는 느낌이었습니다. 지금은 심리적으로 약간 흥분된 각성 상태에 있는 것 같습니다. 제 질문과 주제만으로 머릿속이 가득 찬 느낌입니다. 긍정적인 기분으로 가득 차 있고, 자신감이 충만한 느낌입니다. 한편으로는, 너무 과한 것이 아닌가 하는 걱정이 듭니다.

(pm1:00~6:00) 계속해서 생각했던 주제에 대해 생각을 이어갔습니다. 얼른 관련 자료를 읽고 싶다는 생각도 했습니다. 긍정적인 기분과 몸에 힘찬 기운이 올라오는 기분입니다.

(pm6:00~am12:00) 집 주변을 1시간 걷고, 1시간은 뛰었습니다. 생각을 이어가는 것이 어렵지 않고, 좋은 아이디어들이 많이 떠오릅니다.

(am12:00~04:30) 문제는 계속 생각이 떠오르고, 몸이 약간 피곤하

긴 한데 잠이 오지 않고 각성 상태가 이어진다는 것입니다. 침대에 누워서 계속 생각하다가 잠들겠습니다.

2021년 11월 28일   강한 몰입 7일 차

66 교수님, 강한 몰입 7일 차 경과 보냅니다. 평생에 절대 갖지 못했을 기회를 주시고, 세심하게 매일매일 피드백해주셔서 정말 감사했습니다. 진심으로 감사드립니다.

어제는 5시쯤에 잠들어 12시 30분에 일어났습니다. 아주 좋은 컨디션으로 문제에 관한 생각과 함께 눈을 떴습니다. 일어나자마자 몰입의자에 앉아서 조언해주신 대로, 좀 더 이완된 상태에서 더욱 천천히 생각했습니다. 의도적으로 생각을 하는 것이 아니라 계속 문제 또는 문제와 관련된 기분 좋은 생각으로 자연스럽게 이어지는 것 같습니다.

7일간의 몰입을 통해서 박사 논문의 전체 논지와 큰 골격을 잡은 것 같습니다. 단 한 번도 일주일 동안 오로지 몰입에만 빠져보겠다는 건 생각해보지 못했는데, 이번 경험을 통해서 생각을 잘하는 것이 큰 변화를 일으킬 수 있다는 걸 깨달았습니다. 아직은 교수님들께 제 생각을 보여드리지 않아서 제 아이디어가 논리적이고 설득력이 있는지는 정확히 알 수 없지만, 기존 연구에서 한발 더 나아간 저만의 생각과 논리를 세웠다는 생각 때문에 자신도 있고, 굉장히 뿌듯합니다. 앞으로도 순수하게 강한 몰입으로 생각만 하는 시간을 적극 활용할 생각입니다.

이 학생은 이후에도 계속 자신의 학업에 몰입을 적용하면서 나름 만족했다. 11개월 정도 지난 어느 날 이 학생은 박사 학위과정을 1년 정도 남겨 놓고 있는 어쩌면 인생에서 가장 중요한 상황에서 지금처럼 보내면 후회와 아쉬움이 남을 것 같다고 했다. 그래서 마지막 1년간 공부 자체에 몰입해서 후회와 아쉬움 없이 마무리 짓고 싶다고 말했다. 그래서 2022년 10월 22일부터 박사 논문에 관한 연구 활동을 제외한 SNS와 지인 만남 등의 모든 활동을 중단하고 오로지 공부와 연구에만 몰입하겠다는 결의에 찬 메일을 보내왔다. 이러한 결심을 하게 된 배경에는 강한 몰입을 경험하고 또 계속 몰입을 삶에 적용하면서 몰입의 효과에 대한 확신이 어느 정도 얻어졌기 때문일 것이다. 이 학생이 500일 동안 강한 몰입을 실천한 부분은 매우 중요하지만, 그 내용이 길어서 부록으로 정리해 수록했다.

3장

THINK
HARD

몰입은 뇌와 인생을
춤추게 한다

우리의 몸은
목적을 원한다

　지구상에 나타난 모든 생명체 중에 현재까지 살아남은 종들은 주어진 환경에서 생존과 번식이라는 진화의 기본 요건을 충족한 것들이다. 생존과 번식은 생명체의 기본적인 목적이고 진화론적인 존재 이유다. 식물은 독립영양체이고 동물은 종속영양체여서 이들의 생존 방식은 근본적으로 다르다. 식물은 땅에 뿌리를 내려 필요한 양분을 흡수하고 광합성을 통해 필요한 영양분을 스스로 만든다. 그러나 동물은 외부에서 먹이를 섭취해야 하기 때문에 식물과 달리 먹이를 찾아 이동한다.

　이와 같이 동물은 생존을 위하여 숙명적으로 움직여야 하기 때문에 지각 기능과 운동 기능이 필요하고 뇌가 발달해야 한다. 또한 이러한 움직임은 '어디로 움직일 것이냐'라는 목적 또는 방향성을 필요로 한다. 어떤 동물도 목적 없이 움직이지 않는다. 목적지향은 동물의 본질이다. 우리가 어떤 행동을 하더라도 거기에는 이유가 있는데 그 이유가 바로 그 행동의 목적이 된다.

우리가 하는 모든 행동의 바탕에는 목적지향이 깔려 있기 때문에 일단 명확한 목표를 설정하면 맹목적으로 그것을 추구하는 경향이 있다. 가령 테니스 경기를 한다고 하자. 이때는 상대방을 이기는 것이 설정된 목표다. 경기를 하다가 공이 라켓에 잘못 맞아 실점을 하면 짜증이 난다. 목표에서 멀어지는 방향이므로 불쾌감이라는 부정적인 보상을 한다. 이러한 부정적인 보상은 나를 각성시켜 경기에 조금 더 집중하도록 유도한다. 집중을 함으로써 수행 능력을 향상시켜 경기에서 실수를 줄이게 된다. 만약 성공적인 플레이를 해서 점수를 따면 짜릿한 쾌감을 경험한다. 이 성공적인 플레이는 작은 목표의 성취이고 큰 목표로 가까이 가는 방향이므로 즐거움이나 쾌감이라는 긍정적인 보상을 한다.

몰입은 산만한 상태에서 높은 집중도로 가는 행위다. 이것은 엔트로피를 낮추는 행위여서 결코 저절로 이루어질 수 없고 반드시 어떤 힘이 작용해야 한다. 그 힘은 앞서 말한 기대감, 즐거움 혹은 쾌락인 긍정적인 보상이고 위기감, 불쾌감 혹은 고통인 부정적인 보상이다. 이것이 몰입에 들어가기 위한 필수 요소다. 위기 상황에 쉽게 몰입하는 것은 위기감 때문이고 오락이나 취미 활동에 쉽게 몰입하는 것은 즐거움 때문이다.

긍정적인 보상과 부정적인 보상이 유도하는 목적지향성은 우리 뇌가 작동하는 기본 메커니즘이다. 그러므로 몰입에 들어가려면 반드시 (위기감을 활용하거나, 재미를 활용하거나) 목적지향을 이용해야 한다. 다른 방법이 없다. 이러한 사실을 고려하면 몰입도를 올리기 위하여 필요한 사항이 무엇인지 명확해진다.

절실한 목표 설정이 의미를 만든다

다른 나라끼리 하는 축구 시합보다는 우리나라와 다른 나라가 하는 축구 시합이 더 의미가 있고 흥미롭다. 이는 우리 팀이 이기기를 바라는 목적지향이 있기 때문이다. 우리 팀이 승리하기를 바라는 목표가 명확하고 간절할수록 게임 내용의 의미가 커질 것이다. 즉 축구 경기를 보더라도 어느 한 팀이 이기기를 바라는 목적지향이 있으면 그렇지 않은 경우보다 훨씬 더 의미가 커진다는 것이다. 이것은 목표를 명확하게 설정하면 목표지향 메커니즘에 의하여 시냅스 활성화가 증대된다는 것을 의미한다.

마찬가지로 어떤 일이건 목적이나 목표를 만들고 강화시키면 그 일의 의미가 생겨난다. 어떤 일이 나에게 의미가 있다면 그 일의 결과에 따라 나의 시냅스가 흥분할 확률이 높다. 그리고 그 결과 어떤 감정이 유도될 것이다. 임의로 설정된 목표에 가까워지면 즐거움을 얻고 목표와 멀어지면 부정적인 보상인 불쾌감을 얻는다. 이것이 모든 게임의 원리다. 게임에 들어가면 주어진 목적을 수행하기 위해 집중이 요구되는 노력을 하고, 그 결과에 따라 긍정적인 혹은 부정적인 보상자극이 반복적으로 출력된다. 이러한 반복된 자극은 게임 수행자를 더욱 각성시켜 설정된 목표를 달성하기 위한 몰입도를 올리고 보다 더 효과적으로 목적을 수행하도록 만든다. 즉 게임에서 설정한 임의의 목표와 이를 추구하는 과정에서 몰입이 유도되는 것이다.

우리 몸에 입력된 정보의 절실성은 입력된 자극의 세기가 클수록, 정보의 입력이 반복될수록 증가한다. 예를 들어 스포츠 경기에 임할 때 반드시 이겨야 한다는 강한 목표를 가지고 있으면 절실성이 증가해서 실수에 대한 부정적인 보상이 크고 성공에 대한 긍정적인 보상이 커진다. 이는 경기에 임하는 모든 활동의 결과로 흥분의 정도, 즉 의미가 커지는 것을 의미한다. 이렇게 되면 목적지향에 대한 신체의 노력은 극대화가 되면서 몰입도가 올라간다. 결과적으로 우리 뇌에서는 이 목표가 대단히 중요하다고 해석한다. 그리고 목표를 이루는 데 성공하기 위한 자구책으로 신체와 뇌는 비상사태에 돌입한다. 이 상태에서는 보통 경기에 대한 집중도가 극대화되고 최대의 능력이 발휘된다. 이른바 최적 경험optimal experience을 얻게 되는데, 이 상태가 바로 모든 것을 잊고 오로지 그 경기에만 열중하는 몰입 상태다. 몰입은 특별하게 설정한 목표를 추구하는 활동이 극대화된 신체와 뇌의 비상사태다.

테니스의 예를 보자. 몰입된 상태에서 경기에 임할 때 상대방이 내가 도저히 받을 수 없는 방향으로 공을 보내면 나는 순간적으로 큰일 났다는 긴장감과 함께 필사적으로 그곳을 향해 달려간다. 완전히 비상사태인 것이다. 달려가서 간신히 공을 받아 넘기고는 잠시도 쉴 틈 없이 상대방의 다음 공격에 대비하기 위하여 이리저리 뛰어다닌다. 마치 목숨이 걸려 있는 것처럼 경기에 최선을 다한다.

이러한 사실을 몰입적인 사고에 적용하면 자신이 목표로 설정한 문제가 중요하다고 생각할수록, 또 그 문제를 반복해서 생각할수록 몰입하기가 쉬워지는 이유를 설명할 수 있다.

꿈은 이루어진다

우리가 본질적으로 가지고 있는 목적지향성을 고려하면 몰입도를 올리는 데 빼놓을 수 없는 요소는 바로 뚜렷한 목표와 성취 동기라는 것을 알 수 있다. 우리는 어떤 목표를 정하면 맹목적으로 그 목표를 추구하는 본능적 메커니즘을 가지고 있다. 따라서 목표 의식을 강화시켜 성취 동기를 북돋는 노력이 궁극적으로 자신의 일에 대한 흥미와 수행 능력을 올리는 결과로 이어진다. 어릴 때 꿈을 크게 가져야 하는 이유가 바로 여기에 있다.

「큰 바위 얼굴」이라는 소설에는 바위에 새겨진 형상의 큰 인물이 마을에 나타날 것이라는 이야기가 전해 내려온다. 이 이야기를 들은 어니스트라는 소년은 매일 그 바위를 바라보며 큰 바위 얼굴이 나타나기를 기다리는데, 매일 큰 바위 얼굴을 바라보던 그 소년이 바로 전설의 주인공으로 성장한다는 이야기다. 뇌과학의 목적지향성에 대한 지식이 없었던 소설가 너새니얼 호손은 이러한 삶의 지혜를 이미 오래전에 터득하여 이야기로 전달한 것이다.

나폴레옹 힐의 성공철학

성공학의 아버지라 불리는 나폴레옹 힐의 성공철학은 그야말로 우리 몸의 목적지향 메커니즘을 최대로 활용한 것이고 현대의 뇌과학적인 관점에서 보아도 매우 설득력 있는 내용들을 담고 있다. 그는 '상상력'이야말로 잠재의식을 창조적으로 이용할 수 있는 중요한 수단이라고 했다. 즉 상상력으로 좋은 계획이라는 씨앗을 만들고 그것을 잠재의식이라는 밭에 뿌린 후 신념이라는 물을 주면 새로운 창조가 이루어진다는 것이다. 그의 성공철학은 다음의 네 가지로 축약할 수 있다.

첫째, 확고한 목적 의식과 불타는 강렬한 의욕을 갖는다.
둘째, 명확한 계획을 세우고 착실히 실행해나간다.
셋째, 주위 사람들의 부정적인 견해는 깨끗이 무시해버린다.

넷째, 나의 목표와 계획에 찬성하여 항상 용기를 북돋워주는 사람을 친 구로 사귄다.

여기서 우리가 배워야 할 점은 목표를 명확하게 설정하는 일은 개인의 의도적인 노력에 따라 얼마든지 가능하다는 것이다. 가령 공부를 할 때 반에서 일등 하는 것을 목표로 설정했다고 치자. 그러면 이 목표 설정만으로도 공부하는 행위에 의미가 만들어지게 된다. 물론 목표를 설정했다고 해서 모두가 목표를 달성하는 것은 아니지만 목표 설정은 공부하는 행위에 의미를 부여해준다.

일등을 하겠다는 목표를 마음속으로 계속 다지다 보면 이에 관련된 시냅스의 수가 증가하고 강화된다. 그러면 평소에 즐기던 TV 시청이나 컴퓨터 게임에 대한 부정적인 감정이 만들어진다. 자신이 설정한 목표에 반하기 때문이다. 목표 추구에 합당한 공부를 하는 행위는 만족감이라는 긍정적인 감정으로 나타난다. 이러한 감정을 경험하다 보면 자신도 모르게 TV 시청이나 컴퓨터 게임의 유혹을 참고 공부하는 시간이 늘어난다.

회사에서 어떤 직무를 수행하는 경우도 마찬가지다. 매일 규칙적으로 자신의 목표를 명확히 하려는 다짐이나 생각을 하는 행위 자체가 주어진 일에 대한 관심과 흥미를 불러일으킨다. 그뿐만 아니라 성취 결과에도 커다란 차이를 만들어낸다. 목표 의식이 강해질수록 주어진 직무와 관련된 일들이 큰 의미를 갖기 시작하고 직무를 수행하는 것이 마치 게임을 하는 것처럼 느껴지는 것이다.

모든 오락과 게임의 원리가 맹목적인 목표 추구 활동임을 상기할 필요가 있다. 그래서 항상 언제 어디서나 자신의 일에 대하여 습관적으로 생각하는 사람은 자신의 일에 대한 성취 동기가 높고 좋은 결과를 얻는다. 몰입을 시도하는 초기 단계에서는 바로 이 목표 의식과 성취 동기를 분명히 하는 과정이 전제되어야 한다.

몰입과 자아실현

몰입 상태에서는 자아실현을 하고 있다고 느낀다. 심리학에서 자아실현이란 영적으로 성장하고 자신의 잠재력을 최대로 발휘하는 상태를 나타낸다. 자아실현에 대한 개념은 칼 융이 처음으로 제안하였고, 칼 로저스도 언급한 바 있다. 특히 에이브러햄 매슬로는 인간의 동기부여 이론으로서 욕구단계설을 제안했는데, 욕구 5단계 중에서 자아실현을 가장 높은 단계에 두었다. 매슬로는 나중에 3단계를 더 추가했다. 다음의 그림은 이 3단계를 추가한 욕구단계를 도표로 나타낸 것이다. 흥미로운 것은 초월, 영적 상태가 자아실현보다 더 높은 단계에 있다는 것이다. 이 상태는 다른 사람들의 자아실현을 돕는 단계다.

매슬로에 의하면 인간은 낮은 단계의 기본 욕구가 충족되면 더 높

매슬로의 욕구단계

초월,
영적 상태

자아실현

미적 욕구

인식의 욕구

자존감의 욕구

소속과 사랑 욕구

안전 욕구

생리적 욕구

은 단계의 욕구를 추구한다. 생리적인 결핍에 대한 욕구가 충족되면
심리학적인 존재 가치, 또는 성장에 대한 욕구를 추구하게 된다. 그
러나 초월, 영적 상태는 특이하게도 아래의 모든 단계를 거치지 않고
어떤 단계에서도 추구할 수 있다.

자아실현이란 사람들이 자신의 능력을 최대로 발휘하고자 하는
본능적인 욕구다. 매슬로가 언급하는 자아실현에 성공한 사람들의 심
리적 특징과 몰입 상태의 심리적 특징은 서로 유사한 점이 많다. 몰
입 상태에서 자신의 지적 능력이 최고조로 발휘되는 경험을 하고, 이
러한 상태가 오래 지속되어 몰입의 결과가 커다란 성과로 완성되는

것을 경험하는 것은 분명한 자아실현이다. 자아실현에서 이야기하는 최상의 경험이 몰입 상태에서 이루어지는 것이다. 자신이 추구하는 일을 수행하면서 평소 자기의 수준으로는 도저히 얻을 수 없는 성과를 계속해서 얻을 때의 기분은 경험하지 않으면 이해하기 어렵다.

몰입 상태에서 경험하는 자아실현과 종교적 초월의 경험, 매슬로의 자아실현이 모두 같은 심리적 특징을 갖지는 않겠지만, 몰입은 그 어떤 것보다 가치관을 변화시키는 놀라운 경험이 될 것이다.

현대 뇌과학으로 밝히는
몰입의 메커니즘

몰입은 심리학에서 이야기하는 자아실현 단계(앞 매슬로의 욕구 단계 참조)에서 자신의 능력을 최대로 발휘하는 최고의 경험peak experience에 해당하며 영적인 감정을 동반한다. 만약 몰입에 의한 변화가 겉으로 눈에 보이지 않아서 과학적이지 않다고 생각한다면 오산이다. 몰입은 지극히 과학적인 변화를 보여준다. 우리의 뇌가 바로 그 증거다. 몰입의 메커니즘은 현대 뇌과학으로 충분히 설명이 가능하다.

연구가 직업이다 보니 나는 몰입을 체험한 뒤에 내 몸 안에서 일어나는 일련의 감정 변화를 이해하고 싶었고, 이런 변화가 어떠한 원리로 일어나는지 알고 싶어졌다. 이 궁금증을 해소하기 위하여 나는 뇌과학과 신경과학 관련 책을 읽기 시작했다. 그 과정에서 제일 먼저 만난 책은 오오키 고오스케의 『알고 싶었던 뇌의 비밀』이었다(이 책은 현재는 절판된 상태다). 내가 이 책을 접한 이후로 20년 이상의 시간이 흘렀고, 그사이 뇌과학 분야는 비약적인 발전을 거듭해왔다. 하지만 당시 이 책을 통해 알게 된 뇌과학에 대한 기초적인 지식들은 지금도 여전히 그 설명력이 유효하다. 이 책은 당시 내게 엄청난 흥분을 가져다주었는데, 내가 몰입 상태에서 경험했던 많은 것들이 뇌과학으로 설명될 수 있다는 것을 알았기 때문이다. 그뿐만 아니라 뇌과학적 지식은 우리가 어떻게 살아야 하는지에 대해 가장 확실한 가이드를 제공해주며, 행복에 보다 체계적으로 접근할 수 있는 길을 보여준다는 사실도 알게 되었다.

오늘날 뇌과학은 인간의 사고, 행동, 감정, 의식 등의 메커니즘이 우리 뇌 속에서 분비되는 다양한 신경전달물질의 작용에 의한 것임을 밝혀냄으로써 인간의 심오한 정신적 활동에 관한 많은 부분을 설명할 수 있게 되었다. 다음에 이어지는 내용들은 몰입 상태일 때 일어나는 감정의 변화를 비롯해 몰입을 통해 우리가 창조적인 능력을 발휘할 수 있게 되는 원리를 뇌과학의 관점에서 설명한 것이다.

무엇이 우리를 몰입하게 만드는가?

우리가 몰입 상태일 때 경험하는 긍정적인 감정들에 대해 이해하려면 무엇보다 인간이 쾌감을 느끼는 메커니즘에 대해 이해해야 한다. 1954년 캐나다 맥길대학교 심리학과의 생물심리학자였던 제임스 올즈James Olds와 피터 밀러Peter Milner는 쥐의 뇌에 전극을 이식해 외부에서 전기 자극을 주는 실험을 하다가 쾌감의 보상 체계에 대한 유의미한 사실을 발견한다. 이들은 뇌로 통하는 전류를 제어하는 스위치를 쥐가 스스로 누를 수 있도록 했다. 스위치를 누르면 전기 자극이 쾌감을 유발하도록 한 것이다. 쥐는 스위치를 누를 경우 쾌감을 얻을 수 있음을 금방 학습했고, 시간당 700번이 넘도록 스위치를 눌러대기도 했다. 심지어 쥐에게 먹이, 물, 짝짓기 등과 같이 원초적인 본능을 충족시켜주는 행위와 스위치를 누름으로써 얻는 전기 쾌락 장치를 선택할 수 있도록 비교 실험을 했을 때에도 쥐는 전기 자극을 선택했다(이러한 선택을 한 쥐는 결국 죽음에 이르렀다). 이후 다른 연구자가 아편류 약물과 중추신경 자극제인 코카인을 이용한 쾌감의 보상 효

올즈와 밀러의 쥐 실험

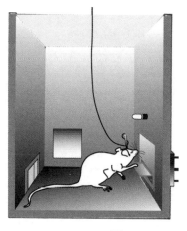

출처: Psywww.com

과를 연구한 적이 있는데, 이때도 실험 대상이었던 동물들은 전기 자극 때와 똑같은 반응을 보였다.

이와 비슷한 실험으로 비교적 최근에 이루어진 연구에서는 신호와 보상을 통해 쥐의 행동을 원격으로 조정하는 데 성공하기도 했다. 2002년 뉴욕주립대학교의 탈와Talwar 교수팀은 쾌감을 느끼게 하는 뇌 부위와 쥐가 감각신호를 처리하는 뇌 부위(쥐가 방향을 잡을 때 사용하는 수염을 자극하는 뇌 부위)에 각각 전극을 설치했다. 그리고 쥐에게 신호 역할을 하는 자극을 줌으로써 특정한 방향으로 쥐를 움직이게 한 후, 해당 방향으로 쥐가 계속 움직이면 이번에는 보상 역할을 하는 자극을 주어 쾌감을 느끼게 만들었다. 이렇게 훈련한 결과, 쥐는 쾌감이 보상으로 주어지는 방향으로 행동하게 되었다.

도파민의 경로

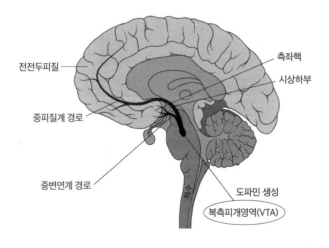

전전두피질

측좌핵

시상하부

중피질계 경로

중변연계 경로

도파민 생성

복측피개영역(VTA)

몰입 확장판

이와 같은 쾌감의 보상 효과는 모두 도파민의 분비와 관련이 있는 것으로 밝혀졌다. 우리 뇌에서 도파민을 분비하는 도파민 뉴런은 흑질, 시상하부 활꼴핵, 복측피개영역VTA 등에 존재하는데 이 중 보상 및 동기부여와 관련이 있는 부분은 복측피개영역에서 시작되는 도파민 경로, 중변연계 경로다. 복측피개영역에서 분비된 도파민은 측좌핵을 거쳐 전전두피질로 이어지며 이곳들을 신경지배한다. 측좌핵은 '의욕적 목표 추구'를 위한 자발적 행동을 담당하는 뇌의 부위이고, 전전두피질은 추론, 계획, 창조 등과 같은 고도의 사고를 비롯해 의욕이나 감정을 제어하는 우리 뇌의 사령탑과 같은 부위다.

모든 즐거움과 쾌락의 근원인 도파민

우리가 즐거움을 느끼는 것도 바로 신경전달물질인 도파민의 과잉 분비에 의한 것이다. 인간이 경험하는 모든 즐거움과 쾌락의 근원은 도파민 때문이다. 가령, 운동을 하고 나면 기분이 상쾌하고 좋아지는데, 이는 근육에 있는 근긴장성 섬유가 뇌의 시상하부와 연결이 되어 있어서 이 근육이 자극받으면 도파민을 비롯해 엔도르핀이 분비되기 때문이다.

마라톤을 하다 보면 지극히 힘든 상태를 경험하게 되는데, 이 고비를 넘기면 다시 충만한 자신감과 힘이 생겨서 계속 달릴 수 있는 '마라토너스 하이marathoner's high'라는 현상도 신경전달물질의 분비(엔도르핀)와 관련이 있다. 이는 우리 신체의 마이너스 피드백이 극도의 고통을 무마하기 위해 뇌 속에서 엔도르핀을 분비하여 기분을 고양시키는 현상이다. 따라서 마라톤을 여러 차례 하다 보면 보다 쉽게 엔도르핀이 분비되어 기나긴 코스를 완주하는 고통이 점점 견디기 쉬워진다. 뇌과학에 따르면 스트레스를 느끼면 이 정보가 핵산에 기억된다. 그래서 동일한 스트레스를 느끼면 신체적 스트레스를 해소시키는 부신피질자극호르몬과 정신적 스트레스를 해소시키는 베타엔도르핀이 분비된다. 따라서 동일한 형태의 스트레스가 반복되면 점점 견디기가 수월해지고 결국 인내력이 형성되는 것이다. 몰입과도 깊은 관계가 있는 인내력의 원리도 이처럼 뇌과학의 관점에서 설명이 가능하다.

다시 도파민 이야기로 되돌아와서 영화 관람이나 독서, 스포츠 경기 관람 등 다양한 취미 활동들도 도파민의 분비를 유도한다. 호기심을 자극하는 낯설고 새로운 경험들도 도파민을 분비하게 만든다. 우리가 여행을 떠나서 즐거움을 느끼는 것이나 낯선 이성에게 끌림의 감정을 느끼는 것도 도파민의 분비로 인한 것이다. 매력적인 이성과 사랑에 빠졌을 때에도 도파민을 비롯해 다양한 화학물질이 우리 뇌에서 분비되면서 지고의 고양된 감정과 행복을 느끼게 된다. 우리가 어려운 난제에 도전해 끝내 그 문제를 해결했을 때 성취감이나 희열을 느끼는 것도 도파민이 분비되었기 때문이다. 이처럼 인간이 쾌락

을 추구하도록 뇌에 보상 체계가 만들어진 것은 이것이 종의 생존과
번식에 유리하기 때문이다.

도파민으로 인한
중독과 뇌 손상

앞서 1장에서 '의식의 통합작업공간 이론'을 이야기하며 의식의 무대를 누가 차지할 것인지는 자극의 경쟁을 통해 결정된다고 했었다. 이는 도파민 분비를 촉진하는 자극이 의식을 지배한다는 것을 의미한다. 스마트폰이 출현하며 언제 어디서나 영상을 시청할 수 있게 되자, 영상 콘텐츠들이 서로 경쟁하며 조회수를 높이는 것이 중요해졌다. 조금이라도 더 많은 사람의 시선을 붙잡아두기 위해 도파민 분비를 촉진하는 짧고 자극적인 콘텐츠들이 제작되기 시작한 것이다.

도파민과 중독의 상관관계

도파민은 중독과 밀접한 관련이 있는 신경전달물질로, 현대인의 집중력 하락과 함께 화두가 되었다. 스탠퍼드대학교의 애나 램키Anna Lembke 박사는 그녀의 저서 『도파민네이션』에서 중독의 작동 원리를 설명하면서 "쾌락은 고통을 수반한다"라고 언급했다. 이는 우리의 뇌가 쾌락을 추구하는 동시에 고통의 균형을 맞추려는 경향이 있음을 의미한다. 예를 들어 맛있는 음식을 먹거나 게임, 스마트폰 사용, 쇼핑 등으로 쾌락을 느낄 때, 뇌의 보상 회로는 도파민을 분비한다. 램키 박사는 이를 '저울이 쾌락 쪽으로 기울어지는 것'으로 비유한다.

우리 몸은 환경 변화에 적응하며 생명 활동을 안정적으로 유지하려는 항상성恒常性, homeostasis이라는 특성을 가진다. 이 특성이 쾌락과 고통의 균형을 맞추려는 뇌의 작용과 연결된다. 우리 모두 게임이나 스마트폰 사용과 같은 활동을 하다가 중단했을 때 불쾌감을 느낀 적이 있을 것이다. 저울이 쾌락 쪽으로 기울어지면 뇌는 균형을 찾기 위해 고통의 추에 무게를 올린다. 그렇게 균형을 유지하다가 쾌락이 사라지는 순간, 저울이 고통 쪽으로 기울어지며 불쾌감을 느끼는 것이다.

이런 쾌락적 자극에 반복적으로 노출되면 도파민 분비가 증가하고, 더 강한 자극을 추구하게 된다. 그러나 문제는 시간이 지남에 따라 같은 자극으로부터 얻는 쾌락은 줄어드는 반면, 그 이후에 이어지는 고통은 점차 강해지고 그 시간도 길어진다는 것이다. 쾌락에 대한 내성 현상으로, 결국 더 강한 자극을 찾게 되며, 이는 더 큰 고통으로 이어진다. 이 과정이 바로 우리가 흔히 이야기하는 중독이다. 스마트폰을 자주 사용하지 않으면 불안함을 느끼는 현상 또한 스마트폰 중독의 일부로 볼 수 있다. 쾌락과 고통의 악순환은 마약, 알코올, 카페인, 도박 등 다른 중독 현상과 유사하다. 이런 이유로 서울아산병원의 정희원 교수는 숏폼Short-form처럼 짧고 자극이 큰 영상들은 마치 합성 마약과 같은 효과를 낳는다고 지적한다.

뇌는 쉽게 얻은 쾌락에 대해 고통을 수반하도록 구성되었고, 중독으로 이어지면 우울증, 무기력증, 자살 충동 같은 문제로 이어질 수 있다. 이러한 문제를 해결하기 위해 애나 렘키 교수는 중독에서 벗어나기 위해 최소 4주간의 단절을 제안한다. 스마트폰이나 인터넷 사용을 최소화하거나 완전히 중단함으로써 도파민 분비를 점진적으로 줄이는 것이다. 일명 '도파민 디톡스Dopamine Detox' 효과라고 하며, 이 효과는 여러 연구에서 입증되었다. 실제로 KBS 〈시사기획 창〉 '중학생 뇌가 달라졌다' 편에서는 청소년이 스마트폰 사용을 중단했을 때 뇌에서 어떤 변화가 일어나는지 실험을 진행했다. 71일이 지나자 청소년들의 전두엽 기능이 활성화되었음을 확인할 수 있었다.

애나 렘키 교수는 완전한 단절이 어렵다면 쾌락을 추구하기 전에 고통을 겪는 방법을 제안한다. 독서, 글쓰기, 공부, 운동, 찬물 샤워 등의 고통스러운 활동을 먼저 하면 반드시 그에 대한 보상으로 기쁨과 쾌락이 뒤따른다는 것이다. 즉, 쾌락을 먼저 선택하면 빚내서 도파민을 사용하는 것과 같고, 고통을 먼저 선택하면 저축한 도파민을 사용하는 것과 같아서 더 큰 보상을 얻을 수 있다는 원리다.

몰입 확장판

중독은 뇌 손상으로 이어진다

스마트폰 중독은 뇌를 '팝콘 브레인Popcorn Brain'으로 만든다. 데이비드 레비 교수가 튀어 오르는 팝콘처럼 강렬한 자극에만 반응한다고 해서 명명한 용어로, 전자 기기를 통한 강렬하고 즉각적인 시각적, 감정적 자극에 반복적으로 노출될 때 발생한다. 팝콘 브레인으로 변하면 일상의 소소한 행복을 느끼지 못하고, 일상생활에 흥미를 잃게 된다. 결과적으로 무기력, 우울, 불안과 같은 정서적 문제를 겪을 수 있으며, 충동성이 증가하고 집중력이 저하된다. 노스웨스턴대학교의 연구에 따르면, 스마트폰 사용 시간이 하루 평균 68분을 초과하는 사람들은 우울감을 더 심하게 느꼈다. 반면 평균 17분 사용하는 사람들은 건강한 정신 상태를 유지하는 것으로 나타났다.

게다가 자극적인 콘텐츠에 노출되는 일이 지속되는 경우, 뇌의 편도체는 활성화되고 전두엽은 상대적으로 비활성화된다. 강한 자극을 받으면 뇌는 비상 상황으로 인식하고, 생존 본능에 따라 즉각적인 반응을 요구하는 편도체의 역할을 우선시한다. 스마트폰을 과도하게 사용하면 이러한 뇌의 반응 패턴을 장기적으로 바꿔, 전두엽 발달에 영향을 주는 것이다.

전두엽이 중요한 이유는 인격과 행동 조절에 중요한 역할을 하기 때문이다. 전두엽은 인지 기능, 의사결정능력, 감정조절능력 등을 담당하는 뇌의 중심부로, 학습과 기억, 주의 집중, 계획 수립, 충동 조절,

사회적 상호작용과 같은 고차원적인 인지 활동에 관여한다. 1848년, 25세의 철도건설 감독이었던 피니어스 게이지Phineas Gage는 사고로 인해 전두엽에 심각한 손상을 입고 인격과 성격에 큰 변화가 생겼다. IQ에는 큰 변화가 없었지만 다정하고 지혜로운 성격이, 사고 이후 도덕성이 저하되고 감정 조절에 어려움을 겪게 되어 분노 조절을 하지 못하게 된 것이다. 즉, 전두엽은 우리가 인간다운 특성을 갖게 하는 데 중요한 역할을 한다.

성공한 사람들에게서 흔히 볼 수 있는 2가지 특성, 만족지연능력과 '그릿GRIT'은 전두엽의 발달과 밀접한 관련이 있다. 이는 장기적인 목표를 향한 인내와 집중력을 반영한다. 신체의 다른 부분이 손상되더라도 전두엽이 멀쩡하다면, 여전히 중요한 역할을 할 수 있다. 이를 증명하는 대표적인 예가 스티븐 호킹 박사다. 그는 근위축성측색경화증ALS으로 움직이지도, 말도 하지 못했지만, 그의 전두엽은 활발했기 때문에 물리학 분야에서 혁신적인 연구를 이어갈 수 있었다.

특히 나이가 어릴수록 전두엽 발달에 주의를 기울여야 한다. 유아기 동안, 뇌는 필요한 양보다 많은 시냅스를 생성한다. 이렇게 과잉 생산overproduction을 한 후 잘 사용되지 않는 신경회로는 점차 제거되는데 이를 '시냅스 가지치기synaptic pruning'라고 한다. 이러한 시냅스의 가지치기는 특히 어린 시절에 활발하게 일어나므로, 어린이가 스마트폰을 과도하게 사용하면 전두엽 발달에 해로운 영향을 미치게 된다. 만약 유아기에 전두엽이 손상될 경우, 정서적으로 불안하고 언어

몰입 확장판

폭력과 물리적 폭력을 행사하는 등 충동억제력을 키우지 못한 채로 자라게 된다. 이와 같은 위험을 인식한 일부 국가에서는 유아의 스마트폰 사용을 제한하거나, 15세 미만은 학교 내 스마트폰 사용을 금지하는 법안을 도입하고 있다.

따라서 교육적인 면에서 전두엽의 발달을 촉진하는 노력이 대단히 중요하다. 전두엽을 강화하는 교육은 학생들이 복잡한 문제를 해결하고, 감정을 적절히 관리하며, 사회적으로 적응하는 데 필수적인 기술을 개발하는 데 도움을 준다. 이러한 기술은 학업 성취는 물론, 성인이 되어 직업을 가지고 사회생활을 하는 데까지 평생 중요한 역할을 한다.

몰입은 손상된 뇌와
집중력을 회복시킨다

    뇌와 집중력을 회복시키는 방법으로는 앞에서 언급한 도파민 디톡스, 독서, 글쓰기, 공부, 운동, 그리고 찬물 샤워와 같은 고통을 선택하는 방식이 있다. 이러한 활동들은 전두엽의 발달을 촉진하는 데 도움이 된다.

    이보다 적극적으로 전두엽을 발달시키고 싶다면 사고력을 많이 요구하는 활동을 선택하는 것이 좋다. 예를 들어, 단순 암기보다는 토론, 관찰보다는 창작, 수동적인 학습보다는 적극적인 이해와 실천, 주입식 교육보다는 토론 수업 같은 활동이 전두엽을 더욱 활성화한다. 직장에서도 기획과 같이 창의적 사고를 요구하는 업무가 전두엽의 발달에 도움이 된다.

왜 전두엽인가?

편도체(감정의 뇌)가 우세한 활동과 전두엽(이성의 뇌)이 우세한 활동은 어떻게 다른가? 외부 자극에 즉각적으로 반응하면 감정의 뇌가 우세한 것이고, 외부 자극에 숙고한 후 반응하면 전두엽이 우세한 것이다. 편도체와 전두엽은 우리 뇌에서 각각 감정과 이성을 담당하는 부분이다. 편도체가 활성화되는 활동은 대체로 즉각적인 반응을 요구하는 것들이며, 이는 감정적인 반응을 나타낸다. 반면, 전두엽이 활성화되는 활동은 숙고와 판단이 필요한 것들로, 이성적인 반응을 의미한다. 동물 중에서도 인간은 외부 자극을 받고 행동하기까지 더 많은 시간을 할애하며, 이는 전두엽에서의 복잡한 처리 과정을 거치기 때문이다. 이러한 특성을 지연반응Delayed Response이라고 한다. 이러한 지연반응은 인간이 복잡한 사회적 상황과 문제를 효과적으로 해결할 수 있는 능력이 있음을 나타내는 중요한 특성이다.

사람들 사이에도 지연반응은 다르다. 일부는 생각 없이 즉흥적으로 행동하는 반면, 어떤 이들은 신중하게 생각한 뒤에야 행동한다. 특히 중대한 문제에 직면했을 때, 일부는 몰입적 사고에 시간을 할애한다. 이 경우가 지연반응이 가장 길다. 즉, 몰입을 하는 사람이 전두엽을 가장 많이 사용하고 올바른 판단을 내릴 확률이 가장 높은 것이다.

이러한 지식을 바탕으로, 전두엽과 집중력을 강화하는 활동에 대해 생각해보자. 숏폼 같은 강렬한 자극은 우리가 별도의 노력을 하지 않아도 집중하게 된다. 나의 노력이 아닌 외부의 자극이 나를 집중시키는 것이다. 이 경우, 전두엽의 사용이 줄어들고 집중력이 약해질 수 있다. 반면, 해결하기 어려운 문제에 도전할 때는 집중하기가 훨씬 어렵다. 생각해도 해결책이 보이지 않아 자극이 약하고, 잡념이 계속해서 끼어든다. 그래도 문제를 의식의 무대 위에 올리는 과정을 반복함으로써, 결국 깊은 집중 상태에 도달하게 된다. 이 상태를 몇 시간이나 며칠 동안 유지하는 것이 몰입 훈련의 핵심이다. 물론 각각의 시도마다 성공 경험으로 인한 도파민 보상이 필요하다. 1장에서 언급했듯이, 오르막길을 오른 후에는 큰 도파민 보상이 있어야 오르막에 대한 호감이 생기기 때문이다. 도전과 성공을 반복하는 몰입 학습법도 이와 유사한 효과를 가져온다.

전두엽을 발달시키는 교육이 시급하다

스마트폰, TV 등 강한 자극이 넘쳐나는 현대 사회일수록 어린 시절에 전두엽을 발달시키는 교육이 매우 중요하다. 일단 전두엽이 손상되면 강한 자극을 멀리하기가 더욱 어려워지기 때문이다. 그렇다면 어떻게 교육해야 할까? 바로 아이들에게 도전을 주고 더디더라도 자신만의 해결 방법을 찾을 때까지 기다려주는 것이다. (이에 대한 자세한 교육법은 4장에 소개했다.) 이 교육법은 전두엽의 발달뿐만 아니라 창의성과 문제 해결 능력을 키우는 데에도 효과적이다.

2023년 겨울방학 때 당시 초등학교 4학년과 5학년 자매가 함께 몰입캠프에 참여했다. 캠프는 끝났지만, 아이들이 스스로 해결법을 찾는 교육에 큰 감명을 받은 학부모는 집에서도 이러한 몰입 교육을 계속 이어가면서 매주 실천 사항을 메일로 전달했다. 이 사례를 통해서 부모는 자녀에게 도전 과제를 주고, 자녀는 시간이 걸리더라도 과제를 스스로 해결하는 식의 교육을 1년 이상 지속하면 어떤 변화가 일어나는지 알 수 있다. 최근 받은 메일 중에서 수학 부문을 소개한다.

2024년 3월 3일   몰입 61주 차: 중학교 1학년 첫째 아이

66 오늘 푼 수학 문제는 총 4개로, 그중 3개는 2~3시간 정도 생각해서 풀 수 있었습니다. 문제가 풀리지 않을 때는 눈을 감고 의자를 젖혀서 편안하게 생각하려고 노력했습니다. 풀 때마다 매우 뿌듯했고, 좋아하는 음식을 먹으며 자축했습니다. 한 문제씩 도전할 수 있는 어려운 문제가 특히 재미있습니다.

2024년 3월 3일   몰입 61주 차: 초등학교 6학년 둘째 아이

66 수학 문제에 몰입하는 동안은 1초도 생각을 놓지 않으려고 노력했습

니다. 걸어 다니면서도 계속 생각했습니다. 6시간 동안 생각해서 문제를 해결했을 때는 기분이 매우 좋고 웃음이 났습니다. 이 기분은 뒤에 이어서 다른 문제를 생각할 때도 이어졌습니다. 문제가 풀리지 않아도 답답하지 않고 시간이 빨리 가는 느낌이 들어서 제가 즐기고 있다는 생각이 들었습니다. 하루하루가 재미있습니다.

아이들은 몰입하지 않고 쉬는 시간에는 책을 읽는다고 한다. 이 학부모는 '자녀 몰입교육'이라는 네이버 블로그를 개설해서 2023년 1월부터 꾸준히 아이들의 몰입 학습 실천 사항을 공개하고 있다. 이 블로그를 통해 시간이 흐름에 따라 아이들의 전두엽과 집중력이 눈에 띄게 발달하는 모습을 확인할 수 있다.

몰입이라는 쾌락은 마이너스 피드백이 없다

나 역시 몇 달간 도파민 과잉 상태를 경험하고 그 후에 고통과 우울을 겪은 적이 있다. 대학 입시 준비의 치열한 노력이 끝나고, 내가 원하던 서울대학교에 합격하자 기쁨과 행복이 이어졌다. 캠퍼스의 모든 것이 아름답게 보이고, 즐거움이 가득했다. 마치 숨을 쉬는 것만으로도 행복하고, 이유 없이 즐거웠다. 이러한 흥분과 기쁨은 약 9개월 동안 지속되었다. 하지만 1학년이 끝나갈 무렵, 우울함이 찾아왔다. 인생에서 다시 오지 않을 가장 행복했던 시기를 보낸 후, 그 시간을 헛되이 보냈다는 후회와 미래에 대한 불안이 겹쳐, 음울한 연말을 맞이하게 되었다.

카이스트대학원에 합격한 후에도 비슷한 경험을 했다. 합격 소식에 약 6개월간 행복했고, 곧바로 견디기 어려운 우울감이 찾아왔다. 너무 견디기 힘들어 칩거한 채로 이불을 뒤집어쓰고 있는데, 대학교에 합격할 때도 이와 비슷한 경험을 했다는 사실이 생각났다. 2번의 경험을 거치면서 기분이 좋은 상태가 지속되다 보면 어느 순간 우울한 상태가 오고, 우울한 상태를 맞이하더라도 시간이 지나면 좋은 시간이 오는 것이 인지상정인 것으로 이해했다. 그것이 사람의 생리적인 현상이라고 막연하게 믿게 된 것이다. 마치 내리막길이 있으면 오르막길이 있고, 오르막길이 있으면 내리막길이 있듯 인생도 마찬가지라고 생각했다.

수년간 지속된 고도의 몰입 상태를 경험하면서, 나는 한 가지 걱정이 생겼다. 몰입하는 동안 느꼈던 행복이 너무 커서, 그 뒤에 덮칠 우울함을 감당할 수 없을 것 같았다. 하지만 많은 몰입 경험을 통해, 그렇지 않다는 것을 알게 되었다. 놀랍게도 몰입으로 인한 기쁨은 우울함을 남기지 않았고, 몰입의 쾌감은 우울함과 교차하지 않는, 일관되게 기분 좋은 상태를 유지했다.

이 경험은 매우 중요하다. 우리 몸의 항상성 원리에 따르면, 커다란 행복을 오랫동안 지속하는 것은 불가능하다. 따라서 몰입 상태에서 느끼는 즐거움과 행복감이 항상성 이론과 일치하지 않으며, 행복을 이해하고 추구하는 데 중요한 단서를 제공한다. 그렇다면, 이러한 경험을 설명할 수 있는 뇌과학적 원리는 무엇일까?

일반적인 쾌락과 마찬가지로 몰입을 통한 즐거움 또한 도파민에 의한 쾌감 보상과 관련이 있다. 그런데 왜 몰입은 장기간 지속해도 고통을 동반하지 않고 고도의 지적 능력과 행복한 상태가 계속 유지되는 것일까? 이는 전두연합령에 있는 A10 신경과 관련이 있다. A10 신경의 특징을 이해하려면 우선 우리 몸에서 시냅스와 신경전달물질의 전달이 이루어지는 과정을 알아야 한다.

시냅스synapse는 신경세포의 신경 돌기 말단이 다른 신경세포와 접합하는 부위로 이곳에서 한 신경세포에 있는 흥분이 다음 신경세포에 전달된다. 신경전달물질은 신경세포의 축삭말단에서 분비되어 인접한 신경세포의 수상돌기에 존재하는 신경전달물질 수용체를 통해 받아들여진다. 이때 신경전달물질을 분비하는 축삭말단을 가진 신경세포를 시냅스 전 신경세포, 신경전달물질을 받아들이는 수상돌기를 가진 신경세포를 시냅스 후 신경세포라고 부른다.

그런데 시냅스 전 신경세포의 축삭말단에서 분비된 신경전달물질이 모두 시냅스 후 신경세포의 수용체로 전달되는 것은 아니다. 신경전달물질의 일부는 시냅스 전 신경세포의 축삭말단에 있는 수용체에 결합한다. 이처럼 자신이 방출한 신경전달물질을 스스로 회수하는 수용체를 자가수용체라고 부르고, 자가수용체가 특정한 신경전달물질이 과도하게 분비되는 것을 조절하는 기능을 마이너스 피드백이라고 일컫는다. 마이너스 피드백은 항상성과 거의 같은 개념이다. 자가수용체는 신경전달물질의 방출량을 자동으로 조절하는 마이너스 피드백을 통해 신경전달물질의 과다 분비로 인한 부작용을 방어하는 기능을 한다.

이와 같은 자가수용체는 대부분의 신경계가 가지고 있는데, 드물게도 우리 몸에서 자가수용체가 없는 신경계가 있다. 바로 전두연합령(전전두피질)이다. 앞서도 이야기했지만 이 부위는 사고, 판단, 계획, 창조 등 고도의 지적 능력을 관장하며 우리 뇌의 CEO 같은 역할을 한다. 그런데 이 전두연합령의 대부분은 A10이라고 불리는 도파민 신경섬유로 이루어져 있다. 1981년 미국 예일대학교 의학부의 약리학, 정신과 교수였던 로버트 로스가 발견해낸 바에 따르면 이 A10 신경에서는 자가수용체가 없어 마이너스 피드백이 이루어지지 않아 도파민의 분비가 증가해도 억제가 일어나지 않아 도파민 과잉 상태를 유지할 수 있다. 이렇게 A10 신경이 활성화되면 도파민 유리가 계속 이루어짐에 따라 장기간 몰입을 해도 우울감 없이 지속적인 쾌감을 경험할 수 있는 것이다.

이는 몰입을 장기간 실천하는 사람들이 모두 경험하는 공통점이다. 일반적으로는 장기간의 강한 몰입이 정신적 피로를 초래할 것으로 생각하지만, 앞서 미국에서 영문학 박사와 컴퓨터공학 석사 과정을 동시에 진행하며 500일 이상 강한 몰입을 실천하고 있는 학생의 사례를 보면 전혀 그렇지 않다는 것을 알 수 있다. 부록에 소개된 바와 같이, 그는 500일이 넘는 기간 동안 우울함 없이 행복을 유지했으며, 몰입으로 인한 부정적인 영향은 거의 없다.

몰입은 고도의 생산성과
지고의 즐거움을 만든다

우리는 살면서 수많은 선택을 한다. 프랑스의 실존주의 철학자 장 폴 사르트르 Jean Paul Sartre는 이러한 선택과 관련해서 인상적인 말을 남겼다.

"인생은 B Birth와 D Death 사이에 있는 C Choice이다."

현재의 나는 지금껏 내가 해온 선택의 총합이라고도 할 수 있다. 우리는 자신이 어떤 사람이 될 것인지를 스스로의 의지로 선택할 수 있다. 그리고 내가 선택한 방향으로 나를 만들어갈 수도 있다. 이 역시 우리 뇌의 놀라운 기능 덕분에 가능한 일이다.

자아를 형성하는 시냅스

조지프 르두Joseph LeDoux는 『시냅스와 자아』에서 우리의 사고와 감정, 활동, 그리고 기억과 상상은 모두 시냅스에서 일어나는 반응의 결과라고 말했다. 앞에서 시냅스는 신경세포들(뉴런) 사이에서 신경전달물질의 분비가 이루어지며 흥분과 자극이 전달되는 곳이라고 설명했다. 사람의 세포는 약 50조 개인데 반해, 우리 뇌에 있는 신경세포는 대략 수천 억 개에 달한다. 그리고 이들 신경세포는 수백 조개의 시냅스 연결을 만들어낸다. 우리가 세상을 보고, 듣고, 만지고, 냄새 맡으며 감각할 때는 물론이고 생각을 할 때, 아무 생각도 하지 않을 때, 잠을 잘 때, 깨어 있을 때도 신경전달물질은 끊임없이 분비되고 있으며, 수천 억 개의 시냅스가 활동을 이어간다.

그런데 이러한 시냅스의 발달은 학습에 의해 이루어진다. 인간의 뇌에서는 출생 후 생애 초반까지는 폭발적인 성장이 일어나면서 신경세포의 수가 기하급수적으로 늘고, 그에 따라 신경세포들 사이의 연결 부위인 시냅스 수 역시 증가하는 양상을 띤다. 그러다가 청소년기에 접어들면 뇌 기능의 최적화를 위해 생애 초창기 지나치게 많았던 시냅스의 수가 줄어드는 현상을 겪는다. 이를 '시냅스의 가지치기'라고 부른다. 식물의 경우에도 적절한 시기에 가지치기를 해주지 않으면 영양분이 분산되어 중심이 되는 가지가 잘 자라지 못하고 열매를 맺지 못하기도 한다. 그렇다면 가지치기의 대상이 되는 시냅스는 어

몰입 확장판

떻게 결정이 될까? 바로 자주 사용한 것은 남기고, 자주 사용하지 않아 불필요하다고 여겨지는 것은 가지치기를 한다. 우리는 걷고 말하는 능력이 인간의 타고난 본능이라고 생각하는 경향이 있다. 하지만 이는 후천적으로 학습되는 능력들이다. 이러한 사실은 태어나자마자 동물에 의해 키워진 야생아들의 행동 특성으로 알 수 있다. 1941년 인도에서는 늑대에 의해 키워진 두 명의 여자아이가 발견되었다. 발견자에 의해 '카마라'와 '아마라'라고 불리게 된 이 아이들은 걸을 때에도 늑대처럼 손으로 바닥을 짚고 걸었으며, 음식이나 물건을 집을 때도 손을 사용하지 않고 입으로 물어서 가지고 갔다고 한다. 또한, 인간의 언어를 사용하지 못하고 늑대처럼 울부짖었다고 한다. 여기서 주목할 점은 현재까지 발견된 야생아 중에서 한 명도 사회화에 성공하지 못했다는 것이다. 이는 태어난 후 초기에 형성되어야 하는 말하기와 걷기 등의 시냅스 배선이 형성되지 않고, 이와 관련된 시냅스들이 가지치기 되었기 때문이다. 이렇게 시냅스 가지치기가 잘못되면 발달에 치명적인 문제를 가져올 수 있음을 보여준다.

경험과 학습으로 변화하는 시냅스

시냅스가 가진 놀라운 특성 중 하나는 가소성plasticity을 지녔다는 점이다. 가소성은 외부의 힘에 의해 형태가 변한 물체가 그 힘이 없어져도 원래의 형태로 돌아오지 않는 물질의 성질을 가리킨다. 이와 반대되는 성질이 탄성이다. 시냅스는 가소적이어서 경험이나 학습에 의해 변화된다. 이런 시냅스의 가소성을 가리켜 신경가소성neuroplasticity이라고 부른다. 신경가소성은 우리가 어떤 행동이나 생각을 하면 그 결과가 시냅스의 영구적인 변화로 이어져 종래에는 우리의 인격과 미래를 바꿀 수 있음을 의미한다. 우리의 행동이나 생각이 우리 뇌에 아주 미세하게 새겨지고 있다고 생각하면 이해하기 쉽다, 우리는 우리 자신의 시냅스를 원하는 방향으로 배선할 수 있다. '심은 대로 거둔다'라는 인과법칙이 우리의 신경계에도 적용되는 것이다.

가령, 농구를 열심히 연습하면 농구 실력이 향상된다. 이는 우리가 경험적으로 알고 있는 사실이다. 몰입도를 올린다는 것은 해당 행위와 관련한 자극을 지속적으로 입력해서 시냅스를 고도로 활성화시킨다는 뜻이다. 시냅스는 정보 처리를 하는 곳이기 때문에 일종의 컴퓨터라고도 할 수 있다. 시냅스가 비활성화 된 상태는 컴퓨터가 몇 대 작동하지 않는 상태에 비유할 수 있다. 반면에 이 시냅스가 100배, 1000배 활성화 되어 있으면, 즉 몰입도가 올라가 있으면 수천 대의 컴퓨터가 돌아가는 상황이나 마찬가지다. 그런데 시냅스는 컴퓨터와 같은 능력을 가지고 있는 동시에 감정을 빚어내는 능력도 있다. 따라서 농구에 관한 시냅스가 형성, 강화되면 두 가지 결과가 나타난다. 하나는 농구 실력이 향상되는 것이고, 또 다른 하나는 농구에 대한 재미가 생기는 것이다. 그런데 농구를 그만두고 축구를 하기 시작하

몰입 확장판

면 축구에 대한 시냅스가 발달하면서 농구에 대한 시냅스는 조금씩 소멸하기 시작한다. 이에 따라 축구에 대한 실력과 흥미가 증가하고 농구에 대한 실력과 흥미는 감소한다.

주어진 문제를 해결하기 위하여 몰입 상태에 들어가면 그 문제와 관련된 사소한 것이라도 의미가 생기고 감동을 준다. 문제 해결을 위해서 최선을 다하면서도 그 과정이 게임을 하듯이 흥분된다. 고도로 생산적인 활동을 하면서도 지고의 즐거움을 경험할 수 있는 것이다. 이러한 감정적 분위기가 더욱 최선을 다하도록 유도하고 능력을 마음껏 발휘하도록 하여 기대 이상의 좋은 결과를 얻게 된다. 기대 이상의 결과에 대한 만족감은 다시 최선을 다하게 만들어 최선과 좋은 결과라는 선순환이 되풀이된다.

시냅스의 가소성이 교육에서 의미하는 바는 무척 혁신적이다. 우리 뇌에 어떤 시냅스가 형성되느냐에 따라 인생이 결정된다. 창의력과 문제해결력을 높이는 시냅스가 발달하면 좋을 것이고, 내가 해야 할 일을 재미있게 할 수 있도록 하는 시냅스가 발달해도 좋을 것이다. 그렇게 하기 위해서는 그러한 시냅스를 형성시킬 수 있는 경험이 입력되어야 한다. 입력은 주위 환경에 영향을 받으므로 나를 좋은 환경에 둘 필요가 있다. 그러나 대개의 경우 나에게 주어진 환경을 바꾸기란 쉽지 않다. 우리가 가장 쉽게 조절할 수 있는 입력은 나의 생각이다. 생각에 의한 입력은 우리가 선택할 수 있고 노력에 의하여 크게 바꿀 수 있다. 이러한 요인을 고려하여 삶과 교육의 방향을 설정해야 할 것이다.

몰입 체험으로 경험한 것과 뇌과학에서 이야기하는 것을 종합하면 보다 일반적인 결론에 도달한다. 희로애락의 감정과 행불행의 느낌은 내 몸 안에서 만들어진다는 것이다. 이런 감정은 외부 환경에도 영향을 받지만 내 몸 속에 있는 시냅스가 어떤 형태로 형성되고 배선되어 있느냐에 중대한 영향을 받는다. 똑같은 일을 하더라도 사람에 따라 만족하거나 행복하다고 느낄 수도 있고 만족하지 못하거나 불행하다고 느낄 수도 있는데, 그것은 그 일에 작용하는 시냅스가 어떻게 형성되어 있느냐에 따라 좌우된다. 즉 내가 어떤 활동을 하느냐, 그리고 무엇을 생각하느냐에 따라 주어진 일에 대한 시냅스의 형성이 영향을 받고 그 결과 주어진 일에 대한 나의 감정이 변화한다. 이와 같이 '내가 나를 바꿀 수 있다'는 사실은 뇌과학이 우리에게 주는 가장 중요한 메시지다.

신경가소성에 의한 뇌 발달의 이해

신경가소성의 원리를 훈련과 교육에 적용해보자. 타이거 우즈, 필 미켈슨, 로리 맥길로이와 같은 세계적인 프로 골퍼들은 어린 나이에 골프를 시작했다. 국내 프로 골퍼 중 많은 이가 어린 시절부터 골프를 시작했으며, 대체로 10년가량의 훈련을 거쳐 프로가 된다. 어린 시절부터 골프를 시작해 10년 동안 훈련한 아이 A와 골프를 전혀 하지 않은 친구 B를 비교해보면, A는 골프와 관련된 방대한 시냅스 연결망(장기 기억)이 형성되어 있고, 신경 자극 전달 속도를 높이는 수초화myelination가 B보다 발달했을 것이다. 당연히 A는 골프를 배우지 않은 B에 비해 천재적인 골프 실력이겠지만, 이를 타고난 재능이라고 이야기하는 사람은 없을 것이다.

이로써 우리 뇌는 요구한 대로 발달한다는 것을 알 수 있다. 따라서 우리가 뇌에게 무엇을 요구하느냐가 중요하다. 신경가소성의 관점에서 현재 우리가 하는 교육을 살펴보자. 현재 교육은 시험에서 높은 점수를 받는 것이 가장 중요하며, 아이들의 뇌에게 요구하는 바다. 그래서 대략 10년이 지나면 오롯이 시험 점수를 잘 받는 영재나 천재가 탄생한다. 문제는 이런 능력이 실제 사회에 나가서 실력을 발휘하는 데에는 큰 도움이 되지 않는다는 것이다. 특히 국제 경쟁력에 있어서는 별로 도움이 되지 않는다.

그러면 뇌에게 어떤 능력을 요구해야 하는가? 바로 창의성과 창의적인 문제해결력을 발달시켜달라고 요구해야 한다. 미지의 문제에 도전하고 성공하는 경험을 반복하는 몰입학습법이 바로 뇌가 창의성과 창의적인 문제해결력을 키우는 방법이다. 이 책에는 이런 방법으로 2,000시간 이상 학습하거나 훈련한 3명의 사례가 소개되어 있다. 모두 회사에서 핵심 인재가 되거나 대회 우승을 휩쓸고 있다. 이런 방식의 학습이나 훈련을 10년 정도 하면 대부분 창의적인 지적 영재나 천재로 성장할 것이라 믿어진다. 이는 신경가소성의 원리에 의해서 명백한 것이다.

능동적인 몰입과
수동적인 몰입

문제 해결을 위한 몰입을 할 때는 문제에 다가가는 접근 방식이나 자세도 매우 중요하다. 사업을 하다가 부도가 나서 쫓기는 것과 같은 위기 상황에서 스트레스를 느끼며 몰입하기보다는 애정을 가지고 능동적으로 주어진 문제를 해결하려고 노력해야 몰입의 효율을 높일 수 있다.

자신이 해결하려는 문제와 친구가 되려고 하면서 긍정적이고 낙천적인 자세를 가지고 문제를 공략하는 몰입 활동을 추구해야 한다. 이처럼 긍정적인 자세를 갖는 것은 뇌과학 측면에서 봤을 때 베타엔도르핀을 분비하여 스트레스를 줄이고 행복감을 증가시킨다.

수동적인 몰입을 능동적인 몰입으로

쫓는 사자의 몰입과 쫓기는 사슴의 몰입은 분명히 다르다. 열애에 빠진 사람이 하는 몰입과 채무에 쫓기면서 사업을 하는 사람의 몰입은 극단적으로 다른 것이다. 전자는 어떤 일을 하는 것이 좋아서 미친 듯이 돌진하는 능동적인 몰입이며, 후자는 그 일을 하지 않으면 큰일나는 위기 상황에서 일어나는 수동적인 몰입이다. 통상 취미 활동에서는 주로 능동적인 몰입을 하지만 직장에서 직무를 수행할 때는 주로 위기 상황에 의한 수동적인 몰입을 하게 된다. 학생들이 시험 공부를 하면서 경험하는 몰입도 대표적인 수동적 몰입이다.

여기서 우리가 주목할 점은 의도적인 노력을 통해 수동적인 몰입을 능동적인 몰입으로 바꿀 수 있다는 것이다. 몰입에 들어간다는 것은 산만한 상태를 벗어나 고도의 집중 상태로 접어든다는 것을 뜻한다. 그러나 집중도를 올리는 것은 결코 쉬운 일이 아니며 많은 시간과 노력이 필요하다. 문제는 집중도를 필요한 수준까지 올리는 데 허용된 시간이다. 충분한 시간이 주어지면 집중 상태로 가기가 비교적 쉬워 능동적인 몰입을 할 수 있지만, 허용된 시간이 부족할 때는 상황이 달라진다. 단시간에 집중 상태로 들어가는 일 자체가 쉬운 일이 아니다 보니 위기감이 엄습할 때나 몰입이 가능해지고 전반적으로 수동적인 몰입의 양상을 띠게 된다.

등산을 예로 들어보자. 산 정상에 올라가는 데 평균 3시간이 걸린다고 하자. 2시간 만에 올라가야 한다면 힘이 들 것이고, 1시간 만에 올라가야 한다면 고통스러울 것이다. 만약 이 산을 30분 만에 올라가야 한다면 그야말로 지옥의 산행이 될 것이다. 그러나 4~5시간에 걸쳐 천천히 산책한다는 기분으로 올라간다면 등산은 즐거운 놀이로 변한다. 몰입도 마찬가지다. 충분한 시간을 가지고 천천히 들어가려고 하면 수반되는 고통을 최소화할 수 있다.

충분한 시간을 두고 자율적으로 문제에 대한 몰입도를 올리는 방법이 바로 '천천히 생각하기'다. 천천히 생각하기에 의해 몰입에 들어가는 것은 마음의 산책을 하는 것과 같아 심리적인 부담이 없고 습관이 되면 오히려 즐겁게 실천할 수 있다. 천천히 생각하기는 자율적으로 몰입도를 올리는 데 가장 중요한 요소다.

능동적인 몰입으로 인생을 바꾼 사람

『18시간 몰입의 법칙』에 이런 말이 나온다. 근무태도가 불성실하다는 이유로 7번이나 직장에서 쫓겨난 사람이 있었다. 출근할 때는 습관처럼 신문을 읽었고 퇴근하면 친구들과 이곳저곳을 배회했다. 식사할 때는 무의미한 잡담을 나누었고 혼자 있을 때는 쓸데없는 생각에 빠져 있었다. 그런 그가 인생을 변화시킬 결심을 했다.

"꿈을 실현시킬 수 있는 사업을 하자. 하루 중 10시간은 온 힘을 기울여서 직접 일을 하자. 잠자는 시간을 뺀 나머지 8시간은 머릿속으로 일을 하자. 직접 일하는 시간을 18시간까지 점차 늘려가자. 무의미한 만남은 갖지 말자. 무의미한 활동 역시 하지 말자. 언제나 지금 하고 있는 일만 생각하자. 그렇게 스스로를 깨어 있는 동안 한 가지 일에 완벽하게 몰입하는 사람으로 변화시키자. 잠잘 때도 일에 관련된 꿈을 꾸자!"

그 후로 그는 초일류 기업 제너럴 일렉트릭, 일명 GE를 설립하고 1,093개의 특허를 등록한 20세기 최고의 발명가가 되었다. 그가 바로 에디슨이다. 그의 18시간 몰입의 법칙은 많은 사람들의 인생을 성공으로 이끌었다. 이렇게 자나 깨나 생각하고 몰입을 하면 일이 재미있다.

"연구하는 것을 즐겁게 논다고 생각하세요. 책과 함께 놀고 시간과 함께 노는 겁니다. 숙제와 업무도 일종의 놀이로 생각하세요. 직장 상사를 만날 때도, 거래처 사람을 만날 때도 그것을 즐기세요. 지금 이 순간 제 자신을 생각해볼 때, 저는 평생 즐기면서 지낸 것 같아요. 일과 연구를 즐긴 것입니다."

_〈예정교회〉 설동욱 목사의 설교내용 중에서

능동적인 몰입을 유도하는
죽음에의 통찰

자신의 죽음에 대해 생각하는 것만큼 거부감을 주는 것도 없지만 이보다 더 삶의 의미를 생각하게 하는 것도 없다. 이 거북하고 달갑지 않은 문제를 직시하며 통찰할 때 성숙한 삶을 찾을 수 있다.

칙센트미하이는 천재와 범인의 차이를 죽음에 대한 통찰에서 찾았다. 보통 사람들은 위기 상황에 처한 경우에만 최선을 다하고, 위기가 사라지면 최선을 다하려는 동기도 사라진다. 그러나 천재들은 위기 상황뿐 아니라 평상시에도 무엇인가를 부단히 추구하고 최선을 다한다. 마치 이들에게 일은 생계 수단이 아닌 삶의 목적으로 보인다. 그러면 왜 이들은 평상시에도 위기 의식을 갖고 최선을 다하는가? 이와 관련하여 칙센트미하이는 다양한 분야에서 위대한 업적을 이룬 사람들과의 인터뷰를 통해, 이들이 최선을 다하려는 공통적인 동기를 찾아냈는데 그것은 다름 아닌 죽음에 대한 공포였다. 이들은 다가

올 죽음을 항상 의식하면서 최선의 삶을 살 것을 다짐했던 것이다.

기요르기 팔루디는 일곱 살의 나이에 시인이 되고자 결심한 이유를 물었을 때 이렇게 대답했다. "죽는 것이 두려웠기 때문이죠." 거의 평생을 몰입 상태로 보내면서 불가사의할 정도로 많은 업적을 낸 전설적인 방랑 수학자 에르되시 역시 어릴 때 죽음의 의미를 깨달았다. "애들은 자기가 죽는다는 생각을 안 해요. 나도 네 살 때까지는 그랬지요. 그런데 어느 날 어머니와 함께 가다가 그 생각이 잘못되었다는 것을 알았어요. 나는 울기 시작했습니다. 내가 죽는다는 것을 깨달았던 거지요. 그때 이후 나는 늘 좀더 젊어지려고 노력했습니다." 톨스토이는 『인생의 길』에서 "죽음을 망각한 생활과 죽음이 시시각각으로 다가옴을 의식한 생활은 두 개가 서로 완전히 다른 상태다. 전자는 동물의 상태에 가깝고, 후자는 신의 상태에 가깝다"라고 했다.

> "이 세상에 죽음만큼 확실한 것은 없다. 그런데 사람들은 겨우살이 준
> 비를 하면서도 죽음은 준비하지 않는다."
>
> _톨스토이

내가 몰입을 하게 된 동기 역시 죽을 때 후회하지 않는 삶, 즉 최선의 삶을 살아야 한다는 생각을 진지하게 하면서부터였다. 우연인지 나의 지도 학생이 몰입을 시도한 동기도 같은 이유라고 한다.

죽음에 대한 통찰만큼 최선의 삶을 추구하는 데 중요한 역할을 하

는 것은 없다. 그래서일까, 몽테뉴는 "철학을 공부하는 것은 죽기를 공부하는 것"이라는 일갈을 남겼다. 우리가 불멸의 생을 산다면, 혹은 영생을 얻는다면 죽음에 대해서 걱정할 필요가 없다. 그렇지만 그렇게 되면 삶의 의미도 없어진다는 데 문제가 있다. 죽음이라는 개념이 없다면 삶이라는 개념도 성립할 수 없고 우리는 그저 무생물과 다를 게 없는 상황이 된다. 삶을 돌아보는 여유가 있어야 죽음에 대한 통찰도 가능한데, 삶에 쫓기다 보면 다가오는 죽음에 대해 깊은 성찰의 시간을 가질 여유도 없기 때문이다. 그렇다면 우리의 삶의 가치는 얼마나 될까? 젊음의 가치는 또 얼마나 될까?

사고 실험을 한번 해보자. 수천 억의 재산을 가지고 있는 노인이 어떤 젊은이에게 서로의 인생을 완전히 바꾸자고 제안한다면 이 젊은이는 어떤 반응을 보일까? 대부분의 젊은이는 이 제안을 거절할 것이다. 이런 간단한 계산만 해봐도 우리의 인생은 몇천 억, 아니 그 이상의 가치를 가지고 있다고 할 수 있다. 동시에 돈과 물질은 인생에서 그렇게 중요한 요소가 아니라는 것도 알 수 있다. 우리는 이미 몇천 억보다도 소중한 인생의 가치를 인식하고 있으니 그 가치에 걸맞게 인생을 보내야 한다.

오늘 하루, 나는 얼마나 가치 있는 시간을 보냈는가? 오늘 하루 내가 한 일들은 어떤 의미를 가지고 있으며, 각각의 활동은 얼마나 가치 있는 것이었나? 이런 일상이 반복된다면 인생의 마지막 순간, 나는 자신의 삶에 대하여 만족할 수 있겠는가? 이 질문이 바로 스스로 몰입을 선택하는 중요한 동기가 된다.

죽음을 통해서 다시 읽는 삶의 의미

죽음에 대한 통찰은 다른 사람이 죽음에 대하여 써놓은 글을 읽는 다고 해서 얻어지는 것이 아니다. 자기 스스로 죽음의 의미를 가슴 깊이 사무치게 느껴야 한다. 나는 과거 영겁의 세월 동안 세상에 없었고, 앞으로 다가올 영겁의 세월 동안에도 세상에 없을 것이다. 지금 잠깐 존재하는 것뿐이다. 그것도 광활한 우주 가운데 한낱 티끌에 불과한 지구라는 행성에서 말이다. 이런 식으로 나의 존재와 삶에 대해 생각하다 보면 나는 언젠가는 반드시 죽는다는 것을 깨닫게 된다. 이 사실은 적어도 생명이 있는 것에는 예외가 없다.

반드시 죽는다는 점에서 나는 사형수와 같고 시한부 인생을 사는 것이다. 다만 사형 집행일이 언제인지 모른 채 살고 있을 뿐. 교통사고로 오늘 당장 죽을지, 암 선고를 받아서 몇 달 후에 죽을지, 아니면 운이 좋아 한 30~40년을 더 살고 죽을지 모른다. 하지만 분명한 것은 머지않아 죽는다는 거다.

인생은 죽음을 향해 질주한다. 결국 우리는 태어나자마자 죽기 시작한다. 이 숙명을 어떻게 받아들여야 하는가? 이 숙명적인 죽음에 대하여 내가 할 수 있는 것은 무엇인가? 죽음에 대하여 내가 저항할

몰입 확장판

수 있는 것은 무엇인가? 그러다가 중요한 사실을 깨닫게 되었다. 죽음에 대하여 내가 저항할 수 있는 방법을 발견한 것이다. 내가 살아 있는 시간이 유일한 기회이고 이 삶의 기회를 잘 보내느냐 그렇지 못하느냐는 나한테 달려 있다. 서서히 다가오는 죽음에 대하여 내가 할 수 있는 최선은 살아 있는 동안 가장 삶다운 삶을 사는 것이다. 죽음과 크게 다르지 않은, 살아도 산 것 같지 않은, 죽지 못해서 살아가는 삶이 아니라 죽음과 가장 반대되는 삶을 살아야 하는 것이다. 하루하루가 생동감 넘치고 삶의 희열로 꽉 찬, 그리고 작지만 내가 가진 모든 능력을 최대로 발휘하는 그러한 삶을 살아야 하는 것이다. 왜냐하면 살아 있음이 나의 유일한 기회이기 때문이다.

4장

THINK
HARD

몰입으로 학교와 직장에서
핵심 인재가 되다

몰입의 토양이 된
새로운 공부법

중학교 3학년 때 평소 사고의 중요성을 강조했던 형에게 들은 이야기 하나가 나의 공부 방법을 완전히 바꿔놓았다. '아이템플'이라는 문제은행이 있는데, 여기에서 수학 문제를 만들어 입시를 준비하는 학교 등에 판매한다는 것이다. 이런 방식은 일본에서 크게 발달해서 우리가 사용하는 문제집이나 참고서에 있는 많은 문제가 이 문제은행에서 만들어졌다고 했다. 당시 나에게는 실로 놀라운 얘기였다. 수학 문제 하나하나가 전문가들이 노력을 기울여서 만든 것이고, 매우 비싼 값에 판매된다니 생각할수록 신기하고 새로웠다.

이 이야기에 감흥을 받은 나는 약간 엉뚱한 생각을 하게 되었다. 평소 아무 생각 없이 접하던 문제들이 누군가가 많은 노력을 기울여 만든 것이라니 그만큼 가치가 있다는 생각을 하게 된 것이다. 그런데 이 문제를 해답과 함께 공개되는 바람에 가치가 떨어졌으니, 내가 해답을 안 보고 풀어내면 마치 그 문제의 가치를 떨어뜨리지 않고 이득을 보게 된다는 생각이 들었다. 예를 들어 만약 문제가 백만 원에 팔렸다고 했을 때, 내가 해답을 보지 않고 풀면 백만 원을 버는 것과 같다고 생각한 것이다. 반대로 문제가 어렵다고 해서 중도에 포기하고 해답을 보면 그 문제의 효용가치가 사라지므로 그만큼 손해를 보게 된다는 생각이 강하게 나를 사로잡았다.

그 일을 계기로 나는 문제가 풀리지 않더라도 가능하면 해답을 보지 않고 해결하는 습관을 기르게 되었다. 전혀 모르는 문제가 나오더라도 적어도 5~10분 정도는 스스로 풀어보려 노력했다. 물론 문제는 이 시간 안에 풀리는 경우도 있고, 풀리지 않은 경우도 있었지만 이런 경험은 내게 색다른 즐거움을 가져다주었다.

처음에 문제를 대하고 막막하게 느껴질 때는 스트레스가 생기다가 조금 더 생각을 하면 실마리가 드러나는데, 이렇게 공부를 하니까 마치 게임에 도전하는 것처럼 재미가 샘솟았다. 내가 중도에 포기하고 해답을 보면 게임에서 진다. 따라서 게임에 지지 않으려면 포기하지 않고 계속 생각해야 하는 것이다.

가끔 도저히 풀리지 않는 문제가 나오면 해답을 보곤 했는데, 그럴 때면 문제와의 게임에서 패배자가 된 것 같은 느낌이 들고, 조금만 더 도전해볼걸 하는 후회를 하게 되었다. 이런 경험이 쌓이자 나중에는 아무리 어려운 문제를 만나더라도 해답을 보는 경우가 없었다. 그러다 보니 어려운 문제와 마주치면 10~20분씩 생각하는 것은 기본

몰입 확장판

이고, 몇 시간 동안 문제와 씨름하는 것이 습관이 되었다. 몇 시간 동안 씨름해도 풀리지 않는 문제는 머리에 담고 다니면서 수시로 도전하곤 했다.

모르는 문제에 대하여 몇 시간 동안 생각하거나 며칠 동안 생각하는 것은 더 이상 어려운 일이 아니었다. 또 문제를 풀려고 온갖 생각을 동원하는 과정에서 수학 실력이 빠른 속도로 향상되었다. 그뿐만 아니라 수많은 문제와 씨름하면서 미지의 문제에 대하여 체계적으로 접근하는 방법이 습득되고, 그런 경험이 쌓이면서 점점 더 미지의 문제에 대하여 능숙하게 대처할 수 있게 되었다. 이렇게 며칠이 걸려야 풀리는 어려운 문제를 계속 생각하는 동안 논리적인 사고력이 연마되고 있었던 것이다. 그리고 이런 공부 습관이 나중에 몰입적인 사고를 하는 데 기반이 되었음은 두말할 필요가 없다.

오래도록 생각하면 결국에는 풀린다

어려운 문제를 풀려면 장기전에 돌입해야 한다. 이를 위해서는 우선 마음의 준비를 해야 한다. 쉽게 풀리지 않는다고 스트레스를 받으면 자기만 손해고, 문제 푸는 데 오히려 방해만 된다. 문제가 쉽게 풀릴 것 같지 않으면 우선 마음을 편하게 가지려고 노력해야 한다. 시간에 쫓기지 말고 문제가 풀릴 때까지 평생을 생각하겠다는 여유를 가져야 한다. 이럴 때는 생각의 속도를 느리게 하는 것이 문제를 해결하거나 아이디어를 얻는 데 유리하고, 문제와 오랜 시간을 씨름할 경우에도 쉽게 지치지 않는다.

연구하는 사람들 사이에서도 풀리지 않는 문제와 씨름하는 시간이 자신을 가장 효과적으로 발전시키는 순간으로 여겨진다. 자신의 사고력과 창의력, 연구 능력을 이보다 더 고양시키는 방법은 없다는 것을 터득한 것이다. 따라서 중·고등학교 시절에 이런 습관을 갖게 된다면 나중에 연구 활동을 하는 데 엄청나게 유리해질 수 있다.

문제를 처음 대했을 때 도무지 어떻게 접근해야 할지 모르고 난감하게 느껴지는 경우, 포기하지 않고 계속 생각하면 고도의 창의적인 두뇌가 활동을 시작한다. 그리고 자신의 두뇌 능력의 한계를 계속 사용하게 된다. 자신이 풀 수 없을 것 같은 문제를 풀려고 매달릴 때 비로소 자신의 두뇌가 최대로 가동되고 최대의 능력이 발휘되는 것이다. 그러나 배우기만 하고 모르는 문제를 스스로의 힘으로 풀어본 경험이 없는 학생은 사고력이 발달하기가 어렵다. 이미 배운 문제만 풀 수 있고 배우지 않은 문제가 주어지면 배우지 않았기 때문에 풀지 못할 것이라고 생각한다. 이런 식의 학습에 길들여지면 배우지 않은 문제를 푸는 것은 자신의 능력 밖이라고 단정해버린다. 이것은 스스로 자신의 한계를 규정짓는 일이다. 이러한 패러다임으로는 사고력이나 창의력을 발달시키기가 어렵다. 결국 자신이 가지고 있는 무한한 잠재력을 깨우지 못하고 평생을 보내게 된다.

몰입 확장판

생각의 힘을 키워주는 문제

어떤 문제는 일주일 이상을 끙끙대면서 풀고 난 뒤 허망하게 느껴질 때가 있다. 이 문제가 과연 내가 그렇게 오랜 기간을 끙끙대면서 풀 만한 가치가 있었는가에 대한 회의 때문이다. 이런 문제는 논리적 접근을 요구하기보다 풀기 어렵게 만들기 위하여 특별한 방법을 사용해야 풀리도록 만들어진 것들로, 엄청난 시행착오를 거쳐야만 풀 수 있다.

이런 경험이 반복되면서 나는 초고난도이면서 오랜 시간 동안 생각할 가치가 있는 문제를 찾게 되었다. 그러다가 발견한 방법이 앞으로 배울 단원의 내용을 공부하지 않은 채 그 단원의 문제를 바로 푸는 것이었다. 이런 경우 문제의 난도가 급격히 올라간다. 이때는 보통 용어의 정의 등을 모르기 때문에 아주 쉬운 보기 문제 같은 것을 한두 개 풀면서 용어의 정의 등을 파악한다. 그러고는 바로 그 단원의 어려운 문제로 들어간다. 이런 방식으로 미리 공부하지 않은 단원의 문제를 풀다 보면, 그 단원에 소개되는 학습 내용을 처음 만든 사람의 입장에서 그 문제에 접근하는 효과를 누릴 수 있다. 이런 교육 방법은 이미 오래전에 미국의 저명한 교육학자 존 듀이John Dewey가 제안한 것이다. 그는 이런 교육 방법이 흥미나 동기부여에 탁월한 효과가 있다고 강조했다.

이런 경험은 여러 가지로 유익하다. 오랜 시간을 포기하지 않고 생각하면 아무도 해결하지 못한 문제도 풀 수 있다는 자신감이 생긴다. 또한 앞으로 배울 내용과 개념을 완전히 파악하여 강의를 통해 설명을 듣는 것보다 스스로 생각해볼 기회를 먼저 갖는 것이 훨씬 더 효과적일 때가 많다.

초등학생이 미적분을 푼다고 모두 천재는 아니다. 해결 과정을 가르쳐주면 누구나 정답을 맞출 수 있다. '진짜 천재'는 자기 스스로 생각해서 그 방법을 찾아낸 사람이다. 항상 스스로 생각하는 것이 중요하다.

몰입 확장판

몰입해서 미지의 문제를
풀어야 하는 이유

카이스트에서 석사과정을 시작할 때다. 당시 지도교수님은 생각하는 것을 워낙 강조했기에 연구실 선배들은 생각을 많이 하는 편이었다. 생각하다 보면 메타인지가 발달하면서 무엇을 알고 있는지 그리고 무엇을 모르고 있는지가 명확해진다. 무엇을 모르는지 알아야 문제 해결의 길로 들어설 수 있다. 하지만 아무리 생각해도 좀처럼 해결되지 않은 문제들이 여러 개 있었다. 그러던 중 내가 선배들도 해결하지 못한 문제들을 여럿 해결하게 되었다. 예를 들면 미시간공과대학 교수가 우리 연구실의 주장이 틀렸음을 보여주는 실험 결과를 발표했는데 내가 그들의 실험 결과 해석이 잘못되었음을 찾아낸 것이다. 이 외에도 재료공학 분야에서 세계적인 석학인 카네기멜론대학교 교수의 매시브 변태Massive Transformation에 대한 이론이 잘못되었다는 것을 증명한 것들이 있다.

이러한 일들이 불과 석사과정 연구를 시작한 지 몇 개월 만에 일어났다. 선배들도 놀라고 교수님도 놀랐다. 하지만 이때 가장 놀란 사람은 바로 나 자신이었다. "내가 도대체 어떻게 풀었지?" 하고 자문해도 도무지 이해할 수 없었다. 스스로 나 자신을 돌아봐도 카이스트 재료공학과에서 엘리트들만 모였다는 연구실에서 다른 사람도 아닌 내가 남다른 능력을 발휘할 이유가 하나도 없었다.

사람들은 자신의 능력치를 어떻게 알 수 있을까? 보통 사람의 능력을 판단하는 척도로 IQ, 수능 성적, 혹은 얼마나 높은 경쟁률의 대학이나 학과에 합격했느냐 같은 것들을 기준으로 삼는다. 나 역시 이런 척도로 내 능력을 판단했다. 고등학교에서는 성적이 상위권이어서 능력이 높다고 생각했다. 그런데 서울대학교에 입학하니 내 성적은 중간 정도였다. 그래서 대학생 때는 내 능력이 중간 정도라고 생각했다. 마찬가지로 카이스트에서도 중간 정도의 성적을 받았기에 암묵적으로 내 능력은 중간 정도라고 생각했다.

그러다가 시험과 연구는 다르다는 것을 알게 되었다. 시험은 교과서와 참고서 혹은 노트에 있는 내용을 잘 암기하고 있는지 그리고 잘 이해하고 있는지를 테스트한다. 그러나 연구는 교과서와 참고서 혹은 노트에 있는 내용을 암기하지 않아도 되고, 국내외 도서관에 있는 모든 문헌을 봐도 되는데 그곳에 답이 없는 문제를 해결하라는 것이다.

내가 중고등학교 시절, 미지의 문제를 해설에 의존하지 않고 스스

몰입 확장판

로 생각해서 해결했던 과정과 연구 활동은 상당히 유사하다. 이러한 깨달음을 얻은 나는 "그렇다면 이것이 나에게만 해당되는 것일까? 아니면 일반적으로 성립하는 것일까?"에 대해서 관심을 가지고 조사하기 시작했다. 그래서 카이스트에서 연구를 잘한다고 소문난 사람이 있으면 그 사람을 만나서 초중고 시절에 어떻게 공부했는지 물어보았다. 그 결과는 놀랍게도 거의 모두가 문제의 답을 보지 않고 스스로 생각해서 해결하는 방식으로 공부했었다고 답했다. 초중고 시절 미지의 문제를 스스로 생각해서 해결하는 방식의 공부와 연구 능력과의 상관관계는 상당히 높았다.

이러한 상관관계는 나름 중요한 발견이라고 생각했기 때문에 주위 사람들에게 이 이야기를 알리기 시작했다. 그러나 내가 교육 분야에 종사한 것도 아니고, 당장 고민해야 하는 일들과 바쁜 일정들로 인해 이러한 발견은 까마득하게 잊고 있었다.

도전과 응전의 중요성

나는 카이스트에서 박사 학위를 마친 후, 한국표준과학연구원에 직장을 잡았다. 입사했을 때 연구소에서도 연구를 잘할 것이라는 기대와는 달리 카이스트에서만큼 능력을 발휘하지는 못했다. 왜 연구소에서는 카이스트 때만큼의 능력을 발휘하지 못한 걸까?

이러한 의문을 가진 채, 미국 국립표준기술원NIST에서 포스트닥으로 일하게 되었다. 그곳에서 세계적인 석학들을 만나며 그 이유를 깨달았다. 그들은 모두 생각을 많이 했는데 생각을 많이 하려면 먼저 해결해야 할 문제가 있어야 한다. 이는 도전을 의미한다. 아무리 창의적이고 문제해결력이 뛰어나다 하더라도 도전하지 않으면 그 능력을 발휘할 수 없다. 카이스트 시절에는 지도교수님이 계속 도전할 문제를 주었기 때문에 많은 생각을 할 수 있었다. 그러나 연구소에서는 이렇게 도전할 문제를 주는 사람이 없었고 내가 스스로 찾아야 했는데 그러지 못했다. 다시 말해서 아무리 문제해결력이 뛰어나다고 하더라도 그에 맞는 적절한 '도전'이 있어야 한다. 그렇지 않으면 우리 안에 숨어있는 능력을 깨울 수 없다.

나 또한 연구하다가 수시로 등장하는 문제를 적당히 넘기지 말고 일종의 도전으로 간주하기로 마음먹었다. 세계적인 석학들처럼 문제를 1초도 쉬지 말고 생각하자고 결심한 뒤 며칠 동안 문제를 생각하면서 고도의 몰입 상태를 처음으로 경험한 것이다. 몰입을 경험하니 카이스트 전성기 시절에 생각했던 것과는 차원이 다른 새로운 사고의 경지가 있다는 것을 알게 되었다. 그리고 이런 식으로 몰입을 하면 생각하는 행위 자체에 희열을 느끼기 때문에 해결하는 데 아무리 오랜 시간이 걸리는 어려운 문제라도 도전함에 있어 두려움이 없어졌다. 자연스럽게 재료 분야에서 미해결로 남아있는 난제에 도전할 수 있겠다는 자신감이 생겼다. 결국 여러 난제에 도전하면서 고도의

몰입 확장판

몰입 상태를 경험했고 매일 기적과 같은 아이디어가 쏟아지는 가슴 벅찬 삶을 살면서 내 삶에 혁명이 일어난 것이다.

창의적 문제해결력과
학창 시절 학습 방식과의 상관관계

교수가 된 후, 나는 지도학생들에게 몰입을 가르쳐주면 그들에게
도 삶의 혁명이 일어날 것이라 기대했다. 내가 그랬듯이 말이다. 그
래서 지도학생들에게 자신이 하는 연구에 대해 많이 생각하고 몰입
하라고 강조했다. 그런데 내 기대와는 달리 대부분 생각과 몰입을 잘
실천하지 못했다. 아주 소수의 학생만이 몰입으로 깜짝 놀랄 만한 성
과를 얻었다.

왜 어떤 학생은 몰입에 빠지지 못하고, 어떤 학생은 몰입에 완전히
빠지는 걸까? 이 차이점을 조사하며 잊고 있었던 중요한 상관관계를
찾아냈다. 초중고 시절에 미지의 문제를 스스로 생각해서 해결하는
방식으로 공부한 학생은 성인이 되어서도 생각을 잘하고 몰입에 잘
빠지는 것이었다. 가령, 지도학생들 중에서 가장 연구와 몰입을 잘했
던 학생은 초중고 시절 내내 수학 문제를 스스로 생각해서 해결하는

방식으로 풀었다고 했다. 두 번째로 연구를 잘했던 학생은 몰입을 너무 잘해서 석·박사 과정을 4년 만에 끝내는 쾌거를 이뤘다. 이 학생에게 어린 시절 어떻게 공부했는지 묻자, 이렇게 답장이 왔다.

> 저는 고등학교 때부터 따로 사교육을 받지 않았습니다. 누군가에게 가르침을 받는 것보다 내가 나를 가르쳐야 더 빠르게 배울 수 있다는 걸 알았기 때문입니다. 내가 나를 가르치는 공부의 가장 큰 장점은 나의 지식수준을 인지할 수 있고, 어떻게 공부해야 할지 프로세스를 온전히 소화할 수 있다는 점입니다.
>
> 저는 이를 고등학교 때부터 경험했기 때문에 천천히 깊이 생각한다는 행위를 잘 알고 있었습니다. 예를 들어 수학을 공부할 때, 해설지를 그냥 버리고 채점용 답안만 남겨놓고 공부했는데 이렇게 해야 내가 나를 납득시킬 수 있었기 때문입니다.
>
> 어떤 때에는 6개월가량 고민을 해서 문제를 푼 적이 있어서 이런 방법이 미련하다고 생각할 수도 있겠지만 오히려 이 방법이야말로 수학이라는 논리학을 빠르게 습득하는 방법이라고 믿었습니다. 지금까지 저의 공부 방법이 몰입적 사고와 밀접한 관련이 있다는 사실은 교수님을 만나고 나서 알게 되었습니다. 고등학교 때부터 천천히 깊이 생각하고 나를 가르치는 게 연구라는 행위와 크게 다르지 않아서 좀 더 체계적으로 연구 문제를 해결할 수 있었던 것 같습니다.

이러한 공부법은 이공계 분야뿐만 아니라 인문학 분야에서도 효과를 발휘한다. 19세기 영국의 철학자이자 경제학자 존 스튜어트 밀은 전통적인 학교 교육을 받지 않고, 대신 집에서 아버지의 지도 아래 학문을 배웠다. 그의 자서전을 통해 그가 받은 교육이 당시의 학교 교육과 얼마나 다른지를 확인할 수 있다.

"내가 받은 교육은 그런 주입식 교육이 아니었다. 아버지는 배움이 단지 기억력 훈련이 되는 것을 절대 허락하지 않았다. 아버지는 배우는 모든 단계를 이해시키려 힘썼을 뿐 아니라 가능하면 가르치기에 앞서 내가 스스로 이해하게 만들려고 노력했다. 나 스스로 해답을 찾기 위해 온 힘을 다하기 전에는 절대로 미리 알려 주지 않았다."

한편 이세돌 프로기사가 아버지로부터 바둑을 배울 때의 교육법도 이와 비슷했다는 것이다.

"아버지는 바둑판 네 귀퉁이에 묘수풀이를 서너 개 놓고 밖에 나갔다. 빨리 푸는 것보다 정확하게 푸는 게 더 중요하므로 수읽기를 할 시간은 필요한 만큼 충분히 가지라고 했다. 그래서 쉬운 문제라도 2~3번 다시 확인하곤 했다."

_이세돌

이세돌 아버지는 한 문제라도 자신만의 독창적인 아이디어로 풀어내는 것을 강조했다고 한다. 시간이 걸리더라도 자신만의 수를 찾으라는 가르침은, 이세돌이 어려운 문제를 만나도 포기하지 않고 창의적인 수를 떠올리게 되는 힘이 된 것이다.

헝가리 현상과 이를 모방한 일본

학창 시절 어떻게 공부했느냐와 창의적 문제해결력 사이에는 분명한 상관관계가 있음을 증명하는 객관적인 자료가 있는데 바로 '헝가리 현상'이다. 1880년부터 1920년대까지 제1차 세계대전을 전후로 헝가리 부다페스트에서 역사에 길이 남을 천재 과학자와 수학자들이 줄줄이 태어난 현상이다. 이때 태어나 교육받은 이들 가운데 노벨상 수상자는 7명, 울프상 수상자도 2명이나 된다. 대표적인 인물로는 현대 컴퓨터 이론을 만든 존 폰 노이만, 노벨물리학상을 수상한 유진 위그너, 핵분열 연쇄 반응을 발견해 원자폭탄의 아버지라 불리는 레오 실라르드, '수소폭탄의 아버지'라고 불리는 에드워드 텔러가 있다. 이렇게 특정 시기, 특정 지역에 인재가 집중적으로 나타난 이 현상은 많은 연구자의 관심을 끌었고 '헝가리 현상The Hungarian phenomenon'으로 불리게 되었다.

당시 헝가리에는 외트뵈시Eötvös라는 교육부 장관의 이름을 딴 외트뵈시 경시대회가 열렸는데 매우 어려운 문제들이 출제되었다고 한다. 게다가 이 시험은 주어진 시간에 얼마나 많은 정답을 맞히느냐가 아니라 문제 풀이 과정이 얼마나 창의적이고 논리적이냐를 기준으로 1등을 선발했다. 이 경시대회에서 수상하기 위해 헝가리 고교생들 사이에 수학 붐이 일어났다. 이때 라즐로 라츠라는 선생은 자신이 가르치는 학생들이 외트뵈시 경시대회에서 좋은 성적을 받도록 훈련하기 위해 쾨말KöMaI이라는 월간지를 발간했다. 쾨말에는 난도가 다른 6~8개의 수학 문제가 실렸는데, 시간에 구애받지 않고 문제 풀이에 매달려 답을 찾는 재미에 푹 빠진 학생들이 매달 출간을 애타게 기다렸다고 한다. 칙센트미하이가 저술한 『창의성의 즐거움』에도 관련된 내용이 나온다.

"부다페스트의 루터교 학교에 다니던 미래의 노벨상 수상자들은 라츠 선생이 매월 학생들에게 내주는 문제에 자극받았다. 교내 수학 잡지에는 한 달에 한 번씩 새로운 문제들이 출제되었고, 학생들은 쉬는 시간에 머리를 맞대고 수학 문제를 풀었다. 가장 정확하게 문제를 푸는 사람은 교사들뿐 아니라 친구들로부터 아낌없는 찬사를 받았다."

그러나 헝가리가 공산화되고 획일적·주입식 교육이 자리 잡으며 이러한 창의성 교육은 사라지게 되었다. 지금은 예전의 인재들을 다시 키우기 위해 칙센트미하이 교수를 창의성 교육 특별고문으로 영

몰입 확장판

입하는 등 적극적으로 노력하고 있다. 헝가리 현상에 관한 몇 개의 논문들이 있는데 이 중에 아서 스티너Arthur Stinner가 쓴 논문을 읽다가 아주 흥미로운 내용을 발견했다. 바로 이러한 헝가리의 교육을 일본이 제2차 세계대전 패망 이후에 모방했다는 것이다.

"20세기 초에 헝가리 교육은 1945년 이후 일본이 이를 비슷하게 모방할 때까지는 세계에서 가장 훌륭한 교육이었습니다."

제2차 세계대전 당시 일본도 원자폭탄을 개발하기 위해 노력했다. 원자폭탄을 개발하던 천재 물리학자들 중에 헝가리 출신들이 많았으므로 이를 주목한 일본이 헝가리 교육에 관심을 가졌고, 교육법을 모방했다는 것이다. 그러면 어떻게 모방했을까? 어떻게 해야 학생들이 난도가 높은 문제에 도전하게 될까? 일본이 찾은 해답은 대학입시 문제를 매우 어렵게 내는 것이었다. 내가 대학입시를 준비하던 시절, 일본의 입시 문제는 엄청나게 어렵기로 소문이 나 있었다. 문제가 어려운 만큼 풀이 시간도 길었다. 보통 90분에 3문제가 출제되어서 한 문제당 30분을 주었고 혹은 150분에 6문제로, 한 문제당 25분을 줬다.

일본에서 대학입시 문제를 어렵게 낸 후 시간이 지나자 그야말로 놀라운 일들이 벌어졌다. 특히 산업체들이 눈부신 성장을 했는데 1968년에는 일본 GDP가 세계 2위가 되어 미국 다음으로 가는 경제 대국이 되었다. 1980년대 말에는 세계 시가총액 20위에 드는 기업

중 14개가 일본기업이었고 50대 기업 중 33개가 일본기업이었다.

그런데 그렇게 잘 나가던 일본이 왜 지금은 경쟁력을 잃었을까? 이를 일본 버블로만 해석하는데 나의 해석은 다르다. 일본이 이렇게 산업계의 높은 경쟁력으로 초일류국가로 성장하고 있는 이면에는 어두운 면이 있었는데 바로 대학입시였다. 대학입시 문제들이 너무 어려워서 청소년들은 입시 지옥에서 신음하게 되었다. 이러한 상황에서 일본의 어려운 입시 문제에 대한 비평이 많았을 것임을 쉽게 짐작할 수 있다. 그래서 일본에서는 입시 문제를 쉽게 내자는 분위기가 퍼졌고, 현재 많은 대학의 입시 문제가 우리나라 수능보다 쉽게 출제되고 있다.

일본도 우리처럼 주입식 교육인데 25명이나 되는 과학 분야 노벨상 수상자를 배출한 이유에 대해 논의하는 사람들은 별로 없다. 나는 이것을 헝가리 현상을 모방하여 대학입시 문제를 매우 어렵게 출제한 효과 때문이라 생각한다. 그런데 일본 노벨상 수상자들이 많이 배출된 것은 산업계가 높은 경쟁력을 가진 시기가 아닌 비교적 최근이다. 이 이유는 무엇일까? 노벨상 업적들은 대체로 20대나 30대에 얻어진다. 그런데 그 결과가 노벨상을 받을만한 가치가 있는지 검증되는데 대략 30년 정도가 소요된다. 그래서 일본 산업계가 전성기를 이룬 시기보다 대략 30년 정도 후에 노벨상 수상자들이 대거 배출된 것으로 이해할 수 있다.

사고력과 창의성 교육이
유일한 해답이다

경제협력개발기구OECD의 '국제 학업성취도 평가'에서 우리나라 학생들의 주당 학습 시간은 OECD 평균인 34시간보다 15시간이나 많은 49시간이다. 우리나라의 교육열은 대단히 높은 데 반해, 교육법은 주입식과 암기식이라서 효율에 대해서는 의문이다. 누구나 핸드폰으로 쉽게 찾을 수 있고, 인공지능으로 대신할 수 있는 지식은 외우고 공부할 필요가 없는 지식이다. 아이들은 이런 지식을 익히기 위해 시간을 낭비하고 있다. 이런 현실은 세계적인 미래학자 앨빈 토플러Alvin Toffler가 내한 강연에서 한 말에 고스란히 나타난다.

"저는 한국 사람들이 도저히 이해가 안 됩니다. 한국 학생들은 미래에는 필요하지 않을 지식과 직업을 위해 매일 15시간이나 낭비하고 있습니다. 이것은 학생들의 잘못이 아닙니다. 한 치 앞도 보지 못하는 부모들을 포함한 어른들의 잘못입니다."

왜 이런 교육이 바뀌지 않는 것일까? 이를 누구의 탓으로 돌리기에는 교육을 개선하는 데 있어서 소모적인 논쟁일 뿐이다. 모두 이러한 문제점을 인지하고 공감대를 형성해야 한다. 그리고 힘을 합해서 문제를 해결하려는 일관된 노력을 해야 한다.

우리처럼 교육열이 높은 유대인들을 보자. 2023년까지 노벨상 수상자 중에 214명이 유대인이거나 부모 중 적어도 한 명이 유대인이었다. 2019년까지 물리 분야에 55명으로 전체 수상자의 26%, 화학 분야에 36명으로 전체 수상자의 20%, 생리의학 분야에 56명으로 전체 수상자의 26%, 경제 분야에 33명으로 전체 수상자의 39%를 차지했다. 유대인 인구는 1,400만 명으로 추정하고 있으며 우리나라 인구의 1/3 정도다. 반면 유대인 못지않게 교육열이 높은 우리는 과학 분야 노벨상 수상자가 단 한 명도 없다. 소득 수준도 놀라울 정도로 차이가 난다. 2003년 세계은행 자료에 의하면 미국에 거주하는 560만 명 유대인이 1년간 벌어들인 돈은 1조 6,500억 달러고, 대한민국 4,800만 명이 1년간 벌어들인 돈은 6,086억 달러다. 1인당 소득으로 환산하면 유대인은 우리보다 23배를 더 버는 것이다.

왜 이렇게 차이가 나는 걸까? 가장 큰 원인은 교육에 대한 철학과 방식이 다르기 때문이다. 유대인은 자식에게 지혜와 지식을 주려고 하지만, 우리나라 부모들은 자식에게 좋은 학벌을 주려고 한다. 지혜

몰입 확장판

와 지식을 주기 위해서는 자연스럽게 머리를 발달시키는 사고력과 창의성을 키우는 교육을 하게 된다. 반면 우리는 좋은 학벌을 남겨주려고 하기에 좋은 점수를 받기 위한 근시안적인 주입식 교육을 하게 되는 것이다.

제대로 된 교육이 경제적 위기를 극복한다

2015년 서울대학교 공과대학 교수 26명이 한국 산업의 문제를 진단하고 미래를 위해 제언하는 내용을 담은 『축적의 시간』이라는 책을 펴냈다. 공저자 모두 전공 분야는 달랐지만, 한 가지는 같았다. 모두 대한민국 산업계가 앞으로는 더욱 힘들어진다고 전망한 것이다. 이는 들어맞았다. 지난 10년 우리 경제는 계속 어려워졌고 경제성장률은 계속 추락했다. 2023년 한국 경제성장률은 1.4%다. 이는 2022년의 경제성장률(2.6%)과 비교했을 때 거의 절반 수준이다. 언젠가부터 우리 경제에 먹구름이 드리워지더니 지금은 긴 어두운 터널에 진입하게 되었다.

어떤 이들은 지금 우리가 처한 경제적 위기를 극복하기 위해서는 더욱 열심히 일해야 한다고 말한다. 하지만 이미 우리는 충분히 'Work Hard'를 하고 있다. 2023년 국회 예산정책처가 공개한 경제동향 보고서에 따르면 2021년 기준 한국의 노동 시간은 1,915시간으로 OECD(경제협력개발기구) 회원국 중 네 번째로 많다. 우리보다 노동 시간이 긴 나머지 3개국은 칠레, 코스타리카, 멕시코로 우리와는 경제적 격차가 제법 큰 중남미 국가들이다.

그러나 오랜 시간 일하는 것에 비해 시간당 노동생산성은 비교적 떨어지는 편이다. 2023년 연합뉴스가 발표한 OECD 국가별 노동생산성 비교 자료에 따르면, 한국의 시간당 노동생산성은 49.4달러로 OECD 회원국 37개국 중 33위에 머물렀다. 1위인 아일랜드(155.5달러)와 비교하면 30% 수준, 선진국으로 분류되는 독일(88.0달러)과 미국(87.6달러), 핀란드(80.3달러)는 물론이고 일본(53.2달러)에 비해서도 노동생산성이 떨어졌다. 즉, 지금보다 더 열심히 일해서 우리가 직면한 어려움을 극복하자는 것은 적절한 대안이 아니다.

'사고력과 창의성을 발달시키는 교육'이 현재 그리고 앞으로 다가올 난국에 대처하는 가장 현명한 방법이고 어쩌면 유일한 해결책이라고 생각한다. 올바른 교육만이 대한민국 미래의 희망임을 의심하는 사람은 아무도 없다.

그동안 끊임없이 우리의 교육을 올바른 방향으로 변화시키려고 노력했음에도 만족스럽지는 않았다. 어떻게 보면 계속 실패를 거듭했다고도 할 수 있다. 이 때문인지 교육을 개선하자고 이야기하면 "우리나라는 절대 안 된다"라고 이야기하는 사람들도 많다. '학습된 무기력learned helplessness'이 형성된 것이다. 한편으로는 우리 교육을 올바른 방향으로 바꾸는 일은 너무나 어려운 일이어서 대학 총장도 바꾸지 못하고 교육부 장관도 바꾸지 못하고 심지어 대통령도 바꾸지 못한다고 이야기한다. 교육의 개선은 오랜 시간이 걸리기 때문에 임기가 있는 사람들은 바꾸기 힘들 것이다. 더구나 임명된 사람들은 임기 중에 가시적인 결과물을 보여줘야 하는데, 교육의 효과는 단기간에 나타나지도 않을뿐더러 몇십 년이 걸리기 때문에 더욱더 관심이 없다.

그렇다면 어떻게 해야 하는가? 나는 교육관련자들이 지금은 불가능해 보여도 아랑곳하지 말고 노력해야 한다고 생각한다. 비록 당대에는 성공하지 못하더라도 올바른 교육으로 바뀌는 날을 하루라도 앞당기자는 마음으로 노력해야 한다. 그리고 기회가 있을 때마다 소리를 내고 주장을 해야 할 것이다. 나도 미약하나마 우리나라 교육을 창의성 교육으로 바꾸는 데 일조하기 위해 노력하고 있다. 그렇게 노력하는 것이 가장 가치 있는 여생을 보내게 될 것이라는 결론에 도달했기 때문이다.

미래 인재를 키우는 것은
사교육보다 몰입이다

한때 우리 경제는 '한강의 기적'이라 불릴 만큼 세계적으로 유례없는 고도성장을 이루었다. 그런데 그렇게 잘 나가던 우리 경제가 지금은 왜 경쟁력과 성장동력을 잃은 걸까? 어떤 이들은 우리의 경제성장률 추락을 저출산 때문이라고 이야기한다. 그러나 2024년 2월 20일 중앙일보에 소개된 〈[김세직의 이코노믹스] 장기성장률 높여 청년 소득 늘려야 저출산 문제 푼다〉 제목의 기사를 보면 저출산은 경제성장률 추락의 결과이지 원인이 아니라고 한다. 그렇다면 도대체 경제성장률 추락의 원인은 무엇일까? 이 문제를 가장 정확하게 진단하고 있다고 생각되는 두 전문가의 이야기를 들어보자.

몰입 확장판

경제성장에서 인적자본의 역할

1995년 노벨경제학상을 수상하고 시카고 경제학파를 이끄는 이 시대 최고의 경제학자인 로버트 루카스 교수는 1993년 경제학술지 『이코노메트리카*Econometrica*』에 한국의 경제성장을 다룬 「기적을 만들다*Making a Miracle*」라는 논문을 발표했다. 그는 한국 경제가 성장한 주요 원인을 가려내기 위해 한국과 필리핀의 경제성장을 비교 분석했다. 다음 표에서 알 수 있듯 1960년에는 한국과 필리핀의 경제 지표가 거의 비슷했기 때문이다.

1960년 한국과 필리핀의 경제 지표 비교

구분	한국	필리핀
1인당GDP	$640	$640
인구	2천 5백만	2천 8백만
수도 인구 비율	서울 28%	마닐라 27%
대학교 진학률	5%	13%
농업, 공업 비율	GDP의 37%. 20%	GDP의 13%. 26%

그러나 1988년에는 1인당 GDP에 있어서 한국이 필리핀보다 거의 3배로 성장했다. 루카스는 이러한 한국의 비약적인 경제성장을 기적이라고 부르는 것은 결코 과장이 아니라고 했다. 이 논문의 목적은 왜 한국에서는 경제성장의 기적이 일어났고 필리핀에서는 그렇지

못했는지에 대한 이유를 밝히는 것이다. 그는 한국이 비약적으로 경제성장을 한 주된 이유는 학교와 산업체 등에서 충분한 인적자본의 축적이 이루어졌기 때문이라고 하였다. 이 사례를 통해 그는 인적자본의 축적이 경제성장에서 가장 중요한 요인이라는 그의 이론을 다시 한번 입증했다. 루카스 교수의 분석에 의하면 우리가 세계에서 유례없이 높은 경제성장을 이룩한 것은 높은 교육열 때문이다. 그런데 우리의 높은 교육열은 아직도 식을 줄 모르는데 왜 우리의 경제성장률은 계속 추락하는 것일까? 이 문제를 연구한 사람은 다름 아닌 루카스 교수의 제자인 김세직 교수다.

이제는 창조형 인적자본을 구축해야 할 시대

창의성 교육 확산을 위한 노력의 일환으로 나는 서울대학교 교육학과의 신종호 교수와 함께 2016년 '서울대 창의성 교육을 위한 교수 모임'을 발족했다. 이 모임에서 알게 된 경제학부의 김세직 교수로부터 한 편의 논문을 받았다. 서울대학교 경제연구소에서 발간하는 『경제논집』에 실린 「미래 성장동력으로서의 창조형 인적자본과 이를 위한 교육 개혁」이라는 제목의 정책 논문이었다. 이 논문을 읽으면서 그동안 석연치 않았던 문제가 명확해지고, 흩어진 퍼즐 조각들이 완벽하게 맞춰지는 기분에 전율을 느꼈다.

김세직 교수는 1992년 시카고대학교에서 경제학 박사 학위를 받은 후 IMF 수석연구원으로 근무하면서 10여 년 동안 인적자본이 경제에 미치는 영향을 연구한, 인적자본 분야의 세계적인 전문가다. 그의 연구에 의하면 우리 경제는 1960년대 초부터 30년 동안 국내총생산인 GDP가 매년 평균적으로 8~9퍼센트씩 올라가는 '성장의 황금시대'를 갖다가 1990년대 이후 GDP가 5년에 1%p씩 하락하는 '성장 추락기'를 맞이했다. 이러한 추락은 현재도 진행 중이고 머지않아 0%의 경제성장률에 도달할 것이라고 한다.

이 논문에 의하면 한국이 과거 빠른 경제성장을 할 수 있었던 이유는 당시 후진국이어서 선진국 제품을 모방해서 빨리 추격하면 되는 모방형 경제 혹은 추격형 경제였기 때문이라는 것이다. 이때는 주입식 교육으로 배출한 모방형 인적자본이 경제 발전에 크게 이바지할 수 있었지만, 선진국을 바싹 추격하고 있는 지금은 창조형 인적자본이 필요한데 우리 교육은 여전히 주입식 교육에 머물러 있어서 경제성장 동력을 잃어버렸다는 것이다. 따라서 우리가 잃어버린 성장동력을 다시 올리기 위해서는 우리나라가 창의성 교육에 모든 것을 걸어야 한다고 주장한다. 김세직 교수는 이러한 사실을 보다 널리 알리기 위하여 2021년『모방과 창조』를 출간했다. 이뿐만 아니라 창의성 교육을 하는 것이 나라를 구하는 일이라면서 창의성 교육을 통한 '세이빙 코리아Saving Korea' 운동에 앞장서고 있다.

그의 주장은 2008년 노벨경제학상을 수상한 폴 크루그먼의 "아시

아 국가들이 선진국이 되려면 '땀 흘리며 일하는 경제perspiration economy'에서 '지식과 영감으로 성장하는 경제inspiration economy'로 바뀌어야 한다"고 주장한 것과 맥락을 같이 한다. 인터넷을 통해 필요한 정보를 언제든지 어디서든 쉽고 빠르게 검색할 수 있고 챗GPT 등의 인공지능이 급격히 발전하고 있는 이 시대에 주입식 교육으로 익힌 지식은 그 효용 가치가 낮을 수밖에 없다. 배운 대로가 아니라 배운 것을 토대로 응용하고, 세상에 없던 새로운 것을 창조할 수 있어야 한다. 국가적 역량의 신장 차원에서도, 개인의 창의적 역량 개발 차원에서도 이제는 'Work Hard'에서 'Think Hard'로의 패러다임 전환이 절실히 필요하다.

2020년 세계경제포럼에서 발표한 2025년에 필요한 가장 중요한 10가지 업무능력을 열거했는데, 첫째는 '분석적 사고와 혁신', 둘째는 '능동적 학습 및 학습전략', 셋째는 '복잡한 문제해결력', 넷째는 비판적 사고와 분석' 그리고 다섯째는 '창의성과 독창성 그리고 주도성'이다. 너무나 당연한 이야기라고 생각할 수 있으나, 우리 교육은 이런 능력을 발달시키는 것과는 크게 동떨어져 있다.

창의성 교육이 대한민국 프로젝트가 되어야 한다

구체적으로 어떠한 노력을 해야 할까? 나는 창의성 교육을 '대한

몰입 확장판

민국 프로젝트'로 선정해야 한다고 생각한다. 중요한 문제를 해결하기 위하여 국가 프로젝트로 선정한 사례 중 유명한 것이 미국의 우주개발 사업이다. 1960년대 우주개발 초기에는 소련이 미국보다 우주항공 기술에서 한참 앞서 있었다. 후발 주자였던 미국은 뒤늦게 우주개발 경쟁에 뛰어들어 로켓을 쏘아 올리려고 시도하다가 실패를 거듭했다.

소련은 계속 우주선을 성공적으로 쏘아 올리면서 경쟁에서 앞서가고 미국은 비참한 실패만 거듭하는 상황에서 국민 모두 실의에 빠져 있던 그때, 케네디 대통령은 '달나라는 미국이 먼저 갈 것'이라고 공개적으로 발표한다. 그래서 아폴로 계획은 국가 프로젝트가 되었고, 분열된 국론을 하나로 모으고 우주개발이라는 하나의 목표를 향해 온 국민의 힘과 노력을 하나로 모았다. 그 결과 미국의 아폴로 11호는 세계 최초로 달에 성공적으로 착륙했다.

교육은 백년대계이므로 보수, 진보 상관없이 누가 대통령이 되더라도 창의성 교육을 정책의 가장 우선순위에 두고 이를 위한 일관된 노력을 기울여야 한다. 이런 이유로 창의성 교육이 '대한민국 프로젝트'가 되어야 하는 것이다. 이러한 접근은 톱다운top-down방식이라 한다.

교육 혁신은 정부의 톱다운 방식만으로는 성공하기 힘들다. 교육에 종사하는 초중고 교사와 대학교수, 학생과 학부모 모두가 창의성 교육의 가치에 공감하고, 그 방법을 공유하며 실천하는 보텀업bottom-up

방식이 병행되어야 한다. 정부 주도적인 톱다운 방식과 국민 자발적인 보텀업 방식이 함께 할 때 창의성 교육으로 가는 개혁이 성공할 가능성이 커질 것이다.

우리가 생각할 수 있는 보텀업 방식의 하나는 모든 대학에서 '창의성 교육을 위한 교수 모임'을 만들고, 모든 초·중·고에서 '창의성 교육을 위한 교사 모임'을 만드는 것이다. 더 나아가 창의성 교육을 위한 학부모 모임, 학생 모임, 시민 모임으로 확대해 나가 범국민운동으로 전개하는 것이다. 이러한 모임을 통하여 창의성 교육에 대한 제반 정보를 공유하고 협력하는 것이다. 예전에 '새마을 운동'을 했듯이 창의성 교육을 통한 "대한민국 구하기Saving Korea" 운동이 필요한 것이다. 어렵고 험난한 길일지라도 우리의 후손들이 살아갈 대한민국 미래를 위해서 반드시 가야 할 길이다.

한가지 희망이 있다면 우리의 높은 교육열이다. 이는 대한민국을 초일류 국가로 발전시킬 엄청남 자산이자 잠재력이다. 따라서 우리가 해야 할 일은 교육 방식만 바꾸면 된다. 교육열을 사고력과 창의성을 발달시키는 교육으로 국민과 국가가 할 수 있는 모든 노력을 기울이면 되는 것이다.

몰입 확장판

창의성과
창의적인 문제해결력이란?

어느 날 친한 교수에게 창의성 교육의 중요성을 이야기하면서 모두 창의성 교육을 해야 한다고 설득했다. 그런데 의외의 반응이었다.

"나는 어릴 때부터 창의성 교육을 한 번도 받아본 적이 없어서 어떻게 교육해야 하는지 모르겠어."

교수도 창의성 교육이 무엇인지 모르는데 다른 사람들은 오죽할까? 창의성에 관한 사전적인 의미로는 충분하지 않다. 따라서 창의성과 창의적인 문제해결력에 대해 누구라도 이해할 수 있는 쉬운 설명이 필요하다. 그리고 학생들에게 몰입을 가르치면서 적절한 설명을 찾아낼 수 있었다.

이 세상에는 인류가 알고 있는 지식의 영역이 있다. 예전에는 이런 지식의 영역을 넓히는 것이 교육이라고 생각했다. 그런데 이제 인터넷으로 쉽게 지식을 접할 수 있는 시대가 되었다. 정보통신 기술의 발달로 종래에 생각하던 교육의 효용성이 떨어지게 된 것이다. 이뿐만 아니라 챗GPT와 같은 생성형 인공지능이 등장하여 종래에 창작활동이라고 여겨지던 그림 그리기, 작곡하기, 시 쓰기 그리고 소설쓰기도 컴퓨터가 할 수 있는 시대가 되었다. 인공지능 발달은 이제시작에 불과하고 앞으로 더욱 강력한 인공지능들이 개발될 것이다. 따라서 창작 활동과 창의성과도 구별되어야 한다.

미지의 영역으로 나아가는 힘

그런데 인류가 알지 못하는 미지의 영역이 있다. 미지의 영역은 인공지능으로 학습될 수 없다. 인공지능은 알고 있는 영역만 학습할 수 있기 때문이다. 인류가 알고 있는 영역과 미지의 영역 사이의 경계를 지식의 최전선이라고 할 수 있다. 나는 이 지식의 최전선에서 미지의 영역으로 한발 더 나아갈 수 있는 능력이 창의성이라고 생각한다. 그래서 어떤 사람이 창의성이 있는지 없는지 구별하려면 그가 이 지식의 최전선에서 한 발 더 나갈 수 있는지 보면 된다. 창의성이 있는 사람은 비교적 쉽게 미지의 영역으로 나아가지만, 창의성이 없는 사람은 한 걸음도 내딛지 못한다.

우리나라 사람들이 창의성과 창의적인 문제해결력이 없는 이유는이 지식의 최전선에서 한발 더 나아가는 교육이나 훈련을 받은 적이 없기 때문이다. 내가 수많은 강연을 하면서 이러한 지식의 최전선에서 한발 더 나아가는 교육이나 훈련을 받은 사람이 있냐고 물어보면 지금까지는 한 명도 없었다. 이것이 우리 교육의 문제다.

그렇다면 지식의 최전선에서 미지의 영역으로 한 걸음 더 내딛는 능력을 어떻게 교육하고 훈련할 수 있을까? EBS '지식채널e'에서 소개된 독일 교육을 살펴보면 답을 얻을 수 있다. 독일에서는 초등학교에 입학한 아이들에게 1에서 20까지 수의 덧셈과 뺄셈을 1년 동안 교육한다고 한다. 어떻게 덧셈과 뺄셈을 가르칠까? 어떻게 덧셈과 뺄셈을 가르치는 것이 창의성과 창의적인 문제해결력을 교육하는 것일까?

바로 '가르쳐 주지 않는다!'는 것이 방법이다. 독일에서는 학생이 손가락을 사용하든, 발가락을 사용하든 더하고 빼는 방법을 가르쳐 주지 않고 지켜만 본다는 것이다. 더디더라도 아이들 스스로 자기만

지식의 최전선을 이미지화 했을 때

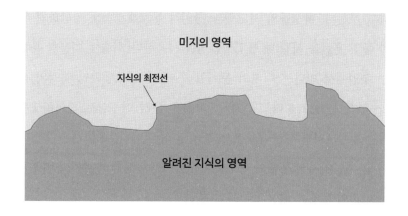

의 방법을 찾도록 하는 방법이다. 이렇게 하면 값을 구하기 위해 아이가 가진 지식의 최전선에서 치열하게 고민하게 된다. 그리고 자기만의 아이디어와 방법을 생각해서 그 지식의 최전선에서 한발 더 나아가는 경험을 하게 된다.

미지의 문제를 스스로 해결하는 방식의 학습

우리나라에서도 충분히 창의적인 문제해결력을 키울 수 있는 학습 방법이 있다. 미지의 문제를 만나면 해설에 의존하지 않고 시간이 오래 걸리더라도 스스로 생각해서 해결하는 방식으로 공부하면 되는 것이다. '몰입적 사고'는 아무 진전이 없는 상태에서 주어진 문제에 대해서 1초도 쉬지 않고 연속해서 생각하는 문제 해결 방식이다. 이런 방식으로 미지의 문제에 도전하면서 공부하는 것을 몰입학습법이라고 부른다. 학생들의 사고력과 창의적 문제해결력을 향상하기 위한 몰입 훈련을 시킬 때 몰입학습법을 사용한다. 학습에 이용할 문제는 수업에서 만나는 미지의 문제일 수도 있고, 고등학교 과정의 수학·과학 문제도 좋다. 다음은 대학원을 우리 연구실로 진학하고자 하는 학부 4학년 학생에게 했던 몰입 훈련 사례다. 이 학생은 수업에서 만나는 미지의 문제와 아르바이트로 고등학생을 가르치다 마주치는 미지의 문제를 대상으로 몰입 훈련을 했다.

> 1주 차: 도대체 무슨 그림인지 알 수 없던 도형이 마치 실제로 보는 것처럼 완벽히 이해되었고, 풀어야 하는 각도까지 정확하게 계산해냈습니다. 풀 수 없을 것 같던 문제가 버스를 타며 몰입한지 약 30분 만에 해결되는 것을 보고, 매우 보람되고 뿌듯했습니다.

> 2주 차: 저번에도 그랬지만 어떤 해답을 찾는 데 있어 처음 몇 분, 몇십 분은 앞이 깜깜한 듯 아무리 생각해도 풀리지 않을 것만 같다가 아주 작은 실마리만 발견해도 한결 수월해진다는 것을 몸소 깨달았습니다.

> 3주 차: 버스를 기다리면서, 수업 시간에 교수님을 기다리면서, 이동하면서 문제가 떠오를 때마다 생각해봤습니다. 그 결과 2가지 방법으로 증명해낼 수 있었습니다. 늘 그렇지만 처음 힘든 과정을 거쳐서 문제에 부합하는 해설의 일부가 생각이 나면 그 이후가 술술 풀리는데 그때는 즐거운 마음을 감출 수가 없습니다.

이 학생은 석사과정만 마치고 대기업에 취직했다. 이후 나는 판교의 한 회사에서 강연하게 되었는데 그곳에서 우연히 이 학생을 잘 알고 있다는 회사 대표를 만났다. 그는 이 학생은 석사 학위밖에 받지 않았지만 다른 박사들보다 더 일을 잘한다고 칭찬했다.

몰입학습법의 위력은 대단하다. 심지어 대학생이 된 후에도 창의적인 문제해결력 훈련을 해도 효과가 있음을 알 수 있다. 이 방법으로 2,000시간 이상 훈련을 하면 회사에서 해결사가 될 수 있고, 1만 시간 이상 훈련을 하게 된다면 어떤 분야에서든 세계 최고의 경쟁력을 가질 것이라고 확신한다.

1분밖에 생각할 줄 모르는 사람은 1분 걸려서 해결할 수 있는 문제밖에 못 푼다. 60분 생각할 수 있는 사람은 그보다 60배나 어려운 문제를 해결할 수 있으며, 10시간 생각하는 사람은 그보다 600배나 어려운 문제를 해결할 수 있다. 하루에 10시간씩 10일을 생각하는 사람은 6,000배까지, 100일을 생각하는 사람은 6만 배 어려운 문제까지 해결할 수 있다.

보통 사람이 해결할 수 있는 문제보다 수십 배 혹은 수백 배 어려운 문제를 해결하는 사람을 영재라 하고, 수천 배 혹은 수만 배 어려운 문제를 해결하는 사람을 천재라고 한다면, 앞에서도 언급한 것처럼 천재와 보통 사람 사이의 지적 능력 차이는 질보다는 양의 문제다. 풀리지 않는 문제를 오랜 시간 생각하여 스스로 해결하는 것이 최선의 학습 방법이라고 한다면 영재교육은 아이들에게 고난도의 문제를 내주고 오랜 시간을 생각하여 스스로 해결하도록 유도하는 교육일 것이다.

몰입적 사고를 실천하는
유대인의 영재교육

유대인 사회에는 '랍비'로 불리는 지도자가 있다. 랍비는 유대인 중에서 가장 영예로운 위치이며 많은 사람이 랍비가 되기를 소망한다. 랍비에게 요구되는 가장 중요한 덕목은 바로 뛰어난 머리다. 일단 랍비로 선정된 사람은 다시 그 구성원들에게 가르침을 계획하고 전달하게 되는데, 지도자와 구성원들 사이에 이렇게 상호 피드백을 주고받는 동안 상승작용이 일어나 유대인 전체가 점점 더 머리가 뛰어난 집단으로 바뀌어가는 것이다.

유대인들에게 일어나는 이러한 선순환은 이들의 교육적 특징에 잘 드러나 있다. 유대인 자녀 교육의 특징은 머리가 뛰어난 랍비들이 지혜를 모아 『구약성서』에 기반을 두고 오랜 기간에 걸쳐 발전시켜 왔다. 유대인의 자녀 교육만큼 체계적이고 표준화되어 있는 체계는 세계 어느 나라에도 없다. 유대인 자녀 교육은 일곱 가지 측면에서 특징지을 수 있다.

1. 자녀 교육은 부모의 의무다

특히 종교적 가르침에 근거한 유대인 어머니들은 여성이야말로 최초의 교육자이며, 자녀들을 가르치는 의무는 당연히 여성의 몫이라는 자부심을 가지고 있다. 영어의 'Jewish Mother(유대인 어머니)'란 말이 가지고 있는 몇 가지 의미 중에 하나는 '자녀들에게 배움의 필요성을 지겹도록 강조하는 극성스러운 어머니'란 뜻이라고 한다. 이 말처럼 유대인 부모들의 뛰어난 교육열을 잘 드러내는 말도 없을 성싶다.

2. 부모는 자녀의 신세를 지지 않는다

부모는 끝까지 부모 역할을 해야 한다고 믿는다. 늙거나 병이 들어도 자녀에게 신세지는 것을 싫어한다고 한다. 부모에게 받은 만큼 자녀들에게 베풀라고 가르치되, 그 대가로 자녀에게 신세를 지는 것은 수치로 여긴다. 부모는 주기만 하고 자녀는 받기만 하는 것이다. 부모가 이만큼 해주었으니 자녀도 그만큼 부모에게 보답해야 한다고 생각하는 우리의 사고방식과는 전혀 다르다.

이런 식의 사고방식은 교육의 관점이나 방식도 크게 바꾸어놓는다. 우리나라 부모들이 자녀 교육을 위해서 희생을 감수하는 배경에는 순수하게 자녀가 잘되기를 바라는 마음도 있지만, 부모가 나이 들면 자녀가 부모를 책임지는 전통에 은근히 기대하는 마음도 있다. 우리나라에서 자녀의 출세는 곧 부모의 호강을 의미한다. 그러다 보니 높은 교육열의 장기적인 목표는 출세이고, 단기 목표는 명문대 진학에 집중되어 있다. 사고력 향상을 위한 교육 방식 같은 건 관심도 없다. 바로 이런 태도가 우리가 유대인들 못지 않은 높은 교육열을 가지고 있으면서도 과학 분야에서는 단 한 사람의 노벨상 수상자도 배출하지 못한 결과를 초래한 것이다.

3. 몸보다 머리를 써서 살도록 가르친다

유대인들은 어릴 때부터 유대인답게 사는 것은 몸보다 머리를 써서 사는 것이라고 가르친다. 어릴 때부터 체계적으로 생각하는 것이 좋은 것임을 강조하고 각인시킨다. 이 아이들은 머리가 좋게 태어났다기보다는 머리가 좋아지도록 교육받는다. 아이들이 항상 머리를 사용하도록 유도하는 교육 체계라 할 수 있다. 또한 그들은 이러한 메시지를 유대인의 성전인 『탈무드』 속에 이야기 형태로 엮어서 전달한다.

유대인들은 아이에게 학문을 가르치는 것이 목적이 아니라, 학문을 배우고 자기 것으로 만드는 방법을 가르치는 것이 교육이라고 믿는다. 따라서 주입식 교육이 아닌, 원리를 터득하고 사고력과 응용력을 길러주는 교육법을 사용한다. 이와 같이 유대인 자녀들은 최대한 머리를 활용하는 환경에서 자라고 있다. 주입식 교육을 터부시하는 유대인 교육에서는 심지어 구구단도 외우지 않는다고 한다.

4. 생각을 유도하기 위해 계속 질문한다

교사가 일방적으로 수업을 진행하기보다는 대화식, 질문식, 토론식 교육을 주로 한다. 『탈무드』는 "교사는 혼자만 알고 떠들어대서는 안 된다. 만약에 아이가 잠자코 듣기만 한다면 앵무새들을 길러내는 것에 다름없기 때문이다. 교사가 이야기하면 아이는 반드시 그것에 대한 질문을 해야 한다. 어떤 문제에 대해서건 교사와 아이 사이에 주고받는 말이 많이 오가면 교육 효과는 그만큼 커지게 마련"이라고 가르치고 있다.

유대인 교육의 핵심인 대화법은 교사나 부모에게 상당한 인내와 끈기를 요구한다. 예를 들어 아이가 장난감 가게에서 인형을 사달라고 조르면 부모는 몇 시간이 걸리건 왜 사줄 수 없는지 아이에게 설명하고 동시에 부모도 아이의 말을 귀담아 듣는다. 학교 수업에서도 선생님의 설명이 끝나면 아이들은 끊임없이 질문하고 대화한다. 이렇게 교육받은 아이들은 끊임없이 질문하고 대화하는 것이 습관화된다.

5. 배움은 꿀처럼 달콤하다는 것을 반복 체험시킨다

아이가 공부하는 것이나 학교에 가는 것에 싫증내지 않도록 하려면, 배움이 달콤한 꿀과 같다는 지혜를 터득하도록 해야 한다. 그래서 유대인 초등학교 교사는 1학년 어린이들 앞에서 히브리어의 알파

몰입 확장판

벳 22자를 벌꿀이 묻은 손가락으로 써나간다. 그런 뒤 "이제부터 너희들이 배우는 것은 모두 여기 쓴 22자에서 출발하며, 더구나 그것은 벌꿀처럼 달고 맛있는 것"이라고 가르친다. 또 신입생 모두에게 케이크를 주는 학교도 있다. 케이크 위에는 히브리어 알파벳이 설탕으로 씌어 있다. 어린이들은 교사에게 이끌려 설탕의 알파벳을 손가락으로 더듬어가면서 단맛을 맛보게 된다. 이 역시 '배움이란 꿀처럼 달다'는 사실을 가르치는 좋은 방법이다.

6. 유대인으로서의 정체성을 교육한다

유대인들은 아이들에게 '선택된 민족'이라는 자부심과 긍지를 심어주고 기회가 있을 때마다 자기 민족의 위인들에 대해 이야기한다. 이들이 민족적 자부심을 느끼는 것이 당연할 정도로 각 분야에서 뛰어난 업적을 낸 유대인들이 많다. 물리학자들뿐만 아니라 사상가, 경제학자를 비롯해 예술, 문화 분야에 이르기까지 수많은 유대인이 거의 모든 분야에서 다양한 업적을 남겼고, 지금도 왕성하게 활동하고 있다.

물론 민족적 우월감과 더불어 그들이 겪어온 고난의 역사도 중요한 교육 내용의 하나다. 이들은 자녀들에게 아우슈비츠 수용소에서의 참담한 모습을 그대로 보여준다. 그렇게 비참한 일이 두 번 다시 반복되어서는 안 된다는 역사적인 교훈을 심어주는 것이다.

오랜 세월 나라를 잃은 채 어려움을 겪으며 살아야 했던 유대인들에게 민족적 우월감은 그들의 정체성을 지탱하고 명맥을 유지하는 힘이 되었을 것이고, 민족적 긍지와 함께 뿌리 깊은 자신감을 제공했을 것이다. 자신감은 내적인 목표의 기준을 높여주는 중요한 요소다. 즉 꿈과 인생의 목표를 높게 설정하는 것이다. 높고 확고한 인생의 목표를 설정하는 것은 우리 신체의 목표지향 메커니즘을 가장 잘 활용하는 방법이다.

또 어린 시절에 처절한 고난의 역사를 인식하는 것은 사람을 정신적으로 성숙하게 하는 큰 역할을 한다. 이런 교육을 통해 얻은 생각의 깊이와 정신적인 성숙은 평생 동안 자신을 나태하거나 방탕한 길로 접어들지 않게 하고, 작은 성취에 만족하거나 주저앉지 않게 하며 인생의 높은 목표를 향해 부단히 노력하게 만드는 요소가 된다. 이러한 의미에서 유대인들의 정체성에 대한 조기 교육은 민족적 우월감과 고통의 역사에 대한 인식이 절묘하게 조화를 이루며 인생의 목표를 높이는 상승작용을 하는 것으로 보인다.

7. 성전을 통해 교육철학을 전수한다

모든 유대인 어머니는 『탈무드』나 『타라』 같은 성전을 통하여 아이들에게 동일한 교육철학과 방법으로 가르친다. 뛰어난 랍비들의 지혜를 축적하여 이상적인 자녀 교육의 틀을 만들고 이것을 이야기 형식으로 엮어 대대로 전수한다. 이러한 시스템 역시 유대인들만의 독특한 특징이다. 이처럼 사고력을 중시하는 경향은 가정이나 어머

몰입 확장판

니들에게만 국한된 것이 아니다. 학교나 교사 집단 전체가 동일한 철학을 가지고 사고력을 중시하는 교육을 시행하고 있다.

유대인들의 교육이야말로 어릴 적부터 사고하는 습관을 갖게 하고 끊임없이 사고하도록 유도하여 결국에는 몰입적 사고를 할 수 있는 사람으로 만드는 가장 이상적인 교육이었다.

사고력을 높이는
질문식 교육법

사각형의 넓이를 학습한 후, 삼각형의 넓이를 배우려는 초등학교 4학년 학생이 있다. 기존의 수업 방식은 삼각형은 사각형의 절반이므로 넓이는 '(밑변×높이)÷2'라는 공식을 가르쳐준다. 그리고 밑면과 높이가 무엇인지 설명하고, 비슷한 문제를 복습하며 삼각형 넓이를 구하는 법을 익힌다. 그런데 이러한 교육은 삼각형의 넓이를 구하는 지식은 알려주지만, 사고력을 높여주지는 않는다. 그럼 사고력을 키우기 위해서는 어떻게 가르쳐야 할까. 열쇠는 '질문식 교육'에 있다.

질문식 교육은 삼각형의 넓이 구하는 방법을 일체 설명해주지 않고, 아이가 직접 해결하도록 문제를 던져준다. 문제가 주어지면 아이는 자신이 이전에 배운 모든 지식을 총동원해서 스스로 해결하려고 노력한다. 이때 뇌 속에서 여러 지식들이 끄집어내지고 통합되는 활발한 사고 활동이 일어나며, 이 과정에서 아이는 지식을 습득함과 동시에 사고력을 훈련하게 된다.

먼저 질문식 교육이 효과적으로 적용되기 위해서는 첫째, 아이의 수준에 따라 난이도가 적절한 문제를 내주어야 하고 둘째, 내용 습득에 도움이 되는 핵심적인 질문을 만들어야 하며 셋째, 가르치는 사람이 그 분야에 대한 깊이 있는 지식을 갖추어야 함을 알아두자.

1. 가벼운 질문으로 시작하자

질문식 교육이라도 시작은 아이의 수준을 점검하는 정도의 가벼운 질문으로 하는 것이 좋다. 5~10분 생각하면 풀릴 수 있을 만한 질문이 적당하다. 삼각형의 넓이를 가르치는 것을 예로 든다면 첫

그림 1

과제는 밑변이 5cm이고 높이가 5cm인 직각이등변 삼각형(그림 1) 넓이 구하기 문제가 좋다. 사각형의 넓이를 공부했기 때문에 오래 걸리지 않아 정사각형의 절반이 정답이라는 생각을 깨달을 수 있을 것이다. 이 단계에서는 무엇보다 아이가 주어진 질문에 답을 구하기 위해 열심히 생각하는 분위기

를 조성하는 것이 중요하다.

2. 곰곰이 생각하자

점점 어려운 문제로 단계를 높
인다. 만약 아이가 풀지 못한다
하더라도 그 내용을 배우기 전에
충분히 생각하는 것만으로도 사
고력은 향상된다. 풀기는 어렵지

그림 2

만 시간을 가지고 생각할 필요가 있는 문제라면 1~2주 전에
미리 과제로 내주면 좋다. 삼각형의 넓이를 구하는 경우에는
밑변이 8cm이고 높이가 5cm인 예각삼각형(그림 2) 문제가
좋다. 이 단계에서는 문제를 장시간 생각하도록 격려하고 적
당한 힌트를 주는 것이 효과적이다.

3. 고난도의 문제로 사고력을 훈련하자

풀기 쉬운 문제는 학습에
대한 거부감을 줄여주고 흥
미를 자극하는 효과가 있고,
풀기 어려운 문제는 도전 정
신을 자극하고 깊고 지속적

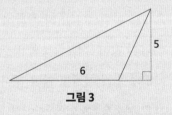

그림 3

인 사고의 필요성을 인식하게 한다. 삼각형의 넓이를 예로

몰입 확장판

든다면 밑변이 6cm이고 높이가 5cm인 둔각삼각형(그림 3) 넓이 구하기 문제가 좋다. 이때도 적당한 힌트를 주면서 의욕을 북돋는다. 만약 문제를 풀지 못하는 경우라도 그 문제에 대해 시간을 들여 힘들게 고민했기 때문에 문제의 핵심을 훨씬 많이 파악하고 궁금증도 커진 상태라 이때 문제 풀이를 설명해주면 매우 쉽게 이해할 수 있다. 공식 암기가 아닌 풀이 개념을 확실하게 파악하게 된다. 사고 훈련이 충분히 된 아이는 스트레스를 만들지 않고 편안한 상태를 유지하면서 마음의 산책을 하듯 천천히 문제의 핵심을 생각하며 해결책에 접근한다. 이는 마치 수영을 능숙하게 하는 사람이 최소한의 몸놀림만으로 빠른 속도를 내며 장시간 수영을 즐기는 것과 비슷하다.

사고를 못하는 초보자라도 질문식 교육을 받으면 효율적으로 사고하는 법을 터득하고 효율적으로 문제의 핵심만 뽑아 해결할 수 있게 된다. 마치 지적인 게임을 하듯 공부를 즐기게 되는 것이다. 명심하라. 질문식 수업에서 가르치는 사람은 안내자일 뿐 정답을 말해서는 안 된다. '생각하고', '풀이하는 것'은 오로지 아이의 몫이다. 또 공부를 즐길 수 있는 기회이자 권리인 것이다.

66 　미국의 시카고대학교 수학과가 세계적인 수학 연구기관으로 올라설 수 있었던 데는 로버트 무어Robert lee Moore라는 수학자의 교육법이 한몫을 했다. 무어는 학생들이 수학책에 기술된 정리와 증명을 해설하는 강의를 수동적으로 듣거나 책을 읽고 얻은 지식을 문제풀이에 그대로 적용하여 공부하는 것을 거부했다. 그는 학생들이 자신의 힘으로 주어진 정리의 증명을 발견하고 개념을 정의하는 등 '하는' 경험을 통한 수학 교육을 실시했다. 그러고는 강의도 교과서도 유인물도 설명도 없이 처음 보는 문제를 학생들 스스로 증명하도록 했다. 무어는 이런 수업을 통해 학생들의 창의적인 수학 능력을 개발하고, 논리적 추론을 바르게 하고 아이디어를 엄밀하게 표현하는 능력을 개발하고자 했다. 무어의 이런 급진적 수학 교육법은 진정 수학을 즐기는 수학자, 창의적인 수학자를 낳는 데 큰 영향을 끼쳤고, 결국 무어의 가르침을 받은 학생들이 뛰어난 수학자로 성장하면서 무어의 교육법 역시 주목받게 되었다. 이것이 바로 사고력과 창의력을 높이는 교육이다. 무어의 수학 교수법은 놀랍게도 앞서 말한 질문식 수업과 많은 부분 일치한다.

몰입을 경험한 아이들의
생생한 증언

몰입의 효용은 남녀노소를 불문하고 누구나 경험할 수 있다. 그런데 내가 지난 17년간 관찰해온 바에 따르면 신체적으로나 정신적으로 한참 성장 중인 학생들이 몰입을 할 경우 그 교육적 효과가 굉장히 크다는 사실을 발견했다. 앞에서 언급한 사례들은 미지의 문제를 스스로 생각해서 해결하는 훈련을 이어가면 창의적 문제해결력을 가진 인재로 거듭날 수 있음을 보여준다. 만일 이와 같은 몰입 훈련이 초·중·고 및 대학교 시절에 걸쳐 장기적으로 이루어진다면 누구나 1만 시간 정도 몰입적 사고를 하게 될 것이다. 이는 개인의 삶의 질을 높여줄 뿐만 아니라 창의적 인재를 확보할 수 있다는 측면에서 봤을 때 국가경쟁력을 키우는 매우 좋은 방법이다.

이러한 맥락에서 나는 몰입캠프를 운영하며 많은 학생들이 몰입의 놀라운 기적을 체험할 수 있도록 돕는 중이다. 그래서 초등학생부터 고등학생에 이르기까지 수많은 학생들을 만날 수 있었다. 흥미로운 것은 문제의 답을 찾아내는 데 걸리는 시간이나 해결해내는 방식은 저마다 다르지만, 학생들 대다수가 시간이 흐름에 따라 비슷한 패턴의 변화를 경험한다는 사실이다.

> 사실 저는 이곳에 오기 전까지 몰입을 그다지 신뢰하지 않았습니다. 수학에 흥미는 조금 있었지만 일주일 내내 수학만 공부한다고 생각하니 가기도 전에 어지러웠습니다. "아이들을 한곳에 가둬놓고 몰입이라는 상태를 만들려고 하는 것은 정말 바보 같은 짓이다, 누가 공부에 흥미를 느끼겠나!"라는 생각을 했습니다. 친구들과 멀어지는 것에 대한 두려움과 "핸드폰 없이 어떻게 보내나!" 하는 걱정에 기분이 좋지 않았습니다. 나쁜 기분 탓에 교수님의 강연도 잘 이해되지 않았고 지루하고 힘들었습니다. 또한, 문제를 풀고 나서 풀다가 틀린 문제를 해결될 때까지 다시 시도하게 시키셨는데, 그때의 기억으로는 "정말 이 상태로는 백년이 흘러도 못 풀겠다"는 생각이 들었습니다. 그래도 문제 푸는 것을 포기하지는 않았지만 숙소에 돌아가서는 정말 일주일을 여기서 지내다가는 우울증에 걸릴 것 같았습니다.

> 몰입캠프에서 하루 종일 수학 문제만 생각해야 된다고 엄마가 말했을 때 저는 불가능하다고 생각했습니다. 왜냐하면 저는 가만히 앉아서 문제를 생각하면 문제와는 전혀 관련이 없는 잡생각을 많이 했기 때문입

니다. 몰입캠프 첫날도 그랬습니다. 빨리 집에 가고 싶다는 생각만 간절하고 문제에 대한 생각은 많이 못했습니다.

학생들 인터뷰를 살펴보면 이처럼 하루 이틀 정도는 몰입도도 낮고, 부정적인 감정이 우세하다. 그런데 몰입 훈련을 시작한 지 3일째 정도에 접어들면 이때부터는 몰입도가 점점 올라가서 주어진 문제를 해결해내거나 문제를 해결해내지 못하더라도 문제를 푸는 실마리가 될 만한 좋은 아이디어들이 떠올랐다는 이야기를 많이 한다. 몰입 상태는 눈으로 확인할 수는 없는 현상이지만, 우리 뇌에서 일어나는 변화이기 때문에 몰입도가 올라가면 감정이나 기분의 변화가 반드시 동반된다. 실제로 대다수의 학생들이 몰입 훈련에 돌입한 지 3일째를 전후로 기분이 좋아졌다거나 문제가 풀릴 수 있을 것 같은 희망을 품게 되었다고 말했다.

다음은 약 50시간의 몰입(정확하게는 49시간 25분)으로 미분 문제를 해결하는 데 성공한 중학교 1학년 여학생의 인터뷰 내용을 정리한 것이다. 이 학생은 평소에도 수학에 흥미가 있고 잘하는 학생이었지만, 미분 문제를 풀기 위한 선행 지식은 없는 상태였다. 50시간은 하루에 10시간씩 생각했다고 친다면 5일에 해당하는 기간이다. 이 학생이 미분 문제를 풀기 위해 50시간 동안 몰입하면서 겪은 감정 상태의 변화는 몰입을 경험한 학생들 대다수가 겪는 변화의 과정을 전형적으로 보여준다.

> 3일째 초반까지는 몰입을 이렇게 오래 해본 적이 없어서 힘들었는데, 그래도 4일째부터는 '약간 할 만한데?' 하는 생각이 들어서 그때부터 좀 재미있어졌던 것 같아요. 문제는 접선의 기울기를 구하는 문제(미분 문제)였는데 10시간이 지나도록 실마리도 안 보이고 너무 풀리지가 않아서 되게 기분이 안 좋았어요. 그래서 '내가 10시간 정도 생각했는데 이 정도면 안 풀리는구나' 하고 생각했어요. 그래서 선생님께 가서 조금 쉬운 문제를 풀고, 그 다음에 이 문제로 다시 돌아와도 되냐고 여쭤보고 그래도 된다는 허락을 받아서 다른 문제를 받았어요.
>
> 그런데 그날 저녁에 교수님께서 '10시간을 생각하면 뇌의 20%만 발휘가 된 거다'라고 강의하신 게 생각났어요. 그러고 나서 '그럼 80%는 발휘되지 않았으니 조금 더 해보고 그만둬야 하지 않을까' 하는 생각이 들었어요. 그렇게 그걸 다시 해보기로 마음을 먹고 쭉 다시 풀게 됐어요. 20시간이 지나니 조금 실마리가 보여서 희망이 생겼고, 30시간째에는 문제가 조금 재미있어졌어요. 그리고 40시간에서 50시간 정도까지 지날 때는 흥미가 붙어서 뭔가 풀릴 것 같다는 생각이 들었어요. 만약에 문제를 못 풀었더라도 이 문제를 오래 생각했다는 거에 의미를 두고, 내 삶에서 이렇게 생각을 오래 해본 건 처음이니까 기분이 두고두고 좋을 것 같아서 평생 기억에 남을 것 같아요.

이 학생의 후기에서 인상적이었던 것은 중도에 포기하고 싶었던 마음이 들었다가 자신의 잠재된 능력을 100% 발휘해보기 위해 다시 난제를 붙들고 고민한 끝에 문제를 해결해냈다는 점이다. 문제의 난이도가 높을수록 문제를 풀기 위한 아이디어가 더디게 떠오른다. 몰입적 사고의 핵심 중 하나는 그렇게 초기의 막막함과 답답한 시간을 견디고 계속해서 하나의 문제에 대한 생각을 이어가다 보면 어느 순간 해결의 실마리가 보인다는 것이다. 이때부터는 강한 몰입이 주는 정신적으로 고양된 상태를 경험하게 되며, '이 문제를 내가 풀지 못하더라도 충분히 의미가 있는 시간이다', '이렇게까지 몰입을 할 수 있다니 정말 귀한 경험이다' 하는 행복한 감정을 느끼게 된다. 여기에서 더 나아가 결국에 답을 찾는 데까지 다다르게 되면 이때의 성공 경험은 자신감의 상승은 물론이고 더 어려운 문제에도 도전할 수 있는 도전정신으로 이어진다.

내가 학생들에게 공통적으로 던지는 질문들이 있는데, 그중 하나는 선잠의 효과를 경험했는지 여부다. 앞서도 이야기했지만 잠을 잘 때 우리의 뇌는 기억의 인출을 가장 잘한다. 내가 몰입 훈련을 지도할 때 선잠의 중요성을 언급하는 이유다. 학생들은 하나같이 선잠을 통해 새롭고 좋은 아이디어가 떠올랐다고 이야기했다.

> 66 처음에는 '5박 6일 동안 어떻게 계속 수학 문제만 풀지?'라고 생각했는데 막상 해보니 슬로싱킹이라서 별로 힘들지 않았습니다. 하지만 가끔씩 머리가 아프고 힘들었습니다. 그럴 때마다 선잠을 잤더니 머리가 맑아지고 컨디션이 회복되었습니다. 예전에 다니던 학원들은 졸면 혼

났던 기억이 있어서 선잠의 효과를 자기 전까지는 몰랐습니다.

66 첫날이다 보니 약간의 압박감이 있었습니다. 하지만 둘째 날이 되니 정말 신기하게도 그 짜증이 좀 사라졌습니다. 또 선생님이 선잠을 활용하라고 하셔서 자고 일어났더니 정말로 짜증이 사라지고 온전히 집중이 되었습니다. 그렇게 선잠을 맛본 이틀이 지나고 3일째에는 집중도가 거의 최대로 끌어올려졌습니다. 저는 이때부터 선잠을 계속 '활용'했습니다. 졸리면 자는 것이 아닌, 난관에 부딪혔을 때 선잠을 이용했습니다.

66 제가 수학 문제를 편안한 마음으로 풀 수 있었던 것은 이번이 거의 처음이었습니다. 그러다 저는 선잠을 자고 깨어났는데요, 눈을 감고 있다 어떤 아이디어가 떠올랐습니다. 저는 그 아이디어가 떠오른 순간 제가 문제를 해결할 수 있을 것 같다는 확신이 들었고, 마침내 그 아이디어를 이용하여 20시간 만에 문제를 해결하게 되었습니다. 선잠을 잔 후에 아이디어가 잘 떠오른다는 말씀을 황농문 교수님 강의에서 들었던 터라 그 순간 많이 신났고 성취감은 이루 말할 수 없었습니다.

어린 학생들을 대상으로 몰입 훈련을 진행하면서 마음이 뿌듯해올 때는 아이들이 몰입을 통해 공부를 하는 의미와 재미를 새롭게 깨닫는 모습을 볼 때다. 학생들의 이야기를 듣다 보면 주입식 교육 방식으로 인해 공부에 대한 흥미나 자신감을 잃었거나, 심한 경우 깊은 좌절감을 느끼는 사례를 많이 접할 수 있었다.

> **"** 싱가포르에서 유학을 했을 때 저는 어느 과목보다도 수학을 제일 좋아했습니다. 싱가포르에서는 풀이 과정을 중요시했고 시간을 매우 여유롭게 주었기에 충분히 생각할 수 있었습니다. 그러나 한국에 돌아온 뒤 짧은 시간 내에 많은 문제를 정확하게 풀어야 하는 압박감을 느꼈고, 제 실력을 발휘하지 못했습니다. 그로 인해 계산 실수가 잦았고 성적이 예상보다 저조했습니다. 자신감을 잃은 저는 수학이라는 과목이 어렵기만 하고, 제가 앞으로 수학 문제를 풀면서 흥미를 갖기는 어려울 것이라고 생각했습니다. 또, 어려운 문제를 풀면서 문제가 풀리지 않으면 금방 포기하고, 시험을 봤을 때도 항상 성적이 제 마음대로 오르지 않아 수학만 생각하면 싫고 짜증난다는 생각으로 가득했었습니다.

> **"** 저는 어렸을 때부터 공부를 좋아하는 축에 있던 아이였습니다. 하지만 2학년 중학생이 되고 나서부턴 수학 학원에 다니게 되어 문제를 빨리 푸는 것에만 초점을 맞춘 식의 흔히 말하는 주입식 수학교육을 받았었는데요, 이런 생활이 1년 이상 지속되다 보니 수학뿐만 아니라 교과서나 문제집을 볼 때마다 울렁거리는 듯한 느낌을 받았습니다. 이틀 동안 100개 이상 문제를 풀어가야 하며 학원 시험을 통과하기 위해 수학을 이해하는 게 아닌 단순히 문제의 풀이를 외워가는 의미 없는 공부를

하며 정말 많은 스트레스를 받았었습니다.

> 66 그동안 매번 풀이 방법을 듣고 그 방법과 똑같이 풀다가 못 풀 것 같은 문제는 몇 분 지나지 않아 포기하고 선생님께 질문하는 방식으로 공부했었습니다. 저는 항상 이런 식으로 수업을 하다 보니 언젠가부터는 '아, 나는 여기가 최대구나, 내 힘으로 풀 수 있는 문제의 한계는 여기까지구나'라고 생각하고 문제를 풀어도 아무 성취감을 느끼지 못하며 지낸 듯합니다.

이러했던 학생들이 몰입 이후에는 공부하는 즐거움은 물론이고, 삶을 대하는 태도까지 변화하는 모습을 보여주었다. 다음은 앞에서 열거한 세 명의 학생이 몰입 이후 자신이 어떻게 바뀌게 되었는지 이야기해준 내용이다. 이를 통해 몰입적 사고야말로 삶을 행복하고 후회 없이 살아가게 해주는 방법임을 새삼 확신할 수 있게 되었다.

> 66 피타고라스 정리의 증명에 관한 문제를 받고 12시간 이상을 고민하며 풀어내자 무엇과도 바꿀 수 없는 희열감과 행복감을 느꼈습니다. 한 분야에 몰입하게 되면 누구나 성공할 수 있다는 확신을 갖고 앞으로 공부뿐만이 아닌, 모든 삶의 문제에 적용할 수 있는 중요한 몰입 방법을 배우게 되었습니다. 그리고 예전까지는 시험을 보게 되면 결과(시험 점수)에만 집착했었는데 앞으로는 몰입을 적용할 수 있는 좋은 기회라

고 긍정적으로 생각하려고 합니다. 또한 어려운 문제가 있어 잘 풀리지 않았을 시에는 답지를 보려 하지 않고 저 혼자만의 방법을 생각하여 문제를 풀릴 때까지 도전해보겠습니다. 마지막으로, 저는 유한한 삶의 가치를 소중히 느끼며 단 한번 뿐인 제 인생에 있어서 마지막 날의 저를 떠올렸을 때 후회 없이 모든 것에 도전하며 최선을 다해 몰입 이론을 적용하여 삶을 불태우고 싶습니다.

66 정말 신기하게도 이 개념으로 공부하니 신체적으로도 정신적으로도 몸에 무리가 가지 않아 오히려 몰입도는 올라가며 날이 갈수록 컨디션이 올라가는 것 같습니다. 미분을 풀고 나서도 쉬고 싶다는 생각이 들기는커녕 어서 빨리 다음 문제를, 더 어려운 문제를 풀어보고 싶다는 생각이 머리를 채웠습니다. 그리고 몰입을 하니 공부를 즐기며 할 수 있게 되었습니다.

66 여느 학교처럼, 학원처럼 풀이를 듣는 게 아닌 푸는 방법을 모르는 상태에서 전혀 새로운 문제를 받고 풀어나갔습니다. 문제를 푸는 게 아닌 하나하나 알아가는 느낌이었습니다. 문제에 대해 하나씩 하나씩 알아가다 결국 그게 어떤 문제인지 알아내 그 답을 맞출 때의 성취감은 정말 그 어느 것도 비교할 수 없었습니다.

흔히 아이들은 미래의 희망이라고들 한다. 이처럼 앞으로 우리나라를 이끌어나갈 청소년들이 논리적이고 창의적으로 생각할 수 있도록 어릴 때부터 교육을 한다면 대한민국의 미래가 얼마나 밝을까? 아이들로 하여금 미지의 문제를 스스로 생각해서 풀게 하는 것은 적용하기가 전혀 어렵지 않은 방법이다. 옆에서 조금만 조언이나 코치를 해주고 격려해주면 된다. 그렇지만 그 효과는 대단히 크다. 선진국 사람들이 우리보다 앞서가는 이유는 매사에 생각을 더 잘하고 많이 하기 때문이다. 이는 이들이 어릴 때부터 생각하는 교육을 받아왔기 때문에 가능한 일이다. 우리가 비록 지금까지는 어릴 때부터 생각하는 교육을 받지 못했지만 지금부터라도 선진국 사람들보다 10배, 100배 더 많이 생각하고 몰입하면 이들보다 더 높은 수준의 아이디어를 얻을 수 있고 이들을 앞서갈 수 있을 것이라고 생각한다.

생각과 몰입이
최고의 경쟁력이다

온 힘을 다해 열심히 일하자는 Work Hard의 패러다임은 오랫동안 우리의 의식을 지배해왔다. 머리로 얼마나 이해하고 있느냐보다 얼마나 많은 시간 동안 힘들게 일했느냐가 안정된 직장과 경제적인 보상을 주는 성공의 징표가 되었던 것이다. 사람들은 열심히 일하고 공부함으로써 가난에서 벗어나려 하고, 불안한 미래에 대비한다. 일이란 보다 나은 미래를 위한 수단인 것이다. 이러한 패러다임에서 성공한다는 것은 충분한 부의 축적을 이루기 위한 사전 포석이다. 그런데 과연 부자가 되면 행복할까. 아이러니하게도 충분한 부를 축적한 사람 중에 행복하다는 사람들은 그리 많지 않다. 돈을 많이 버는 것이 행복의 충분조건은 아니라는 것이다. 부는 불편한 삶을 편리하게 해주기는 하지만 행복을 보장해주지는 않는다. 행복을 돈으로 살 수는 없다.

그러나 행복은 몰입하려는 노력을 통해 얻을 수 있다. 만약 돈을 버는 것을 목표로 삼았다 하더라도 몰입하여 그 방법을 찾아 일했다면 그 과정에서 행복을 경험할 수 있다.

몰입으로 이어지는 Think Hard의 패러다임에서는 학습이나 일을 하는 과정 자체에서 즐거움을 얻는다. 마치 테니스나 골프를 치면서 느끼는 즐거움이 긍정적인 보상이 되어 그 운동을 하는 행위가 목적이 되는 것처럼, 일을 수행하는 행위 자체가 목적이 된다.

Think Hard의 패러다임에서는 보장되지 않은 미래의 행복을 위해 현실을 희생하는 것이 아니라 현재를 행복하게 산다. 그 과정에서 일의 성과도 높아지고 자신의 능력도 빠른 속도로 증가한다. 미래의 행복을 담보로 현재를 저당 잡히는 것이 아니라 행복을 누리면서도 그 결과가 보다 확실한 미래의 성공을 보장하는 것이다.

본능은 원하지 않는데 억지로 일을 하는 Work Hard의 패러다임은 본능이 원해서, 자기 자신이 좋아서 하는 Think Hard의 패러다임의 효율을 절대 따라갈 수 없다. 일이 삶의 수단이 되는 것보다 그 자체가 삶의 목적이 되어야 보다 의미 있고 삶다운 삶을 살 수 있다.

깊이 생각하지 않고 주어진 일을 밤새워 열심히 하면 자신이 발전하기보다는 소모된다는 느낌을 갖는다. 그리고 점차 시간이 지나면서 일에 대한 열정과 호기심이 식게 된다. 회사를 위하여 열심히 일했지만 이제 회사에서는 더 이상 자신을 필요로 하지 않아 쫓겨날 걱정까지 하게 된다. 그러나 자나 깨나 자신의 일을 분석적으로 생각하면서 일하는 Think Hard의 패러다임에서는 자신의 능력이 빠른 속도로 발전하고 동시에 열정과 호기심이 발달한다. 결과적으로 회사에서는 온갖 문제를 해결해내는 능력 있는 사람으로 평가받는다. 이렇게 되면 회사에서는 행여 당신이 다른 회사로 자리를 옮길까봐 걱정하는 상황이 벌어지게 된다.

회사가 몰입 전임자를
선정한다면

경영 컨설턴트이며 리더십 전문가인 존 맥스웰의 『생각의 법칙 10+1』이라는 책을 보면 재미있는 이야기가 눈에 띈다. 바로 몰입 전임자에 대한 이야기다.

갓 회사에 들어간 젊은 간부가 사장과 함께 회사를 둘러보고 있었다. 회사 곳곳을 둘러보던 그는 큼지막한 사무실에 안락한 의자가 하나 놓여 있고 한 여성이 거기에 앉아 창밖을 내다보고 있는 모습을 보게 되었다. 널찍한 사무실이 비어 있는 것을 본 그는 사장에게 물었다.

"사장님, 이 사무실은 왜 비어 있나요?"

"아니, 사용하고 있는데?"

"아, 그래요? 사무 집기가 하나도 없기에 저는 빈 사무실인 줄 알았습니다. 그런데 저 여자분은 누구입니까?"

"저 방 주인이지. 우리 회사의 부사장 중 한 명이라네."

이야기를 나눌수록 알 수 없는 노릇이었다.

"아, 네. 그런데 부사장님께선 주로 무슨 일을 하시나요?"

사장은 빙그레 웃으며 대답했다.

"생각을 한다네."

"저렇게 앉아서 생각하는 게 일이라고요? 그런 일이라면 저도 해보고 싶은데요?"

"그녀가 제출한 아이디어 덕에 우리 회사가 2,000만 달러를 벌었다네. 자네도 꾸준히 그런 일을 할 수 있다면 언젠가 한번 도전해보게나."

몰입 전임자라는 말 자체가 아직은 생소할지도 모른다. 우선 몰입해서 생각하는 것을 좋아하고 그것을 통해 문제를 잘 해결하는 사람을 골라서 몰입 전임자로 선정한 다음, 다른 업무를 덜어주는 대신 1년 중 몇 달을 사고의 방에서 집중적으로 생각만 하게 한다. 물론 생각하다가 문제 해결을 위해 필요하면 자료도 찾고 외출도 할 수 있다. 이 방식이 몰입적인 사고를 가장 적극적으로 경영에 반영하는 몰입 전담자 제도다. 이런 방식으로 주어진 문제를 해결하거나 새로운 아이디어를 추구하는 것은 시도해본 사람이라면 누구나 그 효과를 인정할 수밖에 없을 것이다.

몰입을 실천하는
세계적인 기업들

세계적으로 경쟁력이 있는 기업들은 한결같이 창업자가 몰입을 하거나, 직원들이 몰입을 할 수 있도록 독려하고 유도했다. 창업자가 몰입을 한 경우로는 삼성그룹을 일으킨 이병철, 현대그룹을 일으킨 정주영, 혼다를 창업한 혼다 소이치로, 교세라를 창업한 이나모리 가즈오, 소프트뱅크를 창업한 손정의, 버크셔 해서웨이를 창업한 워런 버핏, 애플을 창업한 스티브 잡스, 테슬라와 스페이스 X 등을 창업한 일론 머스크 등이 있다.

직원들에게 생각과 몰입을 독려한 대표적인 예가 마이크로소프트이며 IBM과 3M 그리고 일본의 미라이공업과 소니다. 단지 직원들에게 생각하라고 한다고 해서 직원들을 생각하게 만들 수는 없다. 직원들이 생각하는 것을 실천하도록 구체적이고 특별한 제도적 장치를 마련해야 한다. 다음에 소개한 회사들은 이러한 제도적 장치를 잘 갖

몰입 확장판

춘 기업들이다.

마이크로소프트의 think week

이들 기업 중에서도 사고 위주의 몰입 개념을 가장 잘 적용하고 있는 회사는 마이크로소프트다. 마이크로소프트는 모든 연구원이 사무실을 혼자서 사용하도록 배려하는 세계 유일의 대기업이다. 일정한 근무 시간만 지키면 출퇴근도 자유롭다. 그 대신 팀장은 각자의 일을 정확하게 정의해준다. 자율성을 극대화하고 몰입할 수 있는 가장 이상적인 직장 환경을 제공하는 것이다.

빌 게이츠가 1년에 2번 외딴 별장에서 마이크로소프트가 나아갈 방향에 대해 집중적으로 생각하는 사고 주간think week을 갖는다는 것은 월스트리트를 통해 널리 알려진 사실이다. 더욱 놀라운 것은 이 회사의 임원 모두가 1년에 두 차례 사고 주간을 갖는다는 것이다.

마이크로소프트는 사내 인터넷에 임원 각자가 회사와 관련하여 해결해야 할 중요한 문제들을 올려서 모두가 공유한다. 사고 주간에 들어갈 사람은 이 문제 중에 하나를 선택해서 사고 주간 동안 집중적으로 생각하는데, 그 기간 동안 생각한 결론을 다시 사내 인터넷에 올리면 빌 게이츠를 포함한 전체 임원들이 그것을 읽고 평가한다. 빌 게이츠와 마이크로소프트의 생각하는 습관이 오늘날 마이크로소프트를 세계에서 손꼽히는 창조적 기업으로 만든 것이다.

IBM의 Think smart

세계에서 가장 경쟁력 있는 회사인 IBM의 경영철학은 'Think smart'이다. 바로 생각의 중요성을 강조한 것인데, 이는 IBM의 전설적인 인물 토머스 왓슨 회장의 경영 이념을 그대로 반영한 것이다. 심지어 우리가 알고 있는 '싱크패드Thinkpad'라는 노트북 이름까지 IBM의 이러한 경영철학을 본떠서 붙인 이름이다. IBM은 사무실 벽, 출입문, 사보의 표지 등 눈에 보이는 곳마다 'Think'라는 글자가 적혀있었던 것으로 유명하다. 사원 훈련을 위해 제시하는 방법들 역시 모두 '생각'을 중심으로 구성되어 있다. 이를 요약하면 '생각할 재료를 읽어라, 생각할 재료를 들어라, 막연한 생각을 수정하고 정리하기 위해 토론하라, 상대방이나 대상의 상황을 관찰하라, 읽고 듣고 토론하고 관찰한 내용을 생각하라' 등이다. 그리고 이들 내용은 실제 업무 현장 전반에서 철저하게 지켜지고 있기에 더욱 의미가 깊다.

소니의 신화를 만든 불타는 집단

개인이 몰입하는 것보다 팀을 이루는 구성원이 함께 몰입해서 놀라운 성과를 얻는 경우가 있다. 소니의 전 수석 상무였던 텐게 시로는 2007년 1월호 〈문예춘추〉에 기고한 글에서 소니의 '불타는 집단'에 대해 언급했다. 그는 소니의 신화를 이룩한 '불타는 집단'의 특징을 다음과 같이 설명했는데 이는 전형적인 몰입이다.

"CD 개발 과정에서 디지털 오디오 기기 기술 규격에 관하여 유럽 기업과 격렬하게 경쟁하고 있었을 때, 원래 3~4년 정도 걸리는 업무용 디지털 기기를 반년 만에 만들어냈다. 당시 개발자들에게 무리한 스케줄을 강요하여 철야 개발이 이어졌는데, 그 과정에서 갑자기 스위치가 켜진 것같이 아이디어가 생기기 시작했으며 곤란한 문제에 직면해도 이에 굴하지 않고 문제를 해결했다. 평범한 엔지니어가 슈퍼 엔지니어가 된 것 같았고, 이 같은 현상은 워크스테이션 'NEWs' 개발 때에도 나타났다. 소니의 독창적인 제품들은 바로 이들 '불타는 집단'에 의해 잇달아 출시되었다."

3M이 준비한 생각하는 시간

3M은 100년 동안 꾸준한 성공을 거둬온 몇 안 되는 기업으로, 6만여 개의 제품을 갖춰 지구상에서 가장 많은 판매 상품을 구비한 기업이라는 색다른 타이틀을 갖고 있다. 오늘날 3M이 소비자의 사랑을 받는 많은 제품을 갖게 된 것은, 소비자들의 사소한 불편까지 해결한다는 목표로 끊임없이 아이디어 상품을 개발했기 때문이다.

이 회사는 모든 직원이 생각을 할 수밖에 없는 구조를 만들어놓은 것으로 유명하다. 최근 4년 동안 개발한 신제품의 매출이 그해 매출액의 30%에 미치지 못하면 팀의 리더가 퇴출되는 시스템을 도입해 혁신의 바람을 불러일으켰던 것이다. 사정이 이러니 당연히 생각하고 연구하여 창조적이고 실용성 있는 제품을 만들어낼 수밖에 없다.

물론 여기에는 적절한 배려가 뒤따른다. 3M은 업무 시간의 15%를 자유로운 연구 수행을 위해 안배하여 생각할 시간을 준다. 그리고 이 생각하는 시간이 바로 3M의 경쟁력이 되었다.

그러나 안타깝게도 2021년 월스트리트저널은 가장 혁신적인 기업으로 손꼽히던 3M의 혁신성이 퇴보하고 있다고 보도했다. 2020년 3M에서 퇴직한 연구원의 인터뷰에 따르면 1988년 3M에 입사했을 때는 매일 오전 11시마다 직원들이 모여 신제품에 대한 아이디어를 공유했고, 이런 자유로운 토론이 실제로 신제품 개발로 이어졌다고 한다. 그러나 2018년 마이크 로만 최고경영자가 부임한 뒤, 업무 시간의 15% 동안 생각하는 문화가 사라진 것이다. 결국 신제품 출시 빈도는 줄어들고, 개발 속도도 느려졌다. 생각하는 힘을 경시한 결과, 세계에서 가장 창의적인 기업이라고 평가받던 기업도 몇 년만에 경영 악재에 놓일 수 있음을 보여준다.

샐러리맨의 천국 미라이 공업

70세 정년, 종신 고용, 연간 140일의 휴가와 개인휴가, 3년간 육아 휴직 보장, 5년마다 전 직원 해외 여행 등 이른바 '유토피아 경영'으로 일본 젊은이들에게 꿈의 직장이라 불리는 곳이 있다. 바로 미라이 공업이다. 더욱 놀라운 것은 이 회사가 동종 업계 시장 점유율 1위라는 거다. 어떻게 이런 결과가 가능할까.

미라이 공업이 높은 경쟁력을 갖는 이유는 새로운 아이디어 제품에 대한 특허와 1만 8,000종의 아이디어 상품 때문이다. 이 회사의 슬로건은 '항상 생각한다'이다. 직원들에게 단순히 생각하라고 시킨다고 해서 생각하는 직원은 별로 없다. 그래서 슬로건에서 그치는 것이 아니고 늘 사원에게 쪽지로 아이디어를 모집하여 그것이 상사에 대한 욕이나 월급에 대한 불만이 아니라면 무조건 500엔을 지급한다고 한다. 이렇게 돈을 들여 사원들에게 생각하는 훈련을 시키는 것이다. 돈을 받는 직원들로서도 아무 아이디어나 제출할 수는 없다. 조금은 신경을 써서 아이디어를 제출하게 되고 이것이 반복되면서 아이디어에 대한 사고력이 발달한다. 처음에는 별로 가치 없는 아이디어를 내다가도 몇 년 지나면서 아무도 생각할 수 없는 아이디어를 내는 머리로 발전하는 것이다. 이러한 경영철학을 유지한 결과, 미라이 공업은 50년 넘게 흑자를 기록하고 있으며 중소기업임에도 불구하고 일본 시장점유율 업계 1위를 차지하고 있다.

성실하지만 생각을 하지 않던
지도 학생의 사례

서울대학교를 퇴임하기 전 나는 실험실 곳곳에 'Think'라는 문안을 써 붙여둬서 내가 지도하는 대학원생들에게 늘 생각의 중요성을 강조했다. 대학원에서 석·박사 학위를 받는 과정은 하나의 주제를 정해 그 주제와 관련하여 지금까지 연구한 논문들을 읽고 자기만의 새로운 생각(일종의 가설)을 펼치고 증명하는 과정이라고 할 수 있다. 쉽게 말해 새로운 아이디어를 만들어가는 과정인 것이다. 따라서 자신이 채택한 주제를 매일 깊이 생각하는 습관이 배어 있어야만 의미 있는 연구 결과물을 생산해낼 수 있을 뿐만 아니라 남다른 경쟁력을 갖는 고급 인력으로 성장할 수 있다. 석·박사 과정을 거치며 성장하는 정도는 이처럼 깊이 생각하는 시간에 비례한다. 이는 내가 대학원생들을 지도하며 어떤 활동이 고급 인력을 만드는 데 가장 크게 기여하는지 오랜 고민 끝에 내린 결론이다. 하지만 내가 아무리 몰입적 사고를 강조해도 일부 학생들은 좀처럼 생각을 하지 않았다.

다음은 내가 지도했던 학생들 중 좀처럼 생각을 하지 않았던 학생이 몰입 훈련 이후 극적인 변화를 보여주었던 사례다. 이 학생은 생각은 깊이 하지 않았지만 나의 연구실에서 실험을 가장 열심히 하는 학생이었다. 덕분에 의미를 해석할 수 있는 실험 데이터를 상당히 많이 가지고 있었다. 이 학생은 그간의 성실함을 바탕으로 박사논문 심사는 무사히 통과했다. 그런데 논문자격시험에서 떨어지게 되어 졸업이 6개월 뒤로 연기되었다.

나는 어떻게 하면 이 학생을 깊이 생각하게 만들 수 있을까 오랜 시간 고민했다. 이 학생에게 특별히 관심을 가진 이유는 이 학생이 대단히 성실했기 때문이다. 내가 올바른 방법으로만 지도한다면 생각하는 학생으로 바꿀 수 있을 것이라는 확신이 들었다. 어린 시절부터 받은 주입식 교육 때문에 생각하는 훈련을 하지 않은 학생은 생각한다는 것이 무엇인지 모른다. 특히 생각하다가 진전이 없거나 잡념이 들어오면 생각하기를 끝내고 더 이상 생각해도 소용이 없다고 간주한다. 내가 말하는 생각이란 아무런 진전이 없는 상태에서 시작해서 문제가 풀릴 때까지 계속 생각하는 것을 뜻한다. 만약 10시간 동안 생각한 끝에 답을 구했다면 9시간 55분 동안은 아무런 진전이 없는 상태에서 계속 생각하며 보내다가 마지막 5분에 아이디어나 해결책이 떠오르는 것이다. 그러니까 앞이 깜깜한 상태에서도 생각의 끈을 놓지 않고 계속 생각해야 한다. 이는 아무리 이론적으로 설명해도 소용이 없고 자기 자신이 직접 경험을 해야 한다.

초중고 시절의 학습방식과 창의적인 연구 능력 사이에 매우 높은 상관관계가 있으므로 이 학생에게도 미지의 수학 문제를 스스로 생각하고 몰입해서 풀도록 하는 훈련을 시키면 어떨까 하는 생각이 들었다. 그래서 이 학생에게 졸업하기 전 6개월 동안 창의적 문제해결력을 키우는 방법으로 몰입 훈련을 해볼 것을 권유했다. 성실함만큼은 누구나 인정할 만했던 이 학생은 이후 6개월간 매일 13시간 정도씩 답을 알지 못하는 수학 문제를 스스로의 힘으로 생각해서 푸는 훈련을 반복했다. 이러한 훈련의 결과가 과연 어떠한 효과를 가져올지 무척이나 궁금했다. 6개월을 날짜로 환산하면 약 180일이다. 즉, 이 학생은 2,300여 시간 동안 몰입하는 시간을 가졌던 것이다(180일× 13시간=2,340시간).

졸업 후 이 학생은 한 대기업에 취직을 했는데, 생산 공정에서 발생하는 각종 문제들을 좋은 아이디어를 제시함으로써 해결해내는 해결사로 인정받고 있는 중이다. 앞으로 이 학생을 J라고 부르도록 하겠다. 다음은 J가 몰입적 사고를 통해 기업의 핵심 인재로 활약하고 있는 모습을 보여주는, 그가 보내온 메일의 내용이다.

2012년 12월 24일

❝ 교수님 안녕하세요. OOO입니다. 저는 지난 9월 1일에 입사했습니

다. 10월 1주까지 교육을 받고 10월 2주부터 정식으로 A팀에 발령을 받아 1년간 현장교육을 받고 있습니다. 출근한 첫날에 그룹장님이 해결해야 할 문제가 있는데 혹시 해볼 수 있느냐고 물어보셔서 일단 해보겠다고 했고, 2일 만에 답을 찾아서 보고했습니다. 그리고 그다음 주에 또 다른 문제를 해결해줄 수 있느냐고 물어보셔서 3~4일 정도 생각한 후 답을 찾아 보고했습니다. 제가 생각할 때는 논리적으로 문제가 없었고, 그분들도 문제가 없다고 말씀을 하셨습니다.

그리고 2주 후에 현재 하루에 10~30장 정도 생기는 불량이 있는데 이 추세가 점점 증가하고 있어서 해결하면 좋을 것 같다고 하셔서 일주일 정도 생각해서 5가지 방안을 도출하여 보고했고, 최선은 첫 번째 방안이지만 가장 비용이 적게 드는 것은 다섯 번째 방안이라고 말씀드렸습니다. 그리고 이것을 결정하는 동안 외국에 있는 저희 회사 공장에서도 같은 불량이 하루에 50장 이상씩 발생하고 있어서 상무님에게까지 보고가 들어가고 있었습니다.

그래서 다섯 번째 방안을 먼저 한 곳에서 적용했는데 불량이 전혀 없었습니다. 그래서 나머지 장비에서도 서서히 적용을 해서 현재는 꽤 많이 적용된 상태입니다. 지난주에는 상무님께 보고하는 간부 회의에서 발표했고, 상무님은 무엇보다도 비용이 들지 않는 방법으로 문제를 해결해서 아주 좋다고 말씀하셨습니다. 그리고 그룹장님께서도 아주 잘하고 있고 또 좋은 아이디어를 내고 있다고 전체 메일로 3번이나 칭찬하셨습니다.

이 메일은 J가 졸업한 지 4개월이 지나서 보내온 것이다. 입사한 지 얼마 지나지 않은 신입사원이지만 회사에서 생산하는 제품의 불량률을 낮추는 좋은 아이디어를 생각해낸 모습이 인상적이다. 이를 통해 졸업하기 전 6개월 동안 진행했던 몰입 훈련의 결과로 J의 창의적 문제해결력이 발달했음을 확인할 수 있다. J는 자신의 집에서 회사까지 회사 통근버스를 타고 출퇴근을 한다고 했다. 집에서부터 회사까지는 편도로 1시간 거리인데, J는 주로 출퇴근을 하는 시간에 통근버스에서 생각을 한다고 한다. 2장에서 언급했듯이 이처럼 자투리 시간을 활용하여 몰입하는 것이 '약한 몰입'이다. 약한 몰입은 연속해서 긴 시간을 내기 어려운 직장인들이 일상에서 실천하기에 매우 유용한 몰입 방법이다.

이후 J는 계속 좋은 성과를 내어 10명 중 한 명에게만 주는 최상위 고과를 3년 연속 받은 후, 회사의 핵심 인재인 S급 인재로 선정되었다. 핵심 인재가 된 이후에 부서 이동을 하고 나서 5년여가 지난 뒤 내게 이와 같은 메일을 보내왔다.

66 제가 업무순환프로그램으로 금년 초 상품기획팀으로 부서 이동을 하고 나서 새로운 상품을 기획했고 현재 회장님께 보고가 되었습니다. 현재 당사에 적합하고 세트 업체도 좋아할 것이라고 직접 세트 업체 회장님과 논의하셨습니다. 그리고 아이디어가 좋아서 세트 업체 회장님과 논의를 통해서 내년에 제품으로 출시하기로 되었습니다.

상품기획팀에서는 기존 연구소의 개발과 달리 한 문제에 오래 집중을 할 수 없어서 저는 굉장히 힘들었습니다. 그래서 전략을 바꿨습니다. 업무 시간에는 집중력이 분산되는 일을 하고, 업무 시간 후에 한 문제에 집중하기로 했습니다. 그 결과 위에서 언급한 성과를 얻었습니다. 그리고 하루하루를 재미나게 보낼 수 있었습니다.

후배들에게 생각을 잘하면 엔지니어 업무 외에 다른 일을 하더라도 많이 도움이 된다는 사실을 알리고 싶어서 밤늦게 교수님께 메일을 보냅니다.

J는 이제 사내에서 발생한 문제를 해결해내는 것은 물론이고 새로운 상품을 기획하는 일로도 자신의 업무 영역을 확장해나가고 있었다. 이 메일에서 한 가지 또 인상적이었던 지점은 몰입적 사고를 하기 위해 업무 방식을 효율적으로 재편하는 전략을 펼친 것이었다. 시간은 모두에게 공평한 양이 배분되는 자원이다. 몰입적 사고를 하려면 주변 환경을 적절하게 만들어야 하지만(이에 대해서는 2장 '본격적인 몰입을 시도하기 위하여' 중 '몰입에 들어가기 전에 준비할 것들'을 참조), 회사 생활을 하는 경우에는 내 주변을 몰입을 하기 위한 환경으로 100% 통제하기가 쉽지 않다. 이때 J처럼 하루 중 특정한 시간을 몰입을 위한 시간으로 떼어내어 집중하는 것은 무척 좋은 방법이다. 다음은 J가 자신의 근황을 전하며 보내온 메일의 내용이다.

2023년 1월 19일   입사 후 10년 5개월이 지난 현재

> 저는 교수님의 훌륭한 가르침 덕분에 회사에서 꾸준하게 성장하고 있습니다. 입사 후 지금까지 한 번도 최상위 고과를 놓친 적이 없을 정도로 회사에서도 꾸준히 인정도 받고 있습니다. 동시에 자만하거나 나태해지지 않도록 항상 스스로를 독려하고 있습니다.
> 미국으로 1년 동안 연수를 다녀오고 나서 바로 섹션장이 되었고, 작년에는 바로 파트장까지 승진을 했습니다. 더 좋은 소식은 파트장이 되고 나서 직원 교육의 꽃이라고 부를 수 있는 임원 교육까지 무사히 수료한 것입니다. 임원 교육 대상자는 저희 회사 기준으로 3,000~4,000명 중 1명을 선발하고 있습니다. 이번에 임원 교육을 받은 사람들 중에서 제가 제일 나이가 어리고 연차도 낮았습니다.

J는 10명 중 한 명에게 준다는 최상위 고과를 무려 10년 연속으로 받아오고 있다. 인재들만 입사할 수 있는 회사에서 3,000~4,000명 중 한 명을 선발하는 임원교육 대상자에 최연소, 최저연차로 선발되었다고 한다. 2,000시간의 몰입 훈련이 이러한 기적을 만든 것이다. 이는 대단히 중요한 교육 실험이다. 주입식 교육을 받았다고 하더라도 이런 방식으로 일정 기간 재교육을 받으면 창의성과 창의적인 문제해결력을 발휘할 수 있음을 보여주기 때문이다.

이러한 몰입 훈련이 다른 사람에게도 효과가 있는지 확인하는 것도 중요하다. 2장에 소개한 '게임 중독 중학생이 몰입 훈련을 통해 엘리트로 성장한 사례'의 학생은 2년에 걸쳐 2,000시간 이상 몰입한 뒤 회사에서 해결사가 되었고 젊은 사원 중 최초로 핵심 인재가 되었다. 5장에 소개한 '고도의 몰입으로 대회를 휩쓸고 과기부장관상까지 수상한 사례'의 학생도 2,000시간 이상의 몰입으로 해커톤과 공모전에서 다수의 우승을 거뒀다. 몰입 훈련의 효과는 명백하다. 어린 시절부터 이런 방식으로 공부하는 몰입학습법은 명백히 창의성과 창의적인 문제해결력을 발달시킨다.

5장

THINK
HARD

약하게 혹은 강하게,
몰입에 이르는 여섯 단계

창의적 문제해결력을 키워주는 몰입은 어떤 방식으로 하는지에 따라 '약한 몰입'과 '강한 몰입'으로 나눌 수 있다. 몰입하는 시간의 연속성은 약한 몰입과 강한 몰입을 나누는 중요한 기준이다.

이 장에서는 몰입을 약한 몰입 3단계, 강한 몰입 3단계, 총 6단계로 구분한 뒤 각 단계에서 할 수 있는 몰입 훈련 방법을 소개한다. 약한 몰입 3단계는 몰입을 처음 시작하는 사람들을 위한 것이자 강한 몰입으로 발전하기 위한 준비단계다. 강한 몰입 3단계는 약한 몰입 3단계를 끝낸 사람들이나 평소에 깊은 생각으로 성과를 내는 사람들이 한 단계 더 성장하는 방법이다.

약한 몰입 1단계에서 강한 몰입 2단계까지의 훈련은 창의성과 창의적 문제해결력을 키우는 속성 교육과 같다. 주입식 교육만 받았던 성인이라고 할지라도 이 단계들을 거치면 창의성과 창의적 문제해결력을 키울 수 있다. 단 100시간의 훈련만으로도 생각하는 방식에 변화를 주며, 1,000시간을 투자하면 이전에 해결하지 못했던 많은 문제를 해결할 수 있다. 이해와 실천을 돕기 위해 단계마다 적절한 사례를 소개했다. 다만 적절한 사례가 이 책의 다른 곳에서 이미 소개되었다면 그 사례가 어디에 있는지 언급만 했다.

몰입은 하나의 문제를 해결하는 데 유용하고 강력하지만, 꼭 문제 해결이 아닌 최선을 다해야 하는 다양한 상황에서도 유용하게 활용할 수 있다. 가령 내가 공부에 몰입하고 싶으면 공부와 관련된 내용을 의식의 무대 위에 올려놓는 노력을 지속하면 되기 때문이다. 이 경우에는 하나의 문제에 몰입하는 것보다 몰입의 장벽이 상대적으로 낮다. 그러나 문제 하나가 아닌 집중하려는 대상이 넓어지므로 고도의 몰입 상태에 도달하려면 더 오랜 기간이 걸린다. 최선을 다해야 하는 상황에 어떻게 몰입을 활용해야 하는지도 약한 몰입 2단계부터 단계마다 함께 소개했다.

몰입의 경험이 없는 사람이 처음부터 강한 몰입을 하기란 쉽지 않다. 달리기는 보통의 체력을 가진 사람이라면 거의 누구나 할 수 있는 운동이지만 적절한 준비나 훈련 없이 단번에 마라톤 풀코스를 완주할 수는 없다. 그러나 러닝 초보자도 꾸준히 연습을 거듭하다 보면 42.195km를 완주할 수 있게 된다. 이와 마찬가지로 몰입할 수 있는 능력도 지속적으로 훈련하면 높은 수준으로까지 향상될 수 있다.

지속적인 몰입 훈련을 통해 강한 몰입까지 충분히 해낼 수 있게 된 경우에도 자신의 상황에 따라 약한 몰입의 방법을 유연하게 활용할 수 있다. 상황과 사람에 따라 자유로이 몰입에 빠지며 자기 혁명을 일으키자.

약한 몰입 1단계
슬로싱킹 터득하기

'슬로싱킹'에 의한 몰입은 이완된 상태에서 집중하고, 생각하는 과정이다. 긴장된 상태로 생각하면 스트레스를 받고 쉽게 지쳐 부작용이 따르게 된다. 이런 상태가 지속되면 번아웃이나 심할 경우 공황장애로 이어질 수 있다. 반면, 시간에 쫓기지 않는 여유로운 마음가짐으로 몰입하게 되면 몸과 마음이 느긋해지고, 집중력이 유지되어서 깊은 몰입 상태를 지속할 수 있다. 따라서 약한 몰입 1단계의 목표는 힘을 빼고 이완된 상태에서 느긋하고 쉬는 듯이 생각하는 슬로싱킹을 익히는 것이다.

긴장하는 경향이 있는 사람들은 집중을 지속하는 데 어려움을 겪는다. 나에게 집중력 부족에 대한 고민을 토로한 직장인이 있었다.

"집중하려고 해도 쉽게 다른 생각으로 옮겨져 산만해지고, 오랫동안 집중하기에 어려움을 느낍니다. 업무 중에도 자주 다른 생각이 들거나 긴장해서, 결과에 만족하지 못하는 경우가 있습니다."

나는 이완된 상태에서 집중과 몰입을 해보라고 권했다. 다음은 이 직장인이 내가 알려준 슬로싱킹을 시도하면서 보내온 메일이다.

슬로싱킹 1주 차 잘못된 믿음을 버리게 됨

66 업무를 수행하면서, 어려움에 직면했을 때 긴장감으로 머릿속이 하얗게 되어서 창의적인 사고가 어려웠던 적이 많습니다. 문제를 해결할 때나 업무에 집중할 때마다 괴로워도 '집중은 고통스럽고 힘든 과정'이라고 생각했습니다.

하지만 말씀하신 새로운 인식을 업무에 적용해보기로 했습니다. 목과 어깨의 긴장을 풀고 편안함을 유지하려고 의식적으로 노력했습니다. "이렇게 일하는 것이 정상이다"라고 계속해서 상기했습니다. 완벽하게 긴장을 통제할 수는 없었지만, 이전보다 훨씬 더 집중하게 되었고, 사람들 앞에서 당황하는 일도 줄어들었습니다. 무엇보다도, "돈을 벌기 위해서는 힘들고 고통스러워야 한다"라는 잘못된 믿음을 버릴 수 있었으며, 앞으로 이러한 자세를 삶의 다양한 영역에 적용해보려고 합니다.

슬로싱킹 3주 차 한 번의 성공으로 자신감을 얻음

66 이번 주에 잘 풀리지 않은 일을 해결해야 했습니다. 고민에 고민을 거

듭했지만, 답은 쉽게 찾아지지 않았습니다. 그래도 끊임없이 집중했고, 다른 사람들에게 조언을 얻어 결국 문제를 해결할 수 있었습니다. 100% 혼자의 힘으로 해결한 것은 아니었지만, 이 경험은 저에게 자신감을 심어주었고, 다음 과제에서도 전념할 수 있었습니다. 이 경험을 통해 깨달은 것은, 한 번의 성공이 자신감을 주고, 이어지는 과제에도 집중할 수 있는 원동력이 된다는 점입니다.

슬로싱킹 4주 차   마음에 여유가 생기고 풍요로움

" 이번 주도 최대한 긴장을 풀고 업무에 집중했습니다. 제가 몰입을 시도해보고 느낀 점은 몰입하면 머리가 맑아진다는 것입니다. 좋지 못한 상황임에도 몰입하면 부정적인 생각을 없앨 수 있고 마음의 여유가 생깁니다. 이전에는 걱정에 사로잡혀서 얼굴에 근심과 걱정이 가득했다면 몰입하고부터는 마음에 여유가 생겨서 표정이 밝아졌습니다. 어떤 일을 하든지 몰입을 통해서 최선을 다하면 된다는 마음가짐이 생기니 이전보다는 훨씬 더 풍요로워진 기분입니다. 삶과 가치관이 변할 수 있다는 게 어떤 뜻인지 이해가 됩니다.

이 사례를 통해 힘을 빼고 천천히 생각하기인 슬로싱킹만 실천해도 삶의 질을 극적으로 높일 수 있음을 알 수 있다. 약한 몰입의 1단계인 슬로싱킹만 터득해도 쉬지 않고 생각하는 것이 힘들지 않고, 몰입의 다음 단계로 나아가는 데 큰 어려움이 없을 것이다.

슬로싱킹으로 간단한 수학 문제 풀어보자

몰입을 가르칠 때, 사람들에게 수학 문제를 주고 해결하라고 하면 사람들 대부분은 긴장부터 한다. 그래서 긴장을 풀라고 하면, 고민 없이 혹은 긴장하지 않고는 생각해본 적이 없다는 사람들이 많다. 그 이유는 생각하는 걸 위기 상황일 때만 했기 때문이다. 그래서 많은 사람들이 생각하는 행위를 골치 아픈 활동이라고 간주하고 이에 대한 거부감을 가지고 있다. 이 선입견을 깨야 한다.

선입견을 깨기 위해 다음에 주어진 초등학교 문제들을 슬로싱킹으로 풀어보자. 문제의 답을 찾는 과정에서 긴장하거나 조급해하거나 부담 갖지 말고 이완된 상태에서 쉬는 듯이 생각해야 한다. 이완된 상태에서 편안하게 생각하면서도 답을 구할 수 있음을 경험하는 것이 목표다. 또한 펜을 사용하지 말고 생각만으로 답을 구해야 한다. 생각하는 시간은 필요한 만큼 사용하면 된다. 문제를 읽기 전에 먼저 몸을 이완시키고 안락하고 편안한 상태에서 아무 생각도 하지 않은 채 5분 정도 시간을 갖는다. 문제를 읽고, 해답을 생각하면서 이 편안한 상태가 깨지지 않도록 주의한다. 답이 맞고 틀리고가 중요한 것이 아니고 쉬는 듯이 생각하는 것이 중요하다. 따라서 답이 틀리더

몰입 확장판

라도 아쉬워하지 말고 다시 쉬는 듯이 생각을 이어가는 데 더 중점을 둬야 한다.

- 문제 1: 오늘은 수요일이고 오늘부터 100일 후가 방학하는 날이라면, 방학하는 날은 무슨 요일인가?
- 문제 2: 어떤 수에 42를 곱해야 할 것을 잘못해서 42를 더하였더니, 62가 되었다. 바르게 계산하면 그 값은 얼마인가?
- 문제 3: 현재 시각은 정각 5시다. 이때 시침과 분침이 이루는 각 중에서 크기가 작은 쪽 각의 크기가 몇 도인가?

비슷한 난이도의 문제를 선정하고, 이완된 상태에서 쉬는 듯한 분위기 속에서 정답을 찾는 연습, 즉 슬로싱킹이 자연스러워질 때까지 반복하는 것이 바람직하다. 슬로싱킹을 충분히 익혔다고 생각되면 약한 몰입 2단계로 넘어간다.

문제 1 정답   금요일. 7의 배수가 되면 수요일이다.
98일은 7의 배수이고 그 수요일이므로 100일 후는 금요일이 된다.

문제 2 정답   840. 어떤 수 $x+42=62$이므로 $x=20$ 따라서 $20×42=840$.

문제 3 정답   150도. 360도를 12로 나누면 30도다.
따라서 정각 5시는 30도×5=150도.

（목표）

- 이완된 상태에서 조급함 없이, 쉬는 것처럼 생각하는 슬로싱킹 방법을 터득한다.

（방법）

- 5분 이내로 답을 구할 수 있는 문제를 골라서 편안하게 쉬는 듯이 생각할 수 있음을 경험한다.
- 슬로싱킹이 익숙해질 때까지 반복한다.

TIP

수학 문제 풀기를
추천하는 이유

내가 몰입을 위한 훈련으로써 수학 문제 풀기를 추천하는
이유는 크게 두 가지다. 수학 문제는 무엇보다 답이 명확하
기 때문이다. 고대 그리스의 철학자 플라톤은 오늘날 대학의
원형인 고등교육기관 아카데미아를 설립해 수많은 제자들을
양성했는데, 이 아카데미아의 입구에는 이런 말이 새겨져 있
었다. "기하학을 모르는 자, 이 문을 들어오지 말라." 그는 '기
하학은 진리로 가는 영혼을 이끌며 철학의 정신을 창조한다'
라고도 말했을 만큼 기하학이 이 세상을 완전무결하게 설명
하는 학문이라고 여겼다. 고대에 기하학을 포함한 수학은 철
학의 근간이기도 했다. 수학은 완전무결한 논리체계를 가지
고 있으므로 답이 명확하고 개인에 따라 답이 달라지지 않는
다. 이런 이유로 따로 지도해주는 사람이나 스승이 필요 없

다. 답을 맞추면 내 논리가 맞은 것이고, 답이 틀리면 내 생각이나 논리가 어딘가에서 틀린 것이다.

수학 문제 풀기가 몰입을 위한 워밍업으로 좋은 두 번째 이유는 첫 번째 이유에서 파생한 것이다. 수학 문제를 풀다 보면 생각을 여러 차례 거듭하게 된다. 수학 문제는 답이 명확하다 보니 내가 찾은 답이 정답이 아닐 경우에 '내가 생각을 덜 했구나' 하고 이내 수긍하게 된다. 수긍한 다음에는 자신이 문제를 풀었던 과정을 다시 살펴보면서 어떤 부분에서 오류가 생겼는지 되새기게 된다. 이 과정이 상당히 중요하다. 비록 정답에 바로 이르지는 못했지만 내 생각의 흐름을 되돌아보는 과정에서 우리는 한 번 더 깊이 생각하는 훈련을 하게 되기 때문이다. 또한, 내가 확신에 찬 답을 얻어도 틀릴 수 있다는 사실을 거듭 경험함에 따라 마음이 겸손해지고 내 주장만 고집하지 않게 된다. 문제의 정답을 찾아가는 와중에 생각의 유연성도 길러지는 것이다.

이 밖에도 수학 문제는 난이도가 단계적이고 다양하기 때문에 나에게 적절한 난이도를 택할 수 있다. 문제의 난이도는 도전부터 성공까지 너무 빠르거나, 오래 걸렸다는 생각이 들지 않으면 충분하다. 문제를 풀고 나서 다시 도전하고 싶은 생각이 들면 이상적인 난이도다.

약한 몰입 2단계
10분에서 10시간까지 도전하기

약한 몰입 2단계는 처음엔 해결할 수 없을 것 같던 문제에 대해 포기하지 않고 생각을 지속하여 해결하는 경험을 반복하는 것이다. 문제 해결에 걸리는 시간은 최소 10분에서 최대 10시간까지로, 하루에 한 시간씩 생각한다면 최대 10일 동안 포기하지 않고 생각하는 것이다. 회사 업무에서 발생하는 문제나, 수학·물리·코딩처럼 답이 명확한 문제가 적합하다. 이전 단계에서 배운 '슬로싱킹'으로 이완된 상태에서 시간에 쫓기지 말고 스트레스 없이 편안하게 생각하는 것이 중요하다.

처음에는 답이 보이지 않는 문제라도, 몇 시간을 깊이 생각하면 해결할 수 있는 경우가 많다. 만약 몰입을 시도하지 않으면, 내 안의 잠재력을 발견하고 발휘할 기회를 놓치게 된다. 이 훈련은 창의성과 창의적 문제해결력을 높이는 가장 효과적인 방법 중 하나다. 따라서 약한 몰입 2단계 훈련에 많은 시간을 할애하길 권한다.

자신의 지적 한계를 넘는 도전과 성공을 반복하면 자연스럽게 '도전정신'이 형성된다. 이뿐만 아니라 답이 보이지 않은 상황에서도 계속 문제를 생각하면, 문제와 관련된 장기기억이 활성화되어 감정의 변화가 생긴다. 생각하는 시간이 증가하면서 그 문제에 대한 의미와 관심이 생기고 흥미가 생겨난다. 그 문제를 생각하는 행위 자체를 즐기게 되면 열정이 생긴다. 그리고 결국 그 문제에 대한 아이디어가 떠오르거나 창의적인 해결책을 찾게 된다. 이런 경험을 수없이 반복하면서 '도전정신, 열정, 창의성'을 가진 인재로 성장하게 되는데 이는 성공하는 사람들의 특성이지만 모든 직장에서 원하는 인재상이기도 하다.

학창 시절, 문제에 도전하는 방식으로 공부한 사람들은 한결같이 몰입하는 능력이 뛰어나며, 사고력과 창의성, 문제해결력도 우수하다. 반면, 문제에 도전하지 않고 바로 해설을 보는 식으로 공부한 사람들은 대체로 몰입하기 어려워하며, 사고력과 창의성과 문제해결력이 상대적으로 약하다. 그렇다고 사고력과 창의성, 문제해결력을 키우지 못하는 것은 아니다. 성인이 된 후에도 꾸준히 훈련하면 충분히 내 안의 잠재력을 끄집어낼 수 있다. 한 40대 중반 직장인이 자신은 '성실한데 성과가 부족한 점'이 문제라면서 몰입 코칭을 신청했다.

성실함에도 성과가 없는 사람들의 공통점이 있다. 몸은 바쁘지만 정작 중요한 문제는 깊이 생각하지 않는다는 것이다. 이는 답이 보이지 않으면 계속 생각해봤자 소용없다는 잘못된 믿음을 가지고 있기 때문이다. 이런 분들에게 중요한 문제를 찾아서 생각해보라고 하면 "아무 생각이 나지 않는데 어떻게 생각을 하라는 겁니까?"라고 답한다. 생각을 시작해도 잡념이 들어오거나, 진전이 없으면 "생각해도 소용이 없다!"라고 판단하고 그만둬버린다.

이런 사람일수록 미지의 문제에 도전해야 한다. 계속해서 잡념이 끼어들고, 아무런 진전이 없어서 막막하고, 우울감이 느껴지는 등 온갖 부정적인 감정이 생기는 상황 속에서도 포기하지 않고 생각을 이어간 끝에 문제가 풀리는 극적인 성공 경험을 하는 것이 너무나 중요하기 때문이다. 이러한 경험을 통해 생각에 대한 커다란 깨우침을 얻거나 패러다임이 바뀌기도 한다. 이런 성공 경험을 반복하면 자신 안에 무한한 잠재력이 있다는 믿음도 생긴다. 나는 회신으로 중학교 수준의 수학 문제에 도전해보길 권했다. 아래는 이를 실천하고 보내온 메일이다.

수학 문제를 도전한 지 1주 차

> 7월 24일 월요일부터 『중학 수학 총정리』 문제집을 사서 풀고 있습니다. 나이가 40대 중반인지라 기억이 희미해진 수학 용어와 개념들을 다시 공부하며 문제를 푸는 중입니다. 답안을 보지 않고, 10~30분 정도 생각해보고 못 풀 것 같은 문제는 그냥 넘어가고 있습니다. 문제를

풀다 보면 저도 모르게 딴생각이 떠오르거나 풀이에 대한 아이디어가 떠오르지 않아서 멍하니 있게 됩니다. 그때마다 정신 차리고 다시 문제 풀이에 집중하고 있습니다. 분명 몰입 훈련 신청을 할 때만큼은 인생의 전환점을 맞이하고픈 간절한 마음이었으나, 막상 몰입 훈련을 하고 있으니 잡념도 많이 생기고 과연 제가 몰입을 할 수 있을지, 그리고 다른 분야에서도 몰입을 할 수 있을지 확신이 없습니다. 아직 훈련을 시작한 지 얼마 되지 않아 이러한 현상이 나타나는 것 같습니다.

수학 문제에 도전한 지 2주 차

66 지도해주신 대로 문제를 풀기 전에, 풀이에 대한 아이디어를 먼저 떠올리고 있습니다. 최대한 편안한 마음으로 생각하려고 하지만, 이런 식으로 공부해보는 것이 익숙하지 않아서인지 편안하다는 느낌은 아직 없습니다. 종종 딴생각하거나, 멍하니 있는 저 자신을 발견합니다. 학창 시절에 수학 공부를 할 때면 항상 5분 정도 생각해보고 모르면 무조건 답지에 있는 풀이를 보면서 공부했었는데, 지금에 와서야 후회가 됩니다.

수학 문제에 도전한 지 3주 차

66 문제를 풀 때 눈에 띄는 곳에 포스트잇을 붙여 놓으니 잡념이 들어왔을

때 빨리 알아차리게 되었습니다. 문제를 풀다 보면 한참 동안 답답하거나 우울한 마음이 생겨서 그때마다 마음을 편히 먹으려 노력합니다만, 아직은 잘되지 않습니다. 이런 감정을 참기 힘들 때는 잔잔한 음악을 들으면서 생각을 이어갑니다. 선잠은 하루에 한두 번 합니다. 선잠을 자고 나면 확실히 개운함을 느낍니다.

수학 문제에 도전한 지 6주 차

❝ 안 풀리던 문제 중에 한 문제를 선정해서 며칠 동안 풀이를 시도했습니다. 계속 그 한 문제만 붙잡고 있었던 것은 아니고, 다른 문제를 풀면서 매일 한 시간씩은 풀리지 않는 문제에 집중했습니다. 그리고 드디어 오늘 풀었습니다. 문제를 풀기 전, 며칠 간은 '도저히 풀 수 없을 것 같다'였는데 풀고 나니 간단하게 해결되는 문제여서 허탈했습니다. 더디지만 조금씩 변해가는 저 자신을 보고 있으니 학창 시절에 해답지를 보면서 공부했던 것이 많이 후회됩니다. 교수님을 알지 못했다면 죽는 그날까지 모르고 살았을 경험입니다.

생각해도 진전이 없으면 '이건 절대 풀 수 없다'라는 판단이 서면서 몰입의 장벽에 부딪히게 된다. 이 장벽 앞에서 답답함과 부정적인 감정이 쌓일수록, 장벽을 넘는 게 더욱 어려워진다. 특히 위 사례의 직장인은 약한 몰입 1단계 훈련을 충분히 하지 않아서 슬로싱킹을 익히지 못했고 그에 따른 어려움이 메일에 드러나 있다.

위 사례자가 계속 후회한 것처럼, 슬로싱킹을 하기 가장 좋은 기회가 학창 시절에 수학이나 과학을 공부할 때다. 이때 문제의 해답이나 해설에 의존하지 않고 스스로 생각해서 푸는 방식으로 공부하면 남들과는 차원이 다르게 창의성과 창의적인 문제해결력을 키울 수 있다.

이러한 학습 방식은 수학적 사고력을 강화하기 때문에 수능 준비에도 유리하다. 베스트셀러 『역행자』의 저자이자 여러 사업을 성공적으로 운영하는 자청은 유튜브에서 『몰입』을 소개하며, 재수 시절 풀리지 않던 수학 문제를 1~2시간 동안 깊이 생각하며 공부한 결과, 모의고사 성적이 7등급에서 1등급으로 크게 상승했다고 이야기했다. 약한 몰입 2단계 훈련을 통해 5시간 이상 10시간 가까이 생각해서 성공한 경험을 5회 이상 했다면 다음 단계인 약한 몰입 3단계로 넘어가자.

약한 몰입 2단계 활용법: 일상에 적용하기

의도적인 몰입은 직장인의 월요병을 해결할 수 있는 매우 탁월한 방법이다. 방법은 이렇다. 일요일 저녁부터 월요일에 출근했을 때 내가 해야 할 일들에 대해 의도적으로 생각하면 된다. 이 효과를 더욱 극대화하려면 월요일 아침에 출근 준비를 할 때도, 출근길에도 업무에 관해 생각하는 것이다. 이는 업무와 관련된 시냅스를 의도적인 몰입을 통해 활성화하는 과정이다. 우리 뇌 속에서 이루어지는 시냅스의 활성화 작용은 눈에 보이지 않는다. 하지만 이와 같은 불과 몇 시간의 의도적인 몰입을 통해 월요병을 이겨내고 업무 효율이 올라가는 걸 체감하고 나면 시냅스의 활성화가 실제로 작동하는 과정임을 알게 된다. 이런 경험을 한 번이라도 하고 나면 이후에 더 적극적으로 의도적인 몰입을 실천하게 되고, 몰입의 효과를 지속하며 성장할 수 있다.

의도적인 몰입으로 선택적으로 장기기억 혹은 시냅스를 활성화한다는 것은 나의 인식을 선택적으로 증폭시킬 수 있다는 것을 의미한다. 예를 들어 퇴근길에 배우자의 장점에 대한 의도적인 몰입을 한 시간 정도 해보자. 그러면 배우자에 대해 평소와는 다른 특별한 감정을 느낄 수 있다. 내가 극도로 싫어하는 직장 상사가 있다고 하자. 그런데 매일 그 사람과 함께 해야 하는 상황이라면 스트레스를 피하기 힘들다. 이때도 찾기 힘든 그의 작은 장점을 찾아서 의도적인 몰입을 해보자. 그러면 그 장점이 증폭되어 "그 사람에게도 이런 점은 배울 점이 있어!"라는 감정을 갖게 되고 그가 달라 보인다.

인간은 머릿속을 잠시도 비워두지 않는다. 우리는 항상 무엇인가를 생각하는 중이다. 그러나 이것은 상념에 해당하는 '생각나기'로 내가 내 뇌의 주인인 상태가 아니라 의도하지 않은 상념이 내 머릿속에서 자리를 차지하고 있는 상태다. 이보다는 명확한 목표를 세우고 자신이 뇌의 주인이 되어 문제 해결을 위한 체계적인 사고를 하는 '생각하기'를 해야 내 두뇌의 잠재력을 십분 활용할 수 있고 지고의 즐거움까지 덤으로 얻을 수 있다.

의도적인 몰입을 할 때 가장 큰 어려움은 내가 해결하고자 하는 문제 혹은 몰입도를 올리고자 하는 주제를 자투리 시간이 날 때마다 생각해야 한다는 사실을 잊어버린다는 것이다. 또 다른 어려움은 나도 모르게 잡념이 의식의 무대 위에 올라오는 것이다. 이 두 가지 어려움을 해결하기 위해서 포스트잇을 사용하면 큰 도움이 된다. 내가 해결해야 하는 혹은 몰입도를 올리고자 하는 주제를 포스트잇에 적어서 거실이나 주방 등 눈에 잘 보이는 공간에 붙여둔다. 그러면 잠시 잊고 있었다가도 포스트잇을 본 순간, 그 문제로 내 의식을 되돌릴 수 있다.

(목표)

- 처음에는 답이 보이지 않더라도 계속 생각하면 답이 나온다는 믿음을 가지게 된다.
- 의도적인 몰입을 일상에 다양하게 활용한다.

(방법)

- 미지의 문제에 도전해 10시간까지 포기하지 않고 생각한다.
- 의도적인 몰입으로 월요병을 없앨 수 있음을 경험한다.
- 의도적인 몰입으로 나의 인식을 바꿀 수 있음을 경험한다.

약한 몰입 3단계
10시간 이상 도전하기

약한 몰입 3단계에서는, 10시간 이상 생각해도 해결되지 않는 문제에 도전하는 것이다. 10시간 이상 몰입해야 하는 문제라고 하면 잘 이해가 되지 않을 수도 있다. 이해를 돕기 위해 몰입 아카데미 프로그램에서 만난 한 학생의 사례를 소개한다. 몰입 아카데미 프로그램에 1년 이상 참여한 학생들은 약한 몰입 3단계를 훈련하기 때문이다. 이 학생은 초등학교 5학년 때부터 몰입학습법을 실천해왔으며, 현재 중학교 3학년이다. (이 학생의 몰입 훈련은 유튜브 채널 〈하우투〉에서 '내 안에 잠든 천재성을 깨우는 몰입'이라는 제목으로 소개되었다.) 몰입 아카데미는 해당 학생의 학년보다 고학년의 배우지 않은 문제를 주면서 학생들이 스스로 몰입해서 공식을 찾도록 유도한다. 이렇게 하면 그 공식을 처음 만든 수학자의 입장에서 연구하는 것과 비슷한 경험을 하게 된다.

몰입 확장판

이 학생이 중학교 2학년이던 2023년 10월, 고등학교 과정에서 배우는 경우의 수 문제를 제시했다. 바둑판과 같은 격자에서 A와 B 두 지점이 있을 때, A에서 B로 가로 m칸, 세로 n칸을 이동해야 할 때, A에서 B로 가는 최단 경로에 대한 경우의 수를 구하는 문제였다. 이 학생은 18시간 동안의 약한 몰입 끝에 문제를 해결했다.

이어서 고등학교 과정에서 배우는 'n개 중에서 m개를 선택하는 경우의 수인 조합' 문제를 제시했다. 학생이 보낸 메일을 소개한다.

2023년 11월 3일

66 아직 답은 나오지 않았는데 여러 가지 핵심적인 아이디어가 나왔습니다. 금요일까지 총 14시간 정도 생각했는데 쉽게 답이 나오지 않아 고전 중입니다. 물론 욕심을 버리고 천천히 슬로싱킹을 하면 잡념이 줄어들고 창의적인 아이디어도 떠오르지만, 확실히 강한 몰입과 약한 몰입의 차이가 큰 것 같습니다.

14시간 동안 생각했지만 해결책을 찾지 못했다. 그러나 4시간 뒤인 밤 11시경, 총 17시간의 생각 끝에 문제를 해결했다는 메일을 보내왔다. 이 학생은 예전에 $y=x^3$ 곡선 위의 점 $(2, 8)$에서 접선의 기울기를 구하라는 미분 문제를 5일간 몰입해서 스스로 해결한 경험이 있다. 그리고 $y=x^2$ 곡선과 x축 사이의 넓이를 x값 0에서 2까지 구하는 문제를 내주었는데 선행학습을 하지 않은 상태였음에도 이틀간 몰입해서 스스로 구분구적법의 개념으로 푼 적이 있다. 이때 미분과 적분을 간략히 설명하고 서로 반대의 성질을 갖는다고 알려주었다. 그리고 다음으로 원의 부피를 구분구적법이 아닌 적분 방식으로 구하라는 문제를 내주었다. 다음은 일주일 후인 11월 10일에 보내온 메일이다.

2023년 11월 10일

❝ 아직 문제를 풀지 못했고 총 18시간 걸리고 있습니다. 전에 풀었던 확률 문제는 풀면서도 할 만하다는 생각이 들었는데, 이 문제는 감도 안 옵니다. 문제를 풀면서 예전에 구의 겉넓이를 증명한 것과 적분 문제를 풀었던 것을 복습했습니다. 여러 가지 방법으로 생각하고 있는데, 매우 재미있게 생각하고 있습니다.

2023년 11월 17일

❝ 이번 주는 교수님께서 내주신 문제만 풀었는데, 너무 재미있어서 시간 가는 줄도 몰랐습니다. 오늘까지 총 41시간 걸렸습니다. 이번 문제를 풀면서 지금까지 해결했던 구의 부피와 겉넓이, 원의 넓이 증명을 복습했고, 그 부분에서 구의 부피와 겉넓이, 원의 넓이와 둘레가 서

로 밀접한 관계가 있다는 것을 알아냈습니다. 구의 부피를 미분하면 구의 겉넓이가 나오고, 원의 넓이를 미분하면 원의 둘레가 나오며, 구의 겉넓이를 미분하면 원의 둘레*4가 나옵니다. 이때 구의 겉넓이는 원의 넓이*4인 것이 생각나서 이 관계가 서로 밀접한 연관이 있지 않을까 생각했습니다. 또한 반지름이 다른 각각의 원을 쌓아서 구가 되니 원을 적분하면 구가 되고, 구를 미분하면 원이 되지 않을까 추측했습니다. 이런 식으로 여러 계산을 하다가 적분과 구분구적법의 차이를 알게 되어서, 구의 부피를 구분구적법으로 구한 적이 있으니 적분으로 구해보면 어떨까 하고 계산하다가 터무니없는 방법으로 구의 부피를 구했습니다. '원기둥에서 구의 부피를 제외한 부분의 부피를 빼면 구의 부피가 나온다'라는 아주 기본적인 생각에서 출발했는데, 신기하게도 적분 공식을 사용하니 풀렸습니다.

41시간 몰입 끝에 문제를 해결했고, 그 과정이 너무 재미있었다는 내용이다. 중요한 것은, 이 41시간이 단순한 시간 낭비가 아니라, 그 시간 동안 수학적 사고력을 키우는 데 필수인 시냅스 연결이 활발하게 이뤄졌다는 점이다. 메일에 따르면, 구의 부피를 미분하면 겉넓이가 나오고, 원의 넓이를 미분하면 둘레가 나오며, 원을 적분하면 구가 되고, 구를 미분하면 원이 된다는 사실을 스스로 발견했다고 한다. 이러한 과정을 통해 수학적 사고력이 급속도로 발달하며, 많은 통찰을 얻게 된다.

선행학습을 하지 않은 초등학생에게 중학교 과정에서 배우는 삼각형의 무게중심을 구하는 문제나 무게 중심의 좌표를 구하는 문제, 삼각형 외심이나 내심의 성질을 구하는 문제 등을 내주면 학생들은 보통 10시간 이상 생각해야 한다. 심지어 30시간까지 생각해서 해결하기도 한다. 이렇게 약한 몰입 3단계에서 10시간 이상 생각해서 해결한 문제가 10개 이상 되고, 30시간 이상 생각해서 해결한 경험이 있으면 강한 몰입 1단계로 넘어가자.

약한 몰입 3단계의 활용법: 목표지향 메커니즘

의도적인 몰입을 자동 목표지향 메커니즘으로 활용할 수 있다. 내가 이루고자 하는 목표를 설정하고, 이 목표에 자투리 시간이 날 때마다 의도적인 몰입을 한다. 이 방법은 충분한 기간이 있지만 절실함이 부족한 상황에서 동기부여와 구동력을 높이기 위한 것이다. 예를 들어 수험생이라면 수석 합격을 목표로 정하는 것이다. 그러면 목표와 관련된 시냅스가 활성화되는 기간이 장기화되면서 목표를 향한 열정이 증폭되고, 목표를 이루는 방향으로 의식적인 요소뿐만 아니라 무의식적인 요소까지 바뀌게 된다. 이 사례에 대한 자세한 설명은 『몰입 두 번째 이야기』에 소개되어 있다.

(목표)

- 문제를 푸는 게 불가능해 보여도 포기하지 않고 계속 몰입하면 해결된다는 경험을 한다.
- 의도적인 몰입을 자동 목표지향 메커니즘에 활용한다.

(방법)

- 해결해야 할 문제를 자투리 시간이 날 때마다 생각해서 풀릴 때까지 도전한다.
- 목표를 향한 동기부여와 구동력을 올리기 위해 의도적인 몰입을 한다.

강한 몰입 1단계
하루 이상 연속해서 생각하기

강한 몰입은 문제를 해결하기 위해 깊은 사고를 중단하지 않고 이어서 하는 몰입이다. 한마디로 문제가 풀릴 때까지 계속해서 1초도 쉬지 않고 생각해야 한다. 강한 몰입 1단계는 최소 하루에서 최대 2박 3일까지 연속해서 생각하는 것이다. 하루 종일 쉬지 않고 생각한다는 것은, 24시간 중 잠을 자는 7시간을 제외한 나머지 17시간을 문제 해결에 집중하는 것을 의미한다. 토요일과 일요일을 활용한다면, 총 34시간 동안 문제에 몰두할 수 있다. 또한 연속해서 하루 종일 생각하는 것은 몸에 부담될 수 있기에, 이완된 슬로싱킹을 확실하게 적용하는 것이 중요하다.

이 훈련을 위해 학생들은 방학 기간을 활용할 수 있고 개학이 되면 주말을 활용할 수 있다. 직장인은 주말이나 연휴를 활용할 수 있다. 예를 들어, 토요일이나 일요일에 다른 일정을 만들지 말고 하루

몰입 확장판

종일 문제에 집중하거나, 금요일 저녁부터 일요일 저녁까지 2박 3일간 연속해서 문제 해결에 몰입하는 식이다. 강한 몰입을 할 때는 약한 몰입의 2단계와 3단계에서 해결되지 않은 문제를 선택하면 된다. 만약 이러한 문제가 없다면, 새로운 문제를 선택한다.

강한 몰입 1단계는 문제를 해결하는 데 주어진 시간이 하루나 이틀밖에 없을 때 사용할 수 있다. 이 외에도 일주일 이상의 강한 몰입을 시도하다가 예기치 않게 하루나 이틀 만에 문제가 해결되는 경우가 있는데 이때도 강한 몰입 1단계를 경험하게 된다. 이 책의 맨 뒤 부록에서 언급된 사례처럼, 컴퓨터공학과 학생이 어려운 알고리즘 문제에 강한 몰입을 시도했으나, 예상보다 훨씬 빨리 이틀 만에 문제를 해결한 것이 바로 그러하다. 강한 몰입 1단계 훈련을 5회 이상했다면 다음으로 강한 몰입 2단계로 넘어가자.

강한 몰입 1단계의 활용법: 최선을 다해야 할 때

1초도 쉬지 않고 무엇을 한다는 것은 그야말로 우리가 할 수 있는 절대적인 최선이다. 따라서 강한 몰입 1단계는 최선을 다해 노력해야 하는 상황들에도 활용할 수 있다. 몰입의 관점에서 최선을 다음과 같이 정의한다

'충분한 잠을 자고 낮에 졸릴 때는 선잠을 자는 대신, 깨어있는 시

간 동안에는 1초도 쉬지 않고 목표를 이루기 위해 몰두하는 것!'

이러한 행위는 긴장하고 무리하는 것이 아니기 때문에 실천을 지속할 수 있고, 결국 강한 몰입으로 이끌기 때문에 행복한 최선이라고 할 수 있다. 이보다 더 잘할 수는 없다. 한번 생각해보자. 어떻게 1초도 쉬지 않고 노력하는 것 이상 더 잘 할 수 있는 방법이 있겠는가?

이러한 절대적이면서 행복한 최선을 지속하는 것은 삶에서 매우 유용하다. 아무리 위급하고 중대한 상황이 닥친다고 해도 내가 할 수 있는 최선이 무엇인지 정확하게 알고 흔들림 없이 실천하면 되는 것이다. 우리 인생에서 최선을 다해야 하는 상황은 다양하고 많다. 월요일에 예정된 중요한 발표나 면접을 위해 주말 동안 최선을 다해 준비해야 하는 상황, 코앞에 닥친 시험을 앞두고 벼락치기 해야 하는 상황 등에 이 방법을 적용할 수 있다.

몰입도를 올릴 때는 지루하고 힘든 순간이 있을 수 있지만, 하루를 마치고 나면 최선을 다했다는 만족감을 느낄 수 있다. 이때에도 결과는 걱정하지 말고 과정에 올인하는 자세가 중요하다. "혼신으로 힘을 다 썼지만 좋았다!" 혹은 "아쉬움은 있지만 후회는 없다!"라고 이야기한다면 성공적으로 보낸 것이다. 이 방법은 최선을 다하더라도 거부감이 들지 않는다. 이런 식으로 하루나 이틀 동안 무리하지 않으면서 최선을 다하는 방법을 익히면 대단히 유익하다. 장기간 몰입이 필요한 상황에서도 동일한 방식을 반복하면 되기 때문이다.

（목표）

- 하루 이상 연속적으로 생각하는 방법을 터득한다.
- 강한 몰입 2단계를 위해 슬로싱킹을 확실하게 익힌다.
- 행복한 최선을 지속하는 방법을 습득한다.

（방법）

- 업무상 중요하지만 어려운 문제를 하루 이상 연속적으로 몰입
  한다.
- 주중에는 자투리 시간을 통한 약한 몰입을 하고 주말에는 강한
  몰입을 한다.
- 하루 이틀 최선을 다해야 하는 상황에 활용한다.

강한 몰입 2단계
일주일 이상 연속해서 생각하기

강한 몰입 2단계는 하나의 문제를 해결하기 위해 1초도 쉬지 않고 생각하는 행위를 최소 일주일~최대 2주까지 지속하는 것이다. 이 단계에서 숙면일여 상태를 경험하는 것이 가장 중요하다. 다시 말해서 그 문제를 생각하면서 잠이 들고 깨어날 때 이미 그 문제를 생각하고 있어야 한다. 문제해결력은 강한 몰입의 2단계부터 불연속적으로 올라간다. 이는 깊은 잠에 빠져 있을 때조차 문제를 계속 생각하고 있어서 잠든 상태에서 고양된 장기기억 인출 능력을 활용할 수 있기 때문이다.

강한 몰입을 일주일 혹은 2주 동안 실천하면, 다양한 수준의 문제를 해결할 수 있다. 나는 서울대학교 화공생물학부의 현택환 교수의 요청으로 일주일 동안 몰입해서 단분산 나노입자 생성 원리를 규명했다. 현택환 교수는 이 원리에 입각해 나노입자 대량생산에 성공했고, 이 논문을 2004년에 『네이처 머티리얼스Nature Materials』에 투고했다. 내가 공저자로 들어간 이 논문의 인용 횟수는 현재 4,700회를 넘었다. 현택환 교수는 이 업적으로 클래리베이트Clarivate에서 주관하는 화학 분야 2020년 인용 명예의 전당Hall of Citation Laureates에 선정되었고, 그해 노벨상 수상 유력 후보로 지목되었다. (이와 관련된 기사는 참고문헌에 수록했다.)

경험에 따르면, 강한 몰입 2단계는 이공계 혹은 인문학 박사나 석사 논문의 핵심적인 문제를 해결하는데 강력하다. 이뿐만 아니라, 산업체의 문제 해결, 투자 아이디어, 사업계획서 작성, 영적인 활동에도 효과적이다.

이 책에는 강한 몰입 2단계의 세 가지 사례가 소개되어 있다. 첫 번째는 2장 마지막에 소개한 미국 유학생인 영문학 박사 과정의 학생이 박사 논문의 핵심 문제를 7일간의 강한 몰입을 통해 해결한 것이다. 두 번째는 2장 '게임 중독 중학생이 몰입 훈련을 통해 엘리트로 성장한 사례'에 소개된 회사 문제 해결을 위한 몰입이다. 세 번째는 5장 뒷부분에 소개된 컴퓨터공학과 학생이 가장 어렵다고 알려진 알고리즘 문제를 해결하기 위한 몰입이다.

강한 몰입 2단계에서 가장 주의해야 할 점은 바로 '불면'이다. 운동시간을 10분 정도 더 늘리고, 강도를 올려도 문제를 생각하느라 밤새는 경우가 많기 때문이다. 밤에 잠을 못 잤더라도 아침이나 낮에 5~6시간 이상 잠을 자면 상관이 없다. 그런데 날을 새고도 낮에 잠을 못 자게 되면 수면 부족으로 심각한 부작용이 올 수 있으므로 몰입을 중단해야 한다. 강한 몰입 2단계를 5회 이상 경험하고 수면과 슬로싱킹에 전혀 문제가 없으면 강한 몰입 3단계로 넘어가자.

강한 몰입 2단계의 활용법: 사업에 적용하기

강한 몰입 2단계는 문제를 푸는 일뿐만 아니라, 최소 일주일부터 최대 한 달까지 최선을 다해야 하는 상황에도 매우 유용하다. 직장인들이 회사에서는 중요한 프로젝트를 수행하거나, 학생들이 중간고사 혹은 기말고사 준비를 할 때 강한 몰입 2단계를 활용할 수 있다. 이때 중요한 것은 일주일부터 한 달까지 1초도 쉬지 않고 생각의 끈을 놓지 않으려는 의도적인 노력이다. 몰입의 기간이 다른 단계보다 길어서 효과가 명확하게 나타난다.

2022년 5월, 20대 청년에게 몰입에 대한 코칭을 요청하는 메일을 받았다. 이 청년은 공동창업으로 IT 분야의 사업을 운영하고 있었다. 사업을 하다 보니 다양한 문제가 매일 같이 일어났기 때문에 어떻게 하면 효과적으로 문제를 해결할 수 있을까 고민하고 있었다. 이 청년은 사업을 운영하면서 수시로 생기는 문제를 해결해야 하는 상황이어서 체계적인 몰입 훈련을 할 시간이 없었다. 그래서 나는 청년에게 해결해야 할 문제에 대해 가급적 1초도 쉬지 말고 슬로싱킹하라고 조

몰입 확장판

언을 해줬다. 다음은 청년이 슬로싱킹을 실천하면서 보낸 메일이다.

슬로싱킹 2주 차

> 몰입을 시작한 후로 놀라운 경험을 하는 중입니다. 벌써 제가 풀어야
> 하는 문제 여러 개를 해결했습니다. 제가 몰입을 실천하며 얻은 결과
> 와 느낀 점을 정리해보겠습니다.
>
> 결과 1. 화면 로딩 시 애니메이션이 끊기는 문제 해결 : 애니메이션이
> 계속 끊겨서 앱 자체의 퀄리티가 떨어지는 문제였습니다. 이를 해결하
> 려고 했지만, 문제가 무엇인지 파악하지 못해서 해결을 미뤘습니다.
> 하지만 몰입을 적용하고 난 후 2일 만에 해당 문제를 해결했습니다. 만
> 약 포모도로 기법Pomodoro Technique(25분간 정해진 일을 하고 5분 쉬는
> 사이클을 반복하는 방식)으로 접근했다면 최소 일주일은 걸렸을 것 같
> 습니다.
>
> 결과 2. 새로운 기능 디자인: 현재 몰입 중인 작업입니다. 아직 성과는
> 없지만 제 태도에 유의미한 변화가 생겼습니다. 바로 첫 번째 문제를
> 몰입으로 해결한 후 자신감이 생겼다는 것입니다. 이번 작업은 난도가
> 무척 높은 작업입니다. 예전에는 이런 문제를 만나면 마음에 불안한
> 감정과 압박감이 올라왔습니다. 하지만 이번에 제가 느낀 감정은 '기
> 대'였습니다.
>
> 느낀 점: 몰입할 때, 뇌를 올바르게 사용한다고 느꼈습니다. 그러다 보

니 내 안의 잠재성에 대한 호기심이 일었습니다. 이제 저에게 어려운 문제란 힘든 것이 아닌 도전의 대상으로 바뀌었습니다. 불안과 압박감이 사라지고 호승심과 호기심이 그 자리를 채웠습니다. 저에게는 너무나 큰 변화입니다. 몰입이 제 삶의 태도를 긍정적인 방향으로 변화시켜준 것 같습니다. 몰입을 지속하자 의식하지 않아도 그 생각만 하게되었고, 교수님이 말씀하신 '의식의 통합작업공간 이론'을 경험하게 되었습니다. 마치 제가 고민하던 문제에만 스포트라이트가 켜진 듯한 느낌을 받았기 때문입니다. 그 순간, 제 뇌의 기량이 엄청나게 상승하는 것이 느껴졌습니다. 지극히 개인적인 감각이라 언어로 설명하기는 어렵습니다만, 마치 문제 해결을 위한 자동항법장치가 작동하는 느낌이었습니다. 정말 놀라운 경험이었습니다.

슬로싱킹 3주 차

66 이번 주는 회사의 방향성에 대해 몰입했습니다. 문득 "과연 내가 현재 사업하는 아이템에 대해서 깊이 생각한 적이 있나?"라는 생각이 들었기 때문입니다. 물론 제 나름대로 생각했겠지만, 몰입보다는 한없이 얕다는 생각이 들었습니다. 그래서 사업 전반에 대해 몰입을 했습니다. 그 결과 방향을 크게 변화시켰습니다. 몰입으로 동업자와 제가 원하는 것이 무엇인지 더 명확해졌기 때문입니다. 사업을 하면서 보다 저희가 충족감을 느낄 수 있는 형태로 새롭게 구성했습니다. 이 결

과에 너무나 만족하고 있습니다. 몰입이 저에게 행복을 가져다주는 것 같습니다.

이번 몰입에서는 저뿐만 아니라 동업자도 함께 몰입했습니다. 각자 몰입하되 3~4시간에 한 번씩 통화하면서 사업의 방향성에 관한 대화만 나누었습니다. 이렇게 하니 동업자의 다른 시각도 볼 수 있고 몰입도도 계속 올라갔습니다. 이번에 나온 결론도 동업자와 대화하며 몰입도를 올리는 과정에서 나왔습니다. 그 아이디어가 딱 나오는 순간, 둘 다 동시에 소름이 돋았습니다. 그 후 서로 감탄하면서 아이디어를 정리하는 과정을 가졌습니다. 앞으로도 사업에 있어서 중요한 결정을 내려야 할 때, 몰입을 사용할 것 같습니다.

슬로싱킹 5주 차

66 몰입을 하게 된 후, 생산성이 정말 큰 폭으로 상승했습니다. 포모도로 기법으로 일했을 때와 비교한다면 3~4배 이상 상승한 것 같습니다. 한편으로는 여태까지 잘못된 방법으로 해왔다는 것에 대한 회한이 들기도 합니다.

현재 몰입을 위해서 시간표를 새롭게 정리했습니다. 처리해야 할 일을 자기 직전으로 미루거나 아침에 일어나자마자 하는 것으로 옮겼더니 아침 7시부터 오후 6시까지는 온전히 몰입할 수 있게 되었습니다. 대부분의 일과를 몰입하며 보내고 있어 삶의 질과 행복도가 올랐습니다.

이번에 새롭게 몰입해야 할 문제가 있습니다. 난도가 상당히 높아서 스스로 해낼 수 있을지 의문입니다. 하지만 두려움은 없습니다. 이번에도 몰입을 통해서 해당 문제를 풀 수 있다는 강한 확신이 있습니다.

슬로싱킹 6주 차

66 문제들이 너무 술술 풀리고 있습니다. 생각한 일정보다 빠르게 개발이 이뤄지고 있습니다. 어려운 문제라고 생각했지만, 막상 몰입하니 그렇게 어려운 문제가 아니었습니다. 분명 기뻐야 하는 일인데 마음 한구석으로는 아쉬운 기분이 듭니다. 정말 어려운 문제를 만나고 싶습니다.

슬로싱킹 8주 차

66 이번 주에도 3~4개 정도의 문제를 해결했습니다. 그중에 드래그 앤드 드롭(Drag and Drop) 기능을 구현한 것이 가장 기억에 남습니다. 해당 기능 자체는 어렵지 않지만 특별한 애니메이션 효과를 추가하면서 난이도가 급상승했습니다. 기본적으로 개발할 때 검색은 필수입니다. 다른 사람의 선행 기록이 있는지 확인하고, 만약 있다면 그것을 이용해 개발합니다. 하지만 이번에는 선행 자료가 없었습니다. 정말 미지의 문제를 만난 것입니다. 예전에는 이런 문제를 만나면 숨이 턱 막히

몰입 확장판

며, 개발 기간에 대한 압박감 등에 짓눌렸습니다. 그랬던 제가 이번 문제는 몰입을 이용해 14~15시간 만에 풀었습니다.

프로그래머들 사이에서는 '10X 프로그래머'라는 말이 있습니다. 평균 능력치의 프로그래머 10명보다 뛰어난 프로그래머 1명의 생산성이 더 높다는 뜻입니다. 제 경험으로 미루어 봤을 때 미지의 문제를 푸는 데 몰입을 사용하고 안하고는 엄청나게 큰 차이가 있습니다. 그리고 이 격차는 문제가 어려울수록 커진다고 생각합니다. 즉, 몰입을 사용하는 프로그래머와 하지 않는 프로그래머의 격차는 10배 이상 날 수 있는 것입니다. 이런 생각이 드니 10X 프로그래머가 되는 것에 도전해 봐야겠다는 열망이 생겼습니다. 몰입이 저의 성장 욕구와 야망에 불을 지펴주고 있습니다.

이처럼 회사에서 해결해야 할 문제를 가지고 몰입 훈련을 해도 된다. 다소 어려움은 있지만 조금 더 속성으로 몰입을 배울 수 있다. 이때는 회사 문제를 해결하면서 동시에 몰입 훈련도 할 수 있으므로 일석이조다. 코딩 관련 문제는 답이 명확하므로 몰입 훈련하기에도 좋다. 다만 난이도 조정이 어려워 어떤 문제는 비교적 쉽게 해결되지만 어떤 문제는 상당히 오랜 시간이 걸릴 수도 있다.

이 사례에서 눈여겨봐야 할 곳은 포모도로 기법과의 비교다. 포모도로 방식은 기본적으로 25분 동안 집중하고 5분 동안 쉬는 것을 4번 반복하고, 그 뒤에 30분간 쉬도록 시간을 배분한다. 즉, 포모도로 기법은 몰입의 장벽을 넘는 힘든 순간에 휴식을 취하는 것이다. 그래서 포모도로 기법은 어려운 순간을 제거했다는 장점이 있지만 몰입을 경험하기 어렵다는 단점이 있다. 몰입의 장벽을 넘지 못하는 사람은 포모도로 기법이 대안이 될 수 있다. 그러나 몰입을 경험하려면 몰입의 장벽을 넘는 힘든 시간을 직면해서 극복해야 한다. 이 청년은 몰입에 의한 생산성이 포모도로 기법에 의한 것보다 3~4배 높다는 것을 경험했다.

핵심 포인트   **강한 몰입 2단계**

(목표)

- 의식 속에 문제와 나만 존재하는 고도의 몰입 상태를 경험한다.
- 문제를 생각하며 잠들고, 문제를 떠올리면서 잠에서 깬다.
- 잠이 들 때 고양되는 장기기억 인출 능력으로 기적과 같은 아이디어를 얻는 경험을 한다.

(방법)

- 풀리지 않는 문제를 슬로싱킹으로 7일 이상 연속해서 생각한다.
- 매일 규칙적으로 숨이 차고 충분한 땀을 흘릴 수 있는 유산소 운동을 30~40분 한다.
- 만약 잠을 못 이루는 경우 반드시 아침이나 오후에 수면을 보충한다.

강한 몰입 3단계
한 달 이상 몰입하기

강한 몰입 3단계는 한 문제에 대하여 1초도 쉬지 않고 생각하기, 1초 원칙을 최소 한 달 이상 유지하는 것이다. 한 문제에 이렇게 장기간 몰입하면 상상 이상의 지적 능력을 발휘할 수 있다. 나는 1950년대부터 미해결로 남아 세라믹스 분야에서 유명한 난제 중 하나인 '세라믹스의 비정상 입자 성장'의 원리를 밝히는 데 2개월이 소요되었다. 1930년대부터 미해결로 남아 금속 분야에서 유명한 난제 중 하나인 '금속의 2차 재결정'의 원리를 밝히는 데는 3개월이 소요되었다. 1980년대부터 미해결로 남은 난제, '다이아몬드 박막의 저압 합성'의 원리를 밝히는 데는 1년 6개월이 걸렸다.

이처럼 오랫동안 한 문제에 몰입하는 게 육체적으로도, 심리적으로도 매우 힘든 일이라고 생각할 수 있으나 슬로싱킹을 하면 전혀 힘들지 않다. 처음에는 다른 사람들보다 슬로싱킹을 어려워했던 사람이라도, 10일이 넘어가면 몸도, 머리도 편안해졌음을 이야기한다. 올바른 방법으로 슬로싱킹을 하면 몰입된 상태가 즐겁고 행복하기 때문에 도전을 지속하는 것은 전혀 어렵지 않다. 이는 난제에 도전하여 장기간 몰입하는 사람들의 이야기에서 확인할 수 있다. 예를 들면 앤드루 와일스Andrew Wiles는 350년 동안 미해결로 남아 있던 페르마의 마지막 증명을 해결하기 위해 7년 동안 다락방에 칩거하면서 몰입했다. 『페르마의 마지막 정리』에 소개된 그의 이야기를 들어보자.

"자나 깨나 한 가지 생각뿐이었습니다. 아침에 일어나서 밤에 잠자리에 들 때까지 저는 '타니야마-시무라의 추론'과 함께 살았습니다. 아무런 방해도 받지 않은 채 제 마음속에는 계속해서 동일한 과정이 되풀이되고 있었지요. …(중략)… 풀리지 않을 수도 있는 문제에 제가 어떻게 그토록 집요하게 매달릴 수 있었는지 의아해하실지도 모릅니다. 저는 그저 이 문제와 싸움을 벌이는 그 자체가 즐거웠어요. …(중략)… 제가 가는 길은 분명 막다른 길은 아니었습니다. 그것은 훌륭한 수학이었고, 또 항상 그래왔습니다. '페르마의 마지막 정리'를 결국 증명하지 못하게 될 가능성도 있었지만, 제가 하는 일이 시간 낭비라고 생각한 적은 단 한 번도 없습니다."

2024년 1월 겨울방학 몰입캠프에서 몰입을 잘하는 중학교 2학년 학생이 한 달간 강한 몰입에 도전했다. 이 학생은 약한 몰입 3단계에

몰입 확장판

서도 소개되었다. 학기 중에는 약한 몰입을 하고 방학 때는 강한 몰입을 여러 번 시도했었는데, 아무래도 줌으로 지도하다 보니 강한 몰입에 있어서 조금 아쉬운 점이 있었다. 그래서 지난 겨울방학 때 캠프로 와서 내 지도하에 한 달 내내 몰입을 시도하기로 했다. 처음 며칠은 약한 몰입용 문제를 풀다가 6일 차가 되는 날에 강한 몰입용 문제를 풀었다. 그런데 다른 학생들과 함께 교실에서 강한 몰입을 시도하다 보니 몰입에 방해가 되는 일이 많아서 8일 차부터는 개인 숙소에서 몰입하기 시작했다. 이때부터 급속한 속도로 몰입도를 올리기 시작하더니 며칠 후에는 내가 경험했던 강한 몰입 상태를 그대로 재현했다. 다음은 한 달간의 강한 몰입 후, 보내온 학생의 메일이다.

한 달간 강한 몰입에 도전　1~3일 차

66　첫날은 한 달씩이나 집을 떠나게 되어서 앞날이 캄캄했고, 부모님도 보고 싶었습니다. 몰입이 힘들었다기보다, 한 달이라는 시간에 걱정이 많이 되었던 것 같습니다. 물론 시간이 어느 정도 지나자 적응도 되었고, 몰입도도 올라가서 그런 생각들은 자연히 사라지게 되었습니다.

한 달간 강한 몰입에 도전　3~6일 차

66　몰입도를 올리기 위해 교실에서 학년별 몰입 문제를 풀면서 워밍업을

했고, 여기까지는 순조롭게 진행되었습니다. 몰입도가 많이 올라가고 6일 차 정도 되었을 때 강한 몰입용 문제를 받았는데, 너무 어려워서 '이걸 어떻게 풀어야 하지'라는 막막함을 느꼈습니다. 몰입캠프에 온 첫날보다 더 앞이 캄캄했습니다.

한 달간 강한 몰입에 도전   7~11일 차

66 몰입캠프에 참여하고 일주일이 지나자, 안면이 있는 사람들이 생기면서 자연스레 대화하는 시간이 많아졌습니다. 반면에 몰입도를 유지하기는 힘들어서 8일 차부터 아예 개인 숙소에 들어가서 강한 몰입을 시도했습니다. 숙소에는 침대와 책상밖에 없고 전자기기가 되지 않아서 오로지 문제에만 집중하기 좋았습니다. 숙소에서 몰입한지 3~ 4일이 지나자 몰입도가 95~100%까지 올라간 것을 느꼈습니다.

그때부터 엄청난 양의 아이디어가 쏟아졌고, 두뇌 회전 속도가 꽤 빨라진 것을 느낄 수 있었습니다. 오히려 컨디션이 좋아지고 문제를 푸는 중에 가끔 기분이 좋아서 웃고 있는 저 자신을 발견했습니다. 지금까지 여러 몰입 상태를 경험했지만 문제를 푸는데도 이렇게까지 재미있을 수 있다는 사실이 신기했습니다. 교수님께서 말씀하신 천국에 사는 것 같다는 느낌이 이해되기 시작했습니다.

> 12일 차에서 퇴소까지 최상의 상태로 몰입했고 중간에 문제를 풀었지만, 교수님께서 다른 방법으로 풀어보라고 하셔서 계속 몰입하다가 한 달이 끝났습니다. 그동안 같은 문제를 다양한 방법으로 몰입한 것 같습니다. 강한 몰입이 끝나고, 자신감이 엄청나게 올라간 것을 느낄 수 있었습니다. 제 한계에 도전하는 것만으로도 자랑스러웠고, 한 문제를 오랫동안 고민하면서 어떠한 어려운 문제도 풀 수 있을 것 같다는 확신이 들었습니다. 또한 두뇌 회전 속도가 이전보다 훨씬 빨라졌습니다. 복잡한 계산도 전보다 가볍게 풀 수 있고 어려운 문제를 풀 때도 전과는 달리 많은 아이디어가 떠오릅니다.

강한 몰입 3단계의 활용법: 최고의 나를 만나라

이러한 강한 몰입은 한 달 이상 최선을 다해서 최고의 기량을 발휘해야 하는 사람들이 활용하면 좋다. 1장에서 소개한 변리사 시험 준비를 위한 몰입이나 피아노 콩쿠르 준비와 대학입시 준비를 위한 몰입이 좋은 예다. 올림픽 금메달을 목표로 노력하는 스포츠 선수나 프로 선수들도 몰입을 활용하면 좋을 것이다.

세계적인 선수들은 비록 자신들이 몰입을 인지하고 있지 않았더라도 이미 강한 몰입 3단계를 실천하고 있다. 자신이 하는 일에 미치지 않고 세계 최고가 되기는 힘들기 때문이다. 올림픽 금메달 23개를 획득한 마이클 펠프스는 인터뷰에서 "오늘이 무슨 요일인지도 몰라요. 날짜도 모르고요. 전 그냥 수영만 해요"라고 이야기한 바 있다. 세계적인 발레리나 강수진도 마찬가지다. 그는 자신의 저서, 『나는 내일을 기다리지 않는다』에서 다음과 같이 말했다.

"모든 예술에 절대적으로 필요한 독창성과 직관력 또한 완전한 몰입 상태에서 생겨난다. 나는 발레를 하지 않는 시간에도 발레를 하고 있다. 하루 중 어느 한순간도 발레를 하고 있지 않은 시간은 없다. 깨어 있을 때는 무조건 발레만 생각한다. 그야말로 '발레에 미쳤다'라는 표현이 알맞을 정도로."

각자 표현하는 방법은 다르지만 모두 강한 몰입 3단계를 실천하고 있음을 알 수 있다. 이들을 세계적인 선수로 만든 것은 타고난 재능보다 이들이 실천하고 있는 몰입이다. 몰입의 장벽을 넘기까지는 힘든 시간을 보내겠지만, 일단 몰입하면 몰입의 즐거움과 쾌감 때문에 미쳐서 하게 된다. 이러한 강도 높은 훈련을 그토록 오랜 기간 지속할 수 있으려면 몰입 상태의 긍정적인 감정 없이는 불가능하다.

의도적인 몰입 이론은 평범한 사람도 고도의 몰입 상태를 경험할 수 있음을 보여준다. 특별한 것은 없고 단지 의도적으로 일정 기간 동안 1초 원칙을 지키기만 하면 된다. 그러면 몰입도가 올라가 그 일에 열정의 불을 붙일 수 있게 되어 더욱 노력하게 되고 그 결과 좋은 성과를 얻게 되는 선순환이 일어난다는 것이다. 그렇다면 1초도 쉬지 않고 공부하거나 생각하면서 보내는 행위를 얼마나 오랫동안 지속할 수 있을까? 올바른 몰입 방법을 준수한다면 거의 제한이 없다. 이를 경험하지 않은 사람은 믿기 힘들겠지만 이를 증명한 사례가 이 책의 맨 뒤, 부록에 소개되어 있다. 500일 이상 강한 몰입을 이어가면서 미국에서 영문학 박사와 컴퓨터공학 석사 학위를 동시에 취득한 학생의 사례다. 이렇게 수많은 사례가 입증하듯이 강한 몰입을 통해 최고의 나를 만나보길 바란다.

(목표)

- 슬로싱킹으로 한 달 이상 하나의 문제만 생각하며 고도의 몰입을 체험한다.
- 한 달 이상 최선을 다해야 하는 프로젝트나 수험공부에 적용하여 원하는 결과도 얻고 행복한 최선을 경험한다.
- 장기간 지속한 고도의 몰입을 통해 내적인 변화에까지 다다름으로써 삶을 대하는 태도의 전환과 최상의 삶에 대한 깨달음을 얻는다.

(방법)

- 한 달 이상 하나의 문제에 몰입한다.
- 최선을 다해야 하는 활동에 대해 한 달 이상 생각의 끈을 이어간다.
- 매일 규칙적으로 숨이 차고 충분한 땀을 흘릴 수 있는 유산소 운동을 30~40분 한다.

고도의 몰입으로 대회를 휩쓸고
과기부장관상까지 수상한 사례

이 책에서 세 번째로 소개하는 2,000시간 이상 몰입 훈련을 한 학생이다. 검정고시로 고등학교를 졸업하고 경북대학교 컴퓨터공학과로 진학한 학생으로 검정고시를 준비하던 시절 내게 처음 연락을 해왔다. 그 뒤로 내게 지속적으로 조언을 받으며 꾸준히 몰입적 사고 훈련을 하다가 2021년 8월 여름방학을 맞이해 강한 몰입을 시도하게 되었다. 앞에서 말했듯이 강한 몰입을 하기 위해서는 문제의 난도가 매우 높아야 한다. 그래서 나는 이 학생에게 문제를 푸는 데 최소 2주가 걸리는 매우 어려운 문제를 택하라고 권유했다. 다음은 이 학생이 강한 몰입을 하면서 매일의 변화를 나에게 공유하며 보내온 메일의 내용이다.

2021년 8월 3일　강한 몰입 1일째

66　강한 몰입을 시도하고 있습니다. 문제는 코딩 대회에서 가장 큰 대회
　　의 3번째 문제로 정했습니다. 사실 어제부터 시작했지만 오늘 오후에
　　곧 군대 가는 친구와 점심을 먹어 몰입도가 낮아졌고, 오늘 저녁부터
　　다시 올리려 노력하고 있습니다. 큰 진전은 없습니다만, 스트레스는
　　받지 않는 점을 위안으로 삼고 있습니다.

2021년 8월 4일　강한 몰입 2일째

66　이틀간 한 문제만을 생각하고 있습니다. 중간에 2시간 과외를 다녀왔
　　습니다. 그렇지만 가는 동안, 과외 중간 잠깐잠깐씩 문제를 떠올려 몰
　　입도를 유지하려고 했습니다.

이 메일을 보내고 난 다음 날인 강한 몰입 3일째에 이 학생은 문
제를 다 풀었다며 문자 메시지를 보내왔다. 처음에 생각했던 것보다
이 학생의 수준에 비해 난이도가 매우 높은 문제가 아니었던 것이다.
나는 문제를 해결해낸 것을 축하해주며 다음 문제에 도전하기 전에
충분히 자축하는 시간을 가질 것을 조언했다. 그리고 이 문제보다 훨
씬 더 어려운 문제를 골라서 다시 강한 몰입을 시도하라고 했다.

> 사실 문제를 푼 다음 날, 친구와 점심을 먹고 심심해서 다시 어려운 문제를 풀기 시작했습니다. 앞서 2주는 걸릴 것이라고 생각한 문제가 이틀 만에 풀려서, 이번에는 객관적으로 훨씬 더 어려운 문제를 골랐는데 이 문제도 이틀 만에 풀렸습니다. 이번에도 하룻밤 자고 일어나서 오전 중에 아이디어가 떠올랐습니다. 밤에 잠도 6시간 채 안 자고 일어났습니다. 그러나 하루 종일 피곤하지 않았습니다. 선잠도 한 번 정도밖에 안 잤습니다. 오히려 뇌가 쌩쌩 돌아갑니다. 아직 슬로싱킹은 부족한 것 같습니다. 그러나 전혀 스트레스를 받지 않습니다.

새로운 문제 역시 이틀 만에 풀었다는 메일을 받았다. 이렇게 몰입도를 올리는 과정에서 문제를 풀어버리면 강한 몰입 상태를 경험하지 못하게 된다. 단순히 어려운 문제에 도전하라고 하면 안 될 것 같아서 '불가능해 보이는 문제'에 도전하라고 가이드를 줬다. 이후 이 학생이 선정한 문제는 알고리즘 분야에서 최고의 고난도인 문제였다.

2021년 8월 7일
알고리즘 분야에서 최고의 고난도인 문제에 도전 1일째

> 잠깐 자축의 시간을 가지고 이제는 알고리즘 분야에서 최고의 고난도

문제에 도전하려고 합니다. 이 문제는 지금처럼 며칠 만에 푸는 것은 불가능해 보입니다. 입대 전까지 풀 수 있을지조차 모르겠습니다.

2021년 8월 10일
알고리즘 분야에서 최고의 고난도인 문제에 도전 4일째

> 문제가 상당히 어렵습니다. 풀려고 하다가 스트레스를 받아 생각만 하는 쪽으로 가려고 노력하고 있습니다. 그러다 학교에서 장학금을 기존 방법인 성적순이 아니라 졸업생 위주로 준다고 하여 항의 전화를 한다고 몰입도가 크게 감소했습니다. (제 성적이 1등입니다. 한편, 행정실에서 토의를 하고 연락을 준다고 했습니다.) 나중에도 몰입하다가 이런 일이 있을 수 있으니, 이 일을 경험으로 삼고 다시 몰입도를 올려보겠습니다.

2021년 8월 16일
알고리즘 분야에서 최고의 고난도인 문제에 도전 6일째

> 어제보다 잡념이 들어오는 것이 줄어든 것 같습니다. 문제가 이렇게까지 어려울 수 있다는 것이 놀랍습니다. 몇 시간 동안 생각해야 의미 없는 아이디어가 하나 나올까 말까입니다. 그럼에도 일단 그냥 생각만 하려고 하고 있습니다.

몰입 확장판

2021년 8월 12일
알고리즘 분야에서 최고의 난이도를 가진 문제에 재도전 1일째

66 가족 여행을 다녀온 후 다시 문제를 보고 있습니다. 저번 몰입에 무기력감, 힘 빠짐 문제를 느껴 이번에는 진인사대천명의 정신으로 제대로 해보고자 합니다. 결과에 신경 쓰지 않고 실제로 집중을 하도록 노력하겠습니다.

이 학생은 알고리즘 분야에서 최고난도의 문제를 푸는 데 도전하며 강한 몰입을 시도한 지 8일째에 접어들었으나 큰 진전이 없는 상태에 있었다. 중간에 가족 여행을 다녀오게 되면서 그동안 끌어올린 몰입도마저 떨어지게 되었다. 지난번에 시도한 강한 몰입에서 답이 오랫동안 보이지 않자 무기력한 감정을 느끼게 되었던 것을 상기하고 이번에는 결과에 연연하지 않겠다는 새로운 다짐을 한 것이 인상적이다. 몰입할 때 문제를 풀 수 있을지 여부에 집착하게 되면 큰 방해가 된다. 결과에 대한 집착은 일종의 걱정이나 불안이 우리의 뇌 작업기억의 일부를 사용하게 된다. 즉, 생각을 온전히 한 문제에 집중할 수 없게 된다. 따라서 문제를 설정했다면 그 후에는 그 문제를 해결할 수 있을지 여부는 전혀 생각하지 말고 '이 과정에 내가 최선을 다하겠다'라는 자세로 임해야 몰입도를 끌어올리는 데 도움이 된다.

2021년 8월 17일
알고리즘 분야에서 최고의 고난도인 문제에 재도전 2일째

> 지금까지 편안하게 하고 있습니다. 아이디어 진전은 없습니다만, 이렇게 한다면 몇 달간도 생각할 수 있을 것 같습니다.

2021년 8월 19일
알고리즘 분야에서 최고의 고난도인 문제에 재도전 5일째

> 이제 생각하는데 어려움이나 무기력하다든가 힘들다든가 하는 것은 완전히 없어졌습니다. 평생 이렇게 생각해도 스트레스 없이 살 수 있을 것 같습니다. 아직 집중 반 잡념 반입니다만 어제보다 잡념이 줄어든 것이 느껴집니다. 한편, 운동 강도를 높이고 잠을 잘 잤습니다.

2021년 8월 25일
알고리즘 분야에서 고난도인 문제에 재도전 10일째

> 편안하게 전혀 스트레스 받지 않고 생각하고 있습니다. 아이디어가 나올까 말까 하고 있습니다. 계속 나아가겠습니다.

이 학생이 위의 메일을 보내온 것은 오후 1시경이었는데, 그 후로

4시간 정도가 흐른 오후 5시 19분에 '풀었습니다'라는 문자 메시지가 도착했다. 이 학생은 알고리즘 분야에서 최고의 난이도를 가진 문제에 도전해서 총 18일 동안의 강한 몰입 끝에 문제를 해결해낸 것이다.

2021년 8월 25일 강한 몰입 18일 도전을 마치며

" 이번 몰입으로 배운 점은 첫 번째로 문제 난도에 대한 두려움이 없어졌다는 것입니다. 그전에는 문제를 찾다가 제 능력 밖의 문제를 만나면 시도도 못하였는데, 지금은 시간이 더 걸리고 덜 걸리고의 차이지 풀 수 없는 문제가 없는 것처럼 느껴집니다. 두 번째로는 연속적으로 생각할 수 있는 기간이 매우 늘어났다는 것입니다. 종래에는 3~4일 정도가 한계였는데, 지금은 일주일도 거뜬히 해낼 수 있을 것 같습니다. 그리고 몰입 경험이 더 늘어난다면 몇 주일 몇 달도 생각할 수 있을 것이라 확신합니다.

이 학생은 2022년 공익근무를 마치고 2023년 4학년으로 복학을 했다. 복학 후에도 이 학생은 나와 지속적으로 연락을 주고받으며 몰입 훈련을 이어갔다. 더불어서 자신과 같은 과 친구들과 팀을 이루어 교내외의 해커톤 대회에 출전해 수상을 휩쓰는 성과를 보여주었다. 해커톤hackathon은 '해킹 hacking'과 '마라톤 marathon'의 합성어로 소프트웨어 개발자나 디자이너, 사용자 인터페이스 설계자 등이 정해진 시간 내에 집중적으로 작업해서 결과물을 만들어내는 소프트웨어 관련 행사다. 다음은 이 학생이 해커톤 대회에서 대상을 수상한 직후 내게 보내온 메일의 내용이다.

2023년 8월 26일   해커톤에서 우승하여 과기부장관상을 수상함

> 해커톤 일정으로 토요일에야 메일을 드립니다. 해커톤은 최선을 다했고, 우승해서 대상과 과기부장관상을 얻었습니다. 다음 해커톤은 서울에서 화, 수 진행되고 여기에서도 우승하려 합니다.

2023년 8월 28일   그동안의 경과보고

> 그간의 성과를 말씀드리고 싶습니다. 먼저 인도 인턴십에서부터 시작하겠습니다. 인도 인턴십에서 제가 맡은 일을 3일 정도 몰입해서 끝내고 나니 할 일이 없어졌습니다. 남은 시간에 어떻게 시간을 낭비하지 않고 돈을 버는가에 대하여 몰입했습니다. 몰입의 결과로 저의 대학생 신분을 고려했을 때, 1. 공모전 수상 및 대외 활동, 2. 해커톤 우승이 나왔습니다. 객관적인 정보로 말씀드리자면 8월 1일 귀국 후 오늘 28일까지 실행해본 결과, 1185만원과 과기부장관상을 받았고, 추가로 600만원 정도와 공기업 사장상 및 국립대 총장상을 받을 예정입니다.

추가적으로는 핀란드 헬싱키 및 미국 CES에 참여하게 되었습니다. 스페인과 싱가포르에 학교 대표로 가는 것은 면접이 남았습니다.

2023년 8월 30일　해커톤 대회에서 수상함

> 벤처스타트업 아카데미 SW 해커톤 대회에서 '카카오게임즈상'을 수상했습니다. 몰입과 해커톤은 너무 잘 맞는 것 같습니다. 이 모든 것은 몰입을 지도해주신 교수님 덕분입니다.

2023년 9월 19일　금상을 수상함

> 캡스톤 디자인 페스티벌에서 금상 탔습니다.

2023년 9월 20일　대상을 수상함

> 대구경북 스타트업 페스티벌, 공기업 대학생 스타트업 챌린지에서 대상을 받았습니다.

2023년 10월 13일　수상함

> AI 허브 개방 데이터 아이디어 경진대회에서 '한국지능정보사회진흥

원장상' 수상했습니다.

2023년 11월 3일 총장상을 수상함

> KNU 창업 아이디어 경진대회에서 융합 전공 공모전 최종 1등으로 대상으로 '총장상'을 수상했습니다. 그리고 안동에서 대회에서 우수상으로 총장상을 수상했습니다. 그리고 11월 20~25일에 싱가포르에서 스타트업 관련하여 영어 PT를 하러 가야 합니다. 잘하고 오겠습니다.

2023년 11월 17일

> 월요일에는 총 30팀이 참가한 창업 아이디어 경진대회에서 1등으로 총장상을 수상했습니다. 수요일에는 교내에서 우수 학생으로 선발되었습니다. 지도교수님이 저 덕분에 자신도, 학부도 상을 받은 것 같다고 고맙다고 하셨습니다.

이 학생은 의도적이고 집중적인 몰입을 통해 자기 안의 잠재력과 창의적 문제해결력을 배양해온 결과, 컴퓨터공학이라는 자신의 분야에서 의미 있는 성취를 일구어나가는 중이다. 특정한 교육 방식이 어떠한 효과를 불러일으키는지에 대해서는 단기간에 그 상관관계를 증명하기가 어렵다. 나와 굉장히 오랜 기간 동안 몰입 훈련을 지속해오면서 점차 발전해온 모습을 보여준 이 학생의 사례는 개인적인 규모의 종단 연구라고도 할 수 있다. 이 학생의 사례는 고도의 강한 몰입이 장기적으로 이어질 경우 어떤 놀라운 교육적 효과를 불러일으키는지 보여주는 실증적 사례라고 생각한다.

당신도 할 수 있다, 몰입 8계명

지금까지 5장에서는 초보자도 꾸준히 실천한다면 몰입에 이를 수 있는 여섯 단계를 소개했다. 약한 몰입 1단계부터 강한 몰입 3단계까지 차례대로 실천해나간다면 궁극적으로 몰입을 체험할 수 있을 것이다. 또한, 마지막 몰입까지 가지 않고 각각의 단계만 습득해도 학생이라면 학습 능력을, 직장인이라면 업무 능력을 향상시킬 수 있다.

약한 몰입 1단계를 반복하면 슬로싱킹을 익힐 수 있는데 이는 본격적으로 몰입을 시도하기 위한 인프라를 갖추기 위한 것이다. 약한 몰입 2단계에 숙달하면 문제해결력과 도전정신이 비약적으로 상승하게 된다. 여기에 더해 약한 몰입 3단계까지 통달하면 회사 업무나 연구 활동에서 많은 문제들을 해결하며 두각을 드러낼 수 있다. 강한 몰입 1단계로 하루나 이틀 동안 1초 원칙을 적용하면 급하게 준비해야 하는 상황에서 내가 할 수 있는 절대적 최선을 다하는 법을 알게 된다. 1초 원칙을 하루나 이틀 적용하는 것이 어렵지 않으면 강한 몰입 2단계인 고도의 몰입에 들어갈 준비를 마친 것이라 할 수 있다. 고도의 몰입을 장기간 지속할 수 있는 강한 몰입 3단계에 이르면 인생에 대한 여러 깨달음을 얻게 될 것이다.

처음부터 마지막 단계인 몰입을 목표로 할 필요는 없다. 그보다는 우선 자신이 지금 실천할 수 있는 단계부터 꾸준히 연습해보기를 권한다. 그리고 발전하는 자신의 모습을 살펴보자. 어느 순간 더 높은 단계인 몰입에 도전해보고 싶은 마음이 들 것이다. 바쁜 일상을 살아가는 사람들 모두가 내가 체험한 극단적인 몰입을 경험하기는 쉽지 않다. 그러나 이런 몰입 체험이 내 인생에서 가장 생산적이고 행복했던 경험이라는 명백한 사실만은 변함이 없다. 학교나 직장에 다닌다면 아무래도 몰입을 방해하는 외부 조건으로 인해 몰입도가 낮을 수밖에 없다. 하지만 가장 깊이 몰입하는 방향을 의식하면서 살아가면 체계적으로 몰입도를 올릴 수 있고, 몰입도가 올라감에 따라 자신의 지적 능력을 발휘할 수 있으며, 일에 대한 재미도 느낄 수 있다.

몰입에 이르는 여섯 단계는 이러한 순서로 몰입도를 올리는 방법이다. 단계가 높을수록 몰입도가 높으며 더 높은 단계를 습득할수록 더 재미있고 효율적으로 일할 수 있다. 중요한 점은 이 여섯 단계를 실천하면 선순환을 탈 수 있다는 것이다. 직장에서의 악순환은 일을 잘해야 한다는 부담 때문에 스트레스를 받아서 일하기가 싫어지고, 그러면 일의 능률이 떨어져서 성과가 낮아지고, 결국 상사에게 꾸지

람을 받아 또 스트레스를 받으니 일하기가 점점 더 싫어지는 것이다. 이러한 악순환의 고리에 빠지면 직장생활은 점점 권태에 빠지게 된다. 몰입에 이르는 여섯 단계를 습득하면 이런 악순환에서 벗어날 수 있다. 공부도 마찬가지다. 몰입을 꾸준히 실천하면 공부하는 것이 스트레스가 아니라 즐거운 활동으로 바뀐다. 몰입에 이르는 여섯 단계는 당신의 생활을 긍정적인 에너지가 넘치는 시간으로 차근차근 바꿔줄 것이다.

몰입을 실천하는 동안 잊지 않고 늘 염두에 두어야 하는 핵심 사항 여덟 가지를 엑기스처럼 추렸다. 이 내용을 잊지 않고 몰입의 여섯 단계를 순차적으로 실천한다면 일과 삶의 선순환을 경험하는 성공하는 삶을 넘어서 행복한 삶의 지평을 맞이하게 될 것이다.

몰입 8계명

1. 명확한 목표를 세운다

나의 의식을 한 곳에 정확하게 겨누기 위해서는 시간과 에너지를 쏟을 만한 문제(주제)를 찾아야 한다. 처음에는 어렵고 불가능해 보이는 문제보다 몇 시간 내지 며칠만 생각하면 답이 나올 것 같은 문제에 도전한다. 그 다음, 몰입에 익숙해지면 문제의 난이도를 점차 높여나간다.

2. 사전 지식을 공부한다

아이디어는 밖에서 만들어지지 않는다. 기적 같은 아이디어의 씨 앗은 무의식의 바다인 내 장기기억에서 나온다. 몰입은 이 장기기억을 인출하기 위해 집중하는 과정이다. 따라서 해결하고자 하는 문제가 있다면 그것과 관련된 사전 지식을 공부해두어야 한다.

3. 몰입 시간을 확보한다

처음에는 자투리 시간을 활용해 매일 약한 몰입을 한다. 짧은 시간 몰입하여 생각하는 것에 익숙해지면 그때부터는 주말, 방학, 휴가, 연휴 등을 활용해 긴 시간을 확보한 후에 그동안 한 가지 주제만을 생각하는 강한 몰입에 도전한다.

4. 몰입은 이완된 상태에서 하는 것이 좋다

기억의 인출이 잘 되려면 몸의 긴장이 풀어지고 힘이 빠진 상태가 되어야 한다. 어떤 일에 집중하거나 긴장을 풀기 위한 용도로 음악이나 ASMR을 듣는 사람도 있는데, 이는 몰입 시작 단계에 도움을 받는 정도로만 활용하고 몰입도가 올라가면 끄는 것이 좋다.

5. 잠은 꼭 자야 한다

잠을 제대로 자지 못하면 우리 몸에 베타아밀로이드라는 물질이 축적되어서 뇌세포를 파괴할 수도 있다. 밤잠을 제대로 자지 못했다면 다음 날 낮에라도 잠을 보충해야 한다. 잠을 못 자는 상태가 하루 이상 넘어가면 안 된다.

6. 선잠을 활용한다

선잠을 자고 나면 무척 개운한 느낌이 들면서 갑작스레 아이디어가 떠오르는 경우가 많다. 선잠을 자면 기억의 인출 능력이 상승해서 몰입도가 불연속적으로 상승하기 때문이다. 선잠은 앉아서 자야 하며, 보통 20분을 넘기지 않는다.

7. 규칙적인 운동은 필수다

고도로 몰입된 상태에서는 정신적으로 흥분이 되어 잠이 잘 오지 않기도 한다. 따라서 하루 30분 규칙적인 운동을 함으로써 수면 부족으로 인한 문제점을 예방하도록 한다.

8. 답이 보이지 않아도 끝까지 포기하지 않는다

미지의 문제를 스스로 도전해서 포기하지 않고 푸는 능력과 문제 해결력은 상관관계가 높다. 당장은 문제가 해결될 기미가 보이지 않더라도 자신의 잠재력을 믿자. 몰입을 중도에 그만두지 않은 채 쉬지 않고 생각을 하는 사람만이 몰입이 주는 지고의 행복을 경험할 수 있다.

소망하고 추구하는 것을
실현시키는 몰입적 사고

'어떻게 살아야 할까'라는 문제를 화두로 일주일간 몰입을 한 적이 있다. 많은 생각이 떠올랐지만 결국 단순한 두 가지 결론을 내렸다. 하나는 '행복하게 살자'는 것이고 다른 하나는 '해야 할 일을 최선을 다해 잘하자'라는 거다. 사람들은 해야 할 일을 그저 생활을 유지하기 위한 수단으로 삼는데 그러면 일도 삶도 재미가 없어진다. 일 자체가 이루고 싶은 목적이 되어야 능률도 오르고 성공할 확률도 높아진다. 공부도 마찬가지다. 공부 자체를 즐겨야 상위 1%도 되고 천재도 될 수 있다. 지금 해야 하는 일, 해야 하는 공부를 세상에서 가장 숭고한 목표로 만들어라. 그러면 삶을 채우고 있는 모든 순간이 행복해질 것이다. 내가 이 책에서 말하려던 것이 이것이다. 해야 할 일을 즐기며 행복하게 사는 방법. 나는 그 해답을 '몰입'에서 찾았다.

마감일이 정해진 꼭 해야 할 일이 있다고 하자. 주위 사람들의 기대가 크면 부담도 커지고 자신의 능력보다 일의 수준이 높다면 의욕은 사그라질 것이다. 하지만 생각을 바꿔보자. 기대가 크고 수준이 높을수록 당신의 실력을 인정받을 수 있는 확실한 기회가 된다. 몰입은 기대와 부담을 즐기고, 창의적인 아이디어를 떠오르게 함으로써 해야 할 일을 즐거운 일이 되도록 만든다. 내적인 몰입으로 사회적인 성과까지 얻을 수 있는 것이다. 이것이야말로 몰입의 탁월함이다.

IBM 한국보고서에 의하면 초일류 기업일수록 무형자산의 비율이 높다. 2005년 말을 기준으로 무형자산의 비율을 비교하면 GE가 93.4%, 마이크로소프트가 87.5%, IBM이 84.3%, 인텔이 73.8% 삼성전자가 63.8%, LG전자가 58.2%이고 금융업을 제외한 국내 상장기업은 평균적으로 33.6%다. 이것은 국내기업이 국제경쟁력을 가지고 발전하려면 우수한 인재를 확보하는 것이 급선무임을 명확히 보여준다. 무형자산의 핵심은 우수한 인재이기 때문이다.

GE 전 회장이었던 잭 웰치는 "내 시간의 75%는 핵심 인재를 찾고 배치하고 보상하는데 썼다"고 했다. 또한 마이크로소프트 창업자인 빌 게이츠는 "핵심 인재 20명이 없었다면 오늘날의 마이크로 소프트도 없다"고 말했다.

한 명의 인재를 얻는 것이 많은 재화를 얻는 것보다 가치 있는 일이 되었다. 세계 초일류 기업들은 우수한 인재를 채용하기 위해 거의 전쟁을 방불케 하는 작전을 펼치고 있다. 인재가 곧 기업의 경쟁력이기 때문이다. 다가올 미래 역시 다르지 않다. 지금 이 시대가 필요로 하는 것은 사고력과 창의력을 가진 열정적인 인재다. 몰입은 그것을 가능하게 한다. 생각 자체는 눈에 보이지 않는 허상이지만 집중할수록 눈에 보이는 성과가 되어 나온다. 누구나 할 수 있는 생각을 자신만의 참신한 아이디어로 만드는 것은 이제 당신이 얼마나 몰입하느냐에 달려 있다. 생각하는 습관을 들이고 몰입에 이르는 단계를 하나씩 실천한다면 누구든 성공과 행복을 동시에 거머쥘 수 있다.

몰입을 통해
얻을 수 있는 것

1990년에서 1997년까지 체험한 몰입 상태에서의 연구는 나에게 아주 특별한 것이었다. 이 경험은 내 인생의 하이라이트였을 뿐 아니라 마치 연구의 비법을 터득한 것 같았고 행복을 정복하는 법을 깨달은 것 같았다. 그래서 기회만 되면 주위 사람들에게 이 영웅담 같은 이야기를 들려주곤 했다. 이 이야기를 듣고 나에게 책으로 써보라고 맨 처음 권유한 사람은 전자통신연구원의 박문호 박사님이었다. 이 말을 듣고 고민을 하기 시작했다. 경험이 없는 내가 책을 쓴다는 것은 많은 시간과 노력이 필요한 일이다. 게다가 내 경험이 그럴 만한 가치가 있는지에 대한 의문이 들었다. 몰입에 관한 심리학을 연구하는 사람에게는 이미 다 알려져 있는 평범한 내용일지도 모른다는 생각에서였다. 그래서 '몰입flow' 이론을 정립한 심리학의 세계적 석학인 칙센트미하이 교수에게 이메일을 보냈다. 나의 경험을 간략히 언급하면서 한번 방문해서 이 체험을 자세하게 소개하고 싶다고 했다. 그는 흔쾌히 나의 요청을 받아들였고, 2005년 여름 나는 몬태나 주에 있는 그의 별장을 방문했다.

칙센트미하이 교수는 내 이야기에 큰 흥미를 보였다. 내가 경험한 내용의 일부는 자신도 알고 있는 내용이지만, 이렇게 전체적으로 구성된 이야기는 처음 들어본다는 것이었다. 만약 이런 몰입이 내가 아닌 다른 사람에게도 재현될 수 있다면 그것은 아주 훌륭한 이론이 된다며 반가워했다. 특히 그는 나의 경험 중에서도 감정의 변화를 심리적으로 면밀하게 관찰한 점이 특이하고, 훌륭한 심리학자로서의 자질을 가지고 있다고 나를 격려해주었다. 그는 이 내용을 논문으로 정리할 가치도 있고 책으로 쓸 가치도 있다며 힘을 실어주었다.

그래서 2007년 『몰입』을 출간했다. 책을 출간하자 독자들로부터 뜨거운 반응이 있었고, 지금까지도 이어지고 있다. 이렇게 오랜 기간 독자의 관심이 이어지는 이유는 자신들이 몰입 경험을 한 적이 있거나 혹은 초판을 읽고 몰입을 실천해서 크고 작은 성과를 얻은 사람들이 계속 추천하기 때문이다. 나에게 몰입을 경험했다고 연락해온 사람들도 있었다. 또한 어떤 독자들은 자신들이 처한 다양한 상황에 몰입을 적용하기 위해 나에게 도움을 요청했다. 의도적인 몰입 이론이 얼마나 다양한 상황에 적용될 수 있는지 궁금해하던 나는 많은 경우 코칭을 해주었다. 주로 내가 코칭 해준 대로 실천하고 일주일마다 그 경과를 나에게 보내주면 내가 피드백해주는 방식으로 진행되었다.

이러한 사례는 몰입에 대한 일종의 실험 결과와 같은 역할을 하기에 나 자신이 몰입을 이해하는 데도 많은 도움이 되었다. 몰입 실천 사례는 경험적 사실이라는 점에서 이론으로는 대체할 수 없는 강력함을 갖고 있다. 수많은 사례를 통해서 의도적인 몰입이 다양한 상황에서 적용될 수 있음이 확인되었다. 누구나 자신이 몰입하고자 하는 대상에 '1초 원칙'을 실천하면 몰입도를 올릴 수 있다. 그러면 기량이 올라가고 즐거움이 수반되어 지속가능한 최선이 된다. 이는 삶과 행복의 문제를 해결하는 혁명과 같다. 적어도 나는 그렇게 생각한다. 처음에는 이 놀라운 발견을 내가 최초로 했다고 생각했다. 그런데 이미 오래전부터 불교 조계종과 성리학에서 시행된 수행 방법과 상당히 유사하다는 것을 알게 되었다.

나는 몰입이 간화선과 매우 유사하다는 사실에는 상당히 일찍부터 주목해왔지만, 조선시대 선비들의 정좌 수행과도 유사성이 있음을 알게 된 것은 한 메일을 받고 나서다. 아래 지난 2017년 당시 고려대학교 철학과 학생이 내게 보내온 메일이 그 시작이다.

> **66** 저는 학부에서 철학을 공부하고 있습니다. 철학과에 입학한 뒤 동양철학에 관심을 두게 되었고, 특히 유학과 불교의 수행론에 흥미를 느꼈습니다. 교수님께서 쓰신『몰입』을 읽고 매우 감동했습니다. 일차적으로 교수님께서 서술하신 심리 상태의 변화에 깊이 공감했고, 그것들이 동양의 수행 전통과 관련해서 갖는 함의들을 생각하지 않을 수 없었습

니다. 특히 평소 관심이 있던 '정좌靜坐, 선비들의 수행법'을 몰입 경험과 비교해보고 싶다는 마음이 강하게 들었고, 결국 '몰입과 정좌'라는 제목으로 글 한 편을 완성하게 되었습니다.

학생이 작성해서 보내온 '몰입과 정좌'를 읽고 이 글의 중요한 참고문헌인 최석기 교수가 쓴 『조선 선비의 마음공부 정좌』을 읽으니 정좌 수행은 몰입의 개념과 비슷한 점이 너무도 많다는 것을 알게 되었다. 성리학의 핵심적인 공부 자세인 격물치지는 모든 사물의 이치理致를 끝까지 파고 들어가면 앎에 이른다致知는 의미다. 이는 내가 말하는 몰입학습법과 상당히 비슷하다. 이러한 방식으로 공부하다 보면 자연스럽게 주일무적이 되어 경 상태에 도달하는데 그 상태가 몰입이다.

그러면 조선시대의 성리학과 내가 말하는 몰입은 어떻게 다른가? 가장 중요한 차이는 과학적인 접근이라는 틀 안에서 몰입을 적용하느냐, 적용하지 않느냐다. 조선시대에는 과학적인 접근이라는 개념이 없었고 신경과학에 대한 지식도 없었다. 반면 나는 몰입을 과학적으로 접근해 이해하고 적용했다.

그렇다면 과학적인 접근은 무엇인가? 참의 명제에서 출발하여 또 다른 참의 명제를 쌓아가는 접근 방식이다. 어느 것이 참이고 참이 아닌지는 주로 실험과 경험에 의한 검증을 통해 확인한다. 과학적인 접근의 기원은 베이컨의 경험론과 데카르트의 합리주의로, 경험론은 귀납적 논리고 합리주의는 연역적 논리다. 봉건시대에는 동양의 문명이 서양의 문명을 앞섰다. 그러나 서양에 과학적인 접근이 도입되면서 르네상스가 촉발되었고 그 결과 동양을 앞서게 되고 오늘날의 현대문명에 이른 것이다.

과학적인 접근을 사용하지 않으면 왜 발전이 어려운가? 예를 들어보자. 퇴계 이황은 이理와 기氣를 별개의 존재로 보는 이기이원론을 주장했고, 율곡 이이는 이와 기가 같다는 이기일원론을 주장했다. 이런 상황에서 어느 주장이 옳은지 실험적으로 검증되지 않으면 어떻게 될까? 서로 자기가 옳음을 주장하며 제자들까지 이어져 논쟁이 끝나지 않는다. 이런 상황에서는 소모적인 논쟁만 지속되고 발전할 수 없다.

그러나 과학적인 접근에 기반한 몰입 혹은 성리학의 방법인 '경'은 대단히 위력적인 힘을 발휘한다. 그 위력은 내가 경험했고 몰입을 시도한 수많은 사람들에 의해 증명되었다. 행복한 상태에서도 최대의 지적 기량이 발휘되는 인간이 할 수 있는 최상의 경험이고 매슬로가 이야기하는 '최고의 경험'인 상태를 의도적인 노력으로 만들 수 있는 것이다.

눈부신 과학 기술의 발달은 우리를 편리하게는 해주지만 행복하게 해주진 않는다. 그렇지만 성리학에서의 거경居敬 방식의 공부는 우리를 가파르게 성장시킬 뿐 아니라 행복까지 가져온다. 즉, 결과적으로 성인의 성품을 가지게 되는데 이것이 성리학이 추구하는 목표다.

몰입 확장판

슬로싱킹에 의한 몰입은 이런 방식의 방법론을 과학적인 접근이라는 틀 안에서 추구하는 것이다. 몰입은 스스로 생각하고 도전하게 함으로 현재 미국이나 유럽에서 실시하는 사고력과 창의성 교육과 같은 맥락이지만, 사고의 강도나 지속성에 있어서는 훨씬 더 강력하다. 그래서 몰입의 방식을 교육에 적용하면 세계 최고의 경쟁력을 가질 수 있다고 주장하는 것이다. 이뿐만 아니라 몰입은 전두엽을 발달시켜 정신적으로도 성숙해진다. 여기에 지속적인 행복감과 충만함이 더해지면 욕심이나 사욕을 멀리하게 되어서 성리학에서 추구하는 성인의 성품을 가지게 된다. 결과적으로 몰입을 통해 높은 경쟁력, 행복과 자아실현을 모두 성취할 수 있을 뿐 아니라 성품도 좋아질 수 있다.

미국 유학생이 경험한
500일간의 강한 몰입

앞서 사례에서 강한 몰입을 경험한 미국 유학생이 2022년부터 오로지 공부와 연구에만 몰입하겠다는 결심을 세웠다고 했다. 여기에 그 후의 이야기를 담았다. 그는 지금까지 500일 이상 몰입을 이어오고 있다. 이 학생의 몰입은 내가 재료 분야 난제를 해결하기 위해서 문제 하나만을 생각했던 몰입과는 다르다. 이 학생의 경우는 박사 논문을 준비하며 컴퓨터공학과 석사 학위를 동시에 취득하기 위해 과제 하기, 컴퓨터 관련 수업 듣기 등 여러 가지 활동에 몰입해야 했다. 오히려 독자들에게는 이러한 몰입이 더 활용 가치가 높을 것이다. 실제 삶에서는 하나의 난제를 해결해야 하는 상황보다는 해야 할 여러 가지 일을 하면서 최선을 다해야 하는 상황이 많기 때문이다. 이런 상황에 있거나 혹은 최선의 삶을 원하는 사람들에게 좋은 참고가 될 것이다.

2022년 10월 16일　공부 자체에 몰입 1일 차

몰입클럽 미팅이 끝나고, 후회 없는 인생은 무엇일까에 대해 생각해봤습니다. 교수님께서 '죽음보다 무서운 것은 노년에 아무리 후회하더라도 다음 인생이 없다는 사실'이라고 한 게 떠올랐습니다. 제인생에서 후회가 거의 없었던 순간은 재수를 위해 기숙학원에서 11개월 정도 노력한 기간이었습니다. 다시 한번 그 순간을 경험하고 싶습니다. 지난 5개월 정도 꾸준하게, 일정하게 공부해왔지만, 1초도 쉬지 않고 공부 자체에 몰입한 것은 아니었습니다.

그래서 불안감이 찾아올 때가 꽤 있었고, 이렇게 하면 박사논문을 마칠 때쯤 후회와 아쉬움이 남을 것 같습니다. 마지막 1년이라고 생각하고, 하루하루 후회를 최소화하고, 공부 자체에 몰입해서 후회와 아쉬움을 최소화하고 싶습니다. 인문학의 특성상, 하나의 문제를 설정하기가 쉽지 않아서, 박사논문 쓰기와 통계를 이용한 학술지 논문 쓰기(주제는 박사논문과 같음)에만 후회 없이 몰입하고 싶습니다.

- 공부 시간 12시간　• 운동 30분　• 선잠 1회
- 몰입 떨어뜨리는 행위 X　• 기분 상태 best

이 학생은 공부 자체에 몰입을 시작하면서 일일 평가를 시작했다. 가장 하단에 작성된 기록이 일일 평가다. 공부 시간은 순전히 공부에만 쏟은 시간을 나타내고, 선잠 1회는 몰입했을 때 선잠에 빠진 횟수가 1회라는 것이다. 몰입 떨어뜨리는 행위는 유튜브, SNS, 지인 만남이나 통화 등을 말하며, 기분 상태는 최상임을 뜻한다. 이렇게 일일 평가로 몰입을 기록하면 좀 더 명확하게 자신의 몰입을 점검해보는 기회를 가질 수 있다.

2022년 10월 30일 공부 자체에 몰입 16일 차
몰입을 실천한 후에 발견한 2가지 장점

공부 자체에 몰입하기로 한 후에 2가지 좋은 점을 발견했습니다. 첫째는 학습 성취 동기가 높아졌다는 것입니다. 이해하기 까다로운 부분을 만났을 때, 그 부분을 이해하고 싶은 동기가 높아져서, 자연스럽게 그 생각을 이어가려고 하는 것 같습니다. 둘째, 머릿속으로 생각보다 많은 일을 할 수 있다는 것을 알게 됐습니다. 책이나 노트 필기 없이 머릿속으로만 생각해도 이해하거나 문제를 해결할 수 있었습니다.

걸으면서, 밥 먹으면서, 씻으면서 머릿속으로 생각하다 보면, 더 깊은 이해와 문제해결을 하는 순간이 많았습니다. 그로 인해, 기분이 좋아지는 선순환이 이어졌습니다. 프로그래밍 숙제였던 한 문제를 8시간 생각해서 90% 해결했습니다.

> • 공부 시간 13시간 30분 • 운동 30분 • 선잠 1회
>
> • 몰입 떨어뜨리는 행위 X • 기분 상태 best

2022년 11월 15일   공부 자체에 몰입 30일 차

30일 강한 몰입 후 심리적 변화

30일 정도 공부에만 몰입했을 때 생긴 심리적 변화를 공유합니다. 30일 동안 지인을 만나거나 유튜브 등으로 오락 영상을 보지 않았습니다. (통계, 프로그래밍 관련 영상을 본 적은 있고, 공동연구 교수님과 연구 관련 통화를 한 적은 있음.)

공부 자체에만 몰입하기 전에는 공부가 잘되다가도 일주일에 한 번 정도 알 수 없는 무기력감과 우울함을 주기적으로 느꼈습니다. 기분이 우울하다고 해서 공부를 놓은 적은 없지만, 효율이 급격하게 떨어지는 걸 느꼈습니다. 그래서 일주일 중 하루는 하루 종일 유튜브를 보거나, 방학이 되면 일주일씩 여행을 다녔습니다. 그래도 가슴 한편에는 항상 불안과 우울함이 자리하고 있었습니다.

하지만 30일간 몰입을 하고 나서는 그런 무기력감과 우울감을 느낀 적이 거의 없었습니다. 1시간 정도 짧게 느낀 적은 2~3번 정도 있는 것 같지만, 그런 감정이 제 연구에 영향을 미치진 않았습니다. 지난 한 달 동안, 약간 들뜬 기분 좋은 상태가 90% 정도 유지됐고, 그 상태가 공부 시간과 성과물로 반영되었습니다. 또한 공부 시간도 추적해봤는데, 약 90시간 정도 공부에 몰입했고, 침대에 누워서 생각한 것까지 포함하면 조금 더 될 것 같습니다. 지치는 느낌은 전혀 없습니다. 밤에 7시간 이상 충분히 자서 그런지 선잠은 여러 번 자진 않습니다. 보통 1회 선잠을 자고, 2회 잘 때도 있습니다. 보통은 30분이하로 자고, 수면이 부족한 날은 1시간 또는 1시간 30분 정도 잤습니다.

> • 공부 시간 16시간 • 운동 30분 • 선잠 1회
>
> • 몰입 떨어뜨리는 행위 X • 기분 상태 best

2022년 11월 16일 공부 자체에 몰입 31일 차

배운 방식이 아닌 다른 방식으로 과제를 해결

지금 듣고 있는 수업은 10일에 한 문제씩 프로그래밍 숙제를 해야합니다. 보통 10시간 이상 걸리는 것 같습니다. 월요일 오후 2시까지제출인데, 일요일 밤 자정까지 아무 진전이 없었습니다. 새벽 5시까지 생각했는데도, 한 단계 정도 해결했습니다.

그리고 2시간 정도 몰입의자에서 자고 일어나서, 다시 풀기 시작했는데, 오전 10시쯤 되니 실마리가 보이기 시작했고, 1시에 문제에서 제시한 아웃풋을 똑같이 구현했습니다.

제가 배운 방식이 아닌 다른 방식으로 풀어서, 아웃풋이 같아도 15점 정도 받을 거라 예상했습니다. 그런데 처음으로 30점 만점을받았습니다. 그뿐만 아니라 '매우 훌륭하다. 다른 접근 방식도 참조할것'이라는 교수님의 논평도 받았습니다.

- 공부 시간 14시간 30분 • 운동 30분 • 선잠 1회
- 몰입 떨어뜨리는 행위 X • 기분 상태 best

이 학생은 컴퓨터 과목을 처음 공부하는 학생이어서 나름 독자적인 생각을 해서 답을 제출했다. 사실 교수들은 보통 이런 답안을 더 좋아한다. 이런 답은 학생 자신이 스스로 생각한 새로운 방법이 명백하기 때문이다. 그래서 30점 만점을 받았고, 잘했다고 하면서 배운 방법대로 푸는 해설을 참조하라고 이야기한 것이다.

2022년 11월 18일   공부 자체에 몰입 33일 차
추수감사절 초대를 공손하게 거절

다음 주가 미국의 추수감사절이라 함께 식사를 하고 싶다고 연락이 왔습니다. 일요일에 한 팀, 월요일에 한 팀이었습니다. 그러나 몸이 좋지 않다며 공손하게 거절했습니다. 그동안 의무감으로 참여했던 모임이 정말 많았다는 것을 느꼈기 때문입니다. 그다지 친하지도 않고, 별로 할 말도 없고, 즐겁지도 않지만, 연락을 준 사람에게 거절하기 미안해서 모임에 나간 적이 많았습니다. 모임 자체는 5~6시간 정도 걸리겠지만 그때 나눴던 대화들로 인해 집중력이 흐려져, 그 여파가 일주일 이상 간 적도 많았습니다. 공부 자체에 몰입을 계기로, 중요하고 즐거운 일에만 집중하기로 했습니다.

- 공부 시간 14시간 • 운동 30분 • 선잠 2회
- 몰입 떨어뜨리는 행위 X • 기분 상태 best

미국의 추수감사절은 우리의 추석만큼이나 중요한 연휴다. 이때 사려 깊은 사람들은 외롭게 유학 생활을 하는 사람들을 자신의 저녁에 초대한다. 그런데 그런 배려를 몸이 안 좋다고 공손하게 거절한 것이다. 강한 몰입을 하기 위해서는 이 정도의 절실함과 간절함이 있어야 한다.

2022년 12월 11일   공부 자체에 몰입 56일 차
영문학 박사와 컴퓨터공학 석사, 이중 학위의 기회

저는 2019년 8월부터 영문학 박사과정을 시작했고, 2021년 12월에 수업coursework과 박사 종합시험을 마쳤습니다. 그 이후에 진로 고민을 시작했고, 졸업 후 최소 몇 년간은 미국에 남아서 일하겠다는 결정을 내렸습니다. 그 시기에 디지털 인문학 연구를 위해 3개월 정도 개인과외로 파이썬Python을 배우고 있었습니다. 과외선생님께서는 저에게 석사를 하는 것은 무리겠지만, 컴퓨터공학과 수업을 몇 개라도 들어볼 것을 조언해줬습니다. 그래서 알아보니 입학허가만 받으면 동시에 2개의 대학원 학위를 받을 수 있는 프로그램이 있다는 것을 알게 됐습니다.

컴퓨터공학과 대학원장 교수님을 찾아뵈었는데, 제가 전공 배경이 없어서 못 따라갈 거라고 말씀하시더군요. 어떻게 하면 되겠냐고 여쭸더니, 학부 수업(미적분학1과 2, 선형대수학, 프로그램 언어, 이산 수학)과 대학원 수업(통계적 방법 1, 통계에서의 컴퓨팅)에서 좋은 성적을 받으면 입학을 고려해보겠다고 했습니다.

2022년 1월부터 미적분학1을 듣기 시작했고, 여름 방학 동안에는 학부 수업과 논문 프로포절을 마무리했습니다. 지금은 컴퓨터공학과 대학원장 교수님과 지도교수님 모두 입학을 허락한 상태입니다. 컴퓨터공학과 대학원장 교수님은 2023년 1월부터 시작해서 2024년 5월에 석사 졸업하자고 제안했고, 영문학 지도교수님 또한 이에 맞춰 2023년 9월 졸업 예정을 늦추고 2024년 5월에 졸업하자고 제안했습니다.

이 학생은 컴퓨터공학과에서 석사 학위 프로그램에 입학허가를 받기 위해 필요한 과목을 수강하고 열심히 몰입해서 좋은 성적을 거뒀다. 컴퓨터공학과에서 석사 학위를 동시에 하게 된 것은 정말 좋은 기회다. 왜냐하면 컴퓨터 분야는 너무나 취업이 잘 되고 고액의 연봉을 받을 수 있기 때문이다. 특히 이 학생처럼 디지털 인문학 박사 학위와 함께 컴퓨터공학 석사를 하면 대단히 유리할 것으로 보인다. 요즘 컴퓨터공학에서 가장 인기 있는 분야가 챗GPT 같은 인공지능 언어처리 분야이기 때문이다. 이 학생의 지도교수도 영문학으로는 취업이 어렵고 설령 취업이 되더라도 처우도 썩 좋지 않아서 컴퓨터 분야에 취업할 것을 권했다고 한다. 나도 이 학생에게 컴퓨터 분야에 취업할 것을 권했다.

2022년 12월 19일   공부 자체에 몰입 64일 차
꿈에서도 공부

C++(C언어의 확장판으로 만들어진 프로그래밍 언어) 공부에 완전히 몰입한 느낌이 듭니다. 식사할 때도, C++ 강의를 켜놓고, 운동을 하러 갈 때도 계속 C++ 내용을 머릿속에 들고 있으려고 노력했습니다. 하루에 2번 정도 저도 모르게 15분 정도 선잠에 빠졌습니다. 선잠에서 C++을 공부하는 경험을 했는데, 꿈인지 생시인지 구분하기 어려웠습니다. 결괏값을 보려고 움직이면, 꿈인 것을 느꼈습니다. 머릿속이 C++로 가득 찬 느낌이 좋습니다.

- 공부 시간 15시간 30분 • 운동 30분 • 선잠 2회
- 몰입 떨어뜨리는 행위 X • 기분 상태 best

컴퓨터공학을 하려면 기본적으로 알아야 하는 언어가 C++이다. 개학하면 배우게 될 C++과목을 위해서 미리 공부하는데 너무 몰입한 나머지 몽중일여의 효과가 나타나고 있는 것을 알 수 있다.

몰입 확장판

2022년 12월 31일 공부 자체에 몰입 76일 차

기숙학원에서의 최선과 몰입에 의한 최선을 비교

매주 조금씩 공부의 밀도가 높아지는 것이 느껴집니다. 10년 전, 기숙학원에서 재수를 준비할 때 비슷한 기분을 느꼈던 적이 있습니다. 당시 기숙학원에서 1년 동안 하루 14시간 이상 공부했고, 어느 정도 만족할 만한 결과를 얻었습니다. 하지만 부작용이 너무 컸습니다. 장시간 고개를 푹 숙이고, 긴장된 상태에서 공부해서 4년간 정형외과 치료와 물리치료를 병행해야 했습니다. 병원 치료에도 불구하고, 만성적으로 뒷골이 뻐근했고, 머리가 멍했습니다.

엄격하게 통제된 상황 속에서 공부했었기 때문에 학부와 석사를 공부하는 기간에는 기숙학원에서처럼 지속적이고 꾸준한 공부를 할 수 없었습니다. 그래서 항상 그때처럼 최선을 다하고 싶다는 갈망이 컸습니다. 한국에서 그리고 미국에서도 여러 차례 시도했지만, 매번 며칠 못 가 실패했습니다.

지금은 최선을 다하면서도 이를 지속하는 방법을 알게 된 것 같습니다. 그래서 정말로 기쁩니다. 적어도 박사 졸업하기 전까지는 큰 변화가 없을 것 같으니, 그때까지 마음껏 이 상태를 만끽하고 싶습니다.

- 공부 시간 16시간 30분 • 운동 30분 • 선잠 2회
- 몰입 떨어뜨리는 행위 X • 기분 상태 best

2023년 1월 2일 　공부 자체에 몰입 78일 차

논문 쓰다가 막혔을 때의 몰입

논문을 쓰다가 막혀서 3시간 동안 자료만 보았는데도 쓸 만한 내용을 찾지 못했습니다. 낮에 커피를 마셔서 잠이 오지 않아 새벽 5시까지 생각했는데, 해결책이 떠올랐습니다. 아이디어가 좋아서 약간 흥분됐습니다. 다음 날 지장이 갈 것 같아, 일단 잠자리에 들었습니다.

- 공부 시간 15시간 ・ 운동 30분 ・ 선잠 1회
- 몰입 떨어뜨리는 행위 X ・ 기분 상태 best

2023년 2월 24일 　공부 자체에 몰입 131일 차

문제해결력을 위한 몰입

교수님께서 매주 말씀해주시지만, 개념을 이해하고 문제를 푸는 것이 진심으로 좋아서 하고 있습니다. 또 다른 이유는 중요한 일을 하고 있다는 확신이 생겼기 때문입니다. 몇 달 전, 교수님께서 말씀하신 대로 졸업 후에는 컴퓨터 쪽에서 일하려고 합니다. 문제해결력을 길러, AI 산업이나 연구에 기여하고 싶습니다.

- 공부 시간 14시간 ・ 운동 30분 ・ 선잠 2회
- 몰입 떨어뜨리는 행위 X ・ 기분 상태 best

2023년 3월 2일 공부 자체에 몰입 137일 차

예전 공부 방법과 몰입학습 방법의 비교

문제를 푸는 것이 정말 재미있습니다. 꾸준히 길러온 문제해결력을 바탕으로, 나중에 훨씬 더 크고 중요한 문제를 해결할 자신이 있습니다. 문제를 해결하는 과정이 스트레스가 아니라 즐거움이기 때문입니다. 수능 준비, 한국 대학, 대학원 과정에서는 한 문제를 5시간 이상 고민해본 적이 없습니다. 수능 수학을 준비할 때도, 모르는 문제는 해설지를 보고 이해한 후 오답 노트에 옮겨 반복해서 풀었습니다. 문제해결력을 키우지 못하는 방식 때문에, 문과 수학에서도 항상 2, 3등급만 받았습니다. 모르는 문제가 나오면 스스로 고민하고 이해해야 문제해결력이 높아지는 것이 당연한데, 왜 해설지를 보고 답을 외울 생각을 했는지 모르겠습니다. 생각하는 방법과 그 재미를 몰랐던 것 같습니다.

> • 공부 시간 15시간 • 운동 30분 • 선잠 2회
> • 몰입 떨어뜨리는 행위 X • 기분 상태 best

2023년 3월 8일 공부 자체에 몰입 143일 차

진심으로 제 자신이 자랑스럽습니다.

보통 12시간 정도 몰입의자에 앉아서 생각하고, 나머지는 이동 중

자투리 시간에 생각합니다. 선잠은 보통 30분 정도 자고, 어떤 경우에는 1시간 정도 잡니다. 매일 하루 12시간씩 의자에 앉아서 공부하는데, 지치지 않고, 제대로 공부했다는 뿌듯함과 행복함이 느껴집니다.

요즘은 진심으로 스스로가 자랑스럽습니다. 저도 교수님처럼 평생 몰입하는 삶을 살고 싶습니다. 직장이 생기고, 가정이 생겨도 조언을 구해, 평생 이렇게 살고 싶습니다. 지금 저는 컴퓨터 분야에서 걸음마 단계에 있지만, 매년 이렇게 조금씩 성장하다 보면 10년 뒤에는 세상의 발전에 기여할 수 있으리라 믿습니다.

- 공부 시간 12시간 • 운동 30분 • 선잠 1회
- 몰입 떨어뜨리는 행위 X • 기분 상태 best

2023년 4월 15일 공부 자체에 몰입 181일 차
고진감래, no pain no gain 패러다임에 대해

몰입이론은 한 번도 생각하지 못했던 행복한 최선이라는 개념을 제 뇌에 각인시켰습니다. 고진감래, no pain no gain 등의 패러다임에 갇혀, 지속적인 노력을 하지 못했던 것 같습니다. 다른 한편으로, 몰입을 통해 문제해결력의 중요성에 대해 깨닫게 됐습니다.

한국에서 영문학을 공부할 때만 해도, 잘 받아 적고, 잘 외우면 좋은 점수를 받을 수 있었습니다. 미국에 와서 유대인 지도교수님 밑에서 공부하면서 '왜?'라는 질문을 수도 없이 받고, 그에 대해 적절한 질문과 답을 해야 했습니다. 이 과정이 정말 재밌고 좋았습니다.

그런데 몰입 코칭을 받으며 더 좋은 것을 발견했습니다. 알고리즘 문제를 푸는 것입니다. 답이 명확한 것도 좋고, 풀이가 여러 개 존재할 수 있다는 것도 좋습니다. 이 과정이 정말 재밌습니다.

- 공부 시간 13시간 • 운동 30분 • 선잠 2회
- 몰입 떨어뜨리는 행위 X • 기분 상태 best

2023년 6월 1일   공부 자체에 몰입 228일 차

앱을 이용해서 공부 시간을 체크한 결과

앱을 이용해서 공부 시간을 체크해봤는데, 1월부터 5월까지 2,014시간을 공부했습니다. 하루 평균 13시간 30분 정도를 꾸준히 공부한 것입니다. 슬로싱킹해서 꾸준히 지치지 않고 공부 자체에 몰입할 수 있는 것 같습니다. 단 하루도 아프지도 않았습니다. 실력이 늘고 있는 건 확실한데, 아직 턱없이 부족한 실력입니다. 열심히 하고 있지만, 본격적으로 컴퓨터공학을 공부한 것은 6개월 정도이기에, 아직 가야 할 길이 많다는 것도 알고 있습니다. 하지만, 앞으로도 계속 몰입식 가치관으로 살 것이기 때문에 지금의 결과에 집착하지 않고, 한 걸음씩 나아가서 5년 뒤, 10년 뒤 뛰어난 엔지니어가 될 것입니다.

- 공부 시간 15시간 • 운동 30분 • 선잠 2회
- 몰입 떨어뜨리는 행위 X • 기분 상태 best

2023년 6월 30일 공부 자체에 몰입 257일 차
10시간 정도 고민해서 코딩 문제를 해결

대략 10시간 정도 고민해서 코딩 문제를 풀었습니다. 너무 기분이 좋아서 저도 모르게 박수를 한 번 쳤더니, 연구실 친구가 무슨 일이냐고 물었습니다. 코딩 문제 풀었다고 하니 웃었습니다. 긴장된 마음 상태보다는 마음을 비우고 슬로싱킹으로 이완된 집중을 해서 스트레스 없이 풀었습니다.

- 공부 시간 12시간 • 운동 30분 • 선잠 2회
- 몰입 떨어뜨리는 행위 X • 기분 상태 best

2023년 7월 2일 공부 자체에 몰입 259일 차
문제해결 후에 찾아오는 엄청난 행복감

이리저리 고민하다 문제를 풀면, 순간적으로 엄청난 행복감이 찾아옵니다. 다른 경험으로는 얻기 어려운 순간적인 행복감을 느낍니다.

- 공부 시간 14시간 • 운동 30분 • 선잠 1회
- 몰입 떨어뜨리는 행위 X • 기분 상태 best

2023년 7월 17일   공부 자체에 몰입 274일 차

평온함과 행복함이 지속되고 있음

몰입할 때 지속적으로 느끼는 평온함과 행복감은 지금까지 경험해 본 적 없는 것입니다. 물론 여행할 때도 행복감을 느끼지만, 순간적이고 여행이 끝나면 며칠간 피로감과 우울감을 느꼈기 때문입니다.

- 공부 시간 14시간 • 운동 30분 • 선잠 2회
- 몰입 떨어뜨리는 행위 X • 기분 상태 best

2023년 7월 27일   공부 자체에 몰입 284일 차

인생을 통틀어서 경험하지 못한 꾸준함

지난 9개월 동안 단 하루도 빠지지 않고 몰입과 공부를 했습니다. 제 인생을 통틀어서 이렇게 꾸준히 한 적은 없습니다. 슬로싱킹을 통한 이완된 집중, 선잠, 운동이 없었다면 불가능했을 것입니다. 처음 시작했을 때보다, 생각하는 공부의 비율이 많이 늘었습니다. 졸업까지 대략 1년, 앞으로 1년 더 지금처럼 행복한 최선을 다하겠습니다.

- 공부 시간 14시간 · 운동 30분 · 선잠 1회
- 몰입 떨어뜨리는 행위 X · 기분 상태 best

2023년 7월 28일　공부 자체에 몰입 285일 차
생산적인 일을 즐기며 지속할 수 있다는 것

누군가가 저에게 제 삶에서 가장 즐겁게 생산적인 일을 한 경험이 언제였냐고 묻는다면, 공부 자체에 몰입한 기간이라고 자신 있게 답할 수 있습니다. 몰입으로 문제를 해결할 때 분비되는 긍정적인 도파민 덕분에 공부가 즐겁습니다. 게다가 높은 생산성 또한 유지되는 중입니다.

- 공부 시간 14시간 · 운동 30분 · 선잠 1회
- 몰입 떨어뜨리는 행위 X · 기분 상태 best

2023년 9월 7일　공부 자체에 몰입 326일 차
IIT 친구들과 함께 치른 퀴즈 시험

알고리즘 분석 Analysis of Algorithm 과목은 세계적으로 컴퓨터 천재들만 모이는 IIT Indian Institute of Technology(인도공과대학) 친구들과 함께 듣고 있습니다. 이 과목은 중간고사를 안 보는 대신, 2주에 한 번씩 퀴

즈를 봅니다. 오늘 첫 퀴즈 시험을 풀었는데 망했다고 생각했습니다. 최선을 다해도 시험을 못 볼 수도 있다고 생각하며 스스로 위로를 했습니다. 그러나 예상외로 저는 다 맞고 저를 가르쳐주었던 IIT 친구들이 50점을 맞았습니다. 이번엔 운이 좋았다고 생각하고, 더욱더 철저히 공부해야겠다고 다짐했습니다.

- 공부 시간 14시간 • 운동 30분 • 선잠 1회
- 몰입 떨어뜨리는 행위 X • 기분 상태 best

2023년 10월 23일   공부 자체에 몰입 372일 차

하루하루 매 순간이 진심으로 행복하다

몰입을 시작한 후에 공부 자체에만 몰입하고 있지만, 하루하루 매 순간이 진심으로 행복합니다. 이렇게 매 순간 행복할 수 있다는 것이 신기하지만 실제로 그렇습니다.

- 공부 시간 14시간 • 운동 30분 • 선잠 2회
- 몰입 떨어뜨리는 행위 X • 기분 상태 best

2023년 12월 16일 공부 자체에 몰입 426일 차

모든 컴퓨터공학 과목에서 4.0 학점으로 만점을 받다

이번 학기 성적이 나왔고 모든 과목에서 만점(4.0/4.0)을 받았습니다. 도중에 포기하는 학생이 생각보다 많고 저도 수업을 전혀 이해하지 못하는 경우도 많아서 내심 걱정도 했습니다. 그럴 때마다 일단할 수 있는 최선을 다하자라는 생각으로 차분히 공부했던 것 같습니다. 제 나름 이해를 하고 나서는 인도 친구들에게 질문도 하고 설명하면서 이해가 더 깊어지는 것을 느꼈고 생각하는 방식도 배운 것 같습니다. 그래서 성적보다는 도통 이해가 되지 않던 많은 개념과 문제들을 결국 이해했고 이를 통해 많이 배웠다는 점에서 뿌듯했습니다.

- 공부 시간 13시간 • 운동 30분 • 선잠 2회
- 몰입 떨어뜨리는 행위 X • 기분 상태 best

이 학생은 컴퓨터를 전혀 모르는 상태에서 컴퓨터를 전공한 뛰어난수재들인 IIT 출신들과 경쟁해서 1등을 했다. 그리고 그 과정이 잠을 줄이거나 힘든 상태에서 억지로 노력하는 무리한 최선이 아니고 지극히행복한 최선이었고 엄청나게 성장하는 경험을 했다. 이것이 몰입의 힘이다.

2024년 2월 12일 공부 자체에 몰입 484일 차

긍정적인 사람으로 변화

　매일 강한 행복감을 느낍니다. 그 행복의 패턴이 자주 반복되는데 산 정상에 올라서 희열을 느끼고 행복하게 내려가는 것과 비슷합니다. 아침에 일어나서 10시간 정도 공부하고 어떤 문제를 해결하거나 중요한 테스트를 끝냈을 때는 묘한 흥분감과 함께 아무 걱정 없이 편안한 상태가 잠들 때까지 이어집니다. 이때는 무엇을 해도 행복하고 긍정적인 사람이 되는 것 같습니다.

- 공부 시간 12시간 　• 운동 30분 　• 선잠 1회
- 몰입 떨어뜨리는 행위 X 　• 기분 상태 best

2024년 2월 28일 공부 자체에 몰입 500일 차

500일에도 몰입은 계속된다

　오늘도 계속 컴파일러 문제를 풀었습니다. 여러 문제를 해결해서 정말 행복했고 자신감이 생겼습니다.

- 공부 시간 12시간 　• 운동 30분 　• 선잠 1회
- 몰입 떨어뜨리는 행위 X 　• 기분 상태 best

2024년 3월 23일
영문학 박사와 컴퓨터공학 석사를 동시에 취득하다

교수님, 영문학 박사 논문이 통과했습니다. 교수님 격려와 지도가 정말 큰 힘이 됐습니다. 가끔은 너무 일이 몰려서 힘든 적도 있었고, 영문학 박사와 컴퓨터공학 석사를 동시에 준비하자니 결국에는 둘 다 흐지부지되는 건 아닌가 하는 불안도 있었습니다. 그래도 할 수 있는 데까지는 최선을 다하자는 마음으로 임했습니다. 슬로싱킹으로 좋은 아이디어를 얻었을 때의 흥분감도 잊지 못합니다. 영문학 박사는 보통 5년을 예상합니다. 저는 몰입으로 4년 9개월 만에 영문학 박사와 컴퓨터공학 석사를 동시에 취득하게 되었습니다.

저는 2019년 8월부터 매주 공부 시간을 기록해왔습니다. 교수님의 몰입을 알기 전에는 아무리 노력해도 일주일에 평균 40시간 정도로 공부했었던 반면, 몰입을 알게 된 이후로는 일주일에 평균 90시간을 공부하게 되었습니다. 몰입 덕분에 통찰력 있는 아이디어도 많이 얻을 수 있었습니다. 다시 한번 진심으로 감사합니다. 앞으로는 하나의 문제에 집중해서 후회 없는 최선을 다하겠습니다.

이 학생의 사례는 몰입과 관련되어 많은 것을 말해준다. 먼저 슬로싱킹에 의한 몰입은 행복한 최선을 지속하는 게 가능하다. 그리고 오랜 기간 최선을 다하면서도 정신적으로 육체적으로는 전혀 무리가 없다. 또한 행복한 상태가 우울감을 동반하지 않고 지속된다. 이는 애나 램키 교수의 『도파민네이션』에서 이야기하는 우리 몸의 항상성 때문에 쾌감이 지속될 수 없다는 이론과 맞지 않는다. 따라서 이러한 사례는 전두연합령의 A10 신경의 도파민 회로에는 자가수용체가 없어서 도파민 과잉이 지속될 수 있다는 이론 말고는 설명하기가 어렵다.

또한 이 사례를 통해서 미국 대학과 대학원에서 교육하는 방식을 알수 있다. 지적 도전을 요하는 고난도 문제를 숙제로 내주는 것이다. 몇시간은 기본이고 심지어 10시간 이상 생각해서 해결해야 하는 경우가많다. 숙제가 학점에 반영되는 비율이 높기에 학생들은 숙제를 통해서생각하고 몰입하는 훈련을 하게 된다. 이는 앞서 소개한 독일에서 초등학교 1학년에게 덧셈과 뺄셈을 가르칠 때 방법을 가르쳐주지 않고 학생들이 스스로 생각해서 해결하도록 하는 교육 방법과 철학이 유사하다.

미국 대학에서의 이런 교육 방법과 철학은 카네기멜론대학교 수학과 포셴 로 Po-Shen Loh 교수의 〈창의적인 사고자가 되는 법 How to be a creative thinker〉라는 유튜브 영상에서도 알 수 있다. 포셴 로 교수는 단지 높은 점수를 받기 위한 교육법으로 문제를 푸는 것은 좋지 않으며, 학생들이 스스로 발명할 기회를 빼앗는 것이라 주장한다. 학생들이 접해본 적 없는문제를 숙제로 내줘야 그 문제에 도전하면서 유연하고 창의적인 사고력을 발달시킬 수 있다는 것이다. 그래서 학생들에게 문제를 내는 데 많은 시간과 공을 들인다고 한다. 그의 말에 100% 공감하고 이러한 교육법이 가져올 효과는 명백하다.

위와 같은 공부법은 한국에서도 얼마든지 할 수 있다. 학생이 어떻게 풀어야 할지 모르는 수학 문제를 만났을 때 해설에 의존하지 않는다면 그 문제는 접해본 적이 없는 문제와 같다. 이런 방식으로 공부하는 몰입 학습법은 당연히 유연하고 창의적인 사고력을 발달시킨다. 그 효과는 이 책에서 소개한 2,000시간 이상 몰입 훈련을 한 3명의 학생의 사례로 확인할 수 있다. 어린 시절부터 이런 방식으로 1만 시간 이상 공부하면 그 아이는 세계적인 경쟁력을 키울 수 있다.

참고문헌

서적

- Neil R. Carlson, 『생리심리학의 기초』, 김현택, 조선영, 박순권 옮김, 시그마 프레스, 2000년.
- 권석만, 『현대 이상심리학』, 학지사, 2005년.
- 김세직, 『모방과 창조』, 브라이트, 2021년.
- 김종성, 『춤추는 뇌』, 사이언스북스, 2005년.
- 나폴레옹 힐, 『성공의 13단계』, 김향 옮김, 문진출판사, 1991년.
- 노구치 유키오, 『초 학습법』, 김용운 옮김, 중앙일보사, 1996년.
- 다치바나 다카시, 『뇌를 단련하다』, 이규원 옮김, 청어람미디어, 2004년.
- 레너드 쉴레인, 『자연의 선택-지나사피엔스』, 강수아 옮김, 들녘, 2005년.
- 레프 톨스토이 지음, 동완 옮김, 『인생의 길』, 신원문화사, 2007년.
- 로돌포 이나스, 『꿈꾸는 기계의 진화』, 김미선 옮김, 북센스, 2007년.
- 로제 샤르티에, 굴리엘모 카발로, 『읽는다는 것의 역사』, 이종삼 옮김, 한국 출판마케팅연구소, 2006년.
- 루스 실로, 『유태인의 자녀를 낳고 기르는 53가지 지혜』, 김동사 옮김, 삼진 기획, 1998년.
- 루스 실로, 『유태인의 천재교육』, 권혁철 옮김, 나라원, 2007년.
- 리처드 웨스트폴 지음, 최상돈 옮김, 『프린키피아의 천재(뉴턴의 일생)』, 사이 언스북스, 2001년.

- 리처드 필립 파인만, 『파인만 씨, 농담도 잘하시네!』, 김희봉 옮김, 사이언스북스, 2000년.
- 마크 티어, 『워렌 버핏과 조지 소로스의 투자습관』, 박진곤, 손태건 옮김, 국일증권경제연구소, 2006년.
- 맥스웰 몰츠, 『맥스웰 몰츠 성공의 법칙』, 공병호 옮김, 비즈니스북스, 2003년.
- 미하이 칙센트미하이 지음, 노혜숙 옮김, 『창의성의 즐거움』, 한길사, 2003년.
- 미하이 칙센트미하이, 『FLOW-미치도록 행복한 나를 만난다』, 최인수 옮김, 한울림, 2004년.
- 미하이 칙센트미하이, 『몰입의 기술』, 이삼출 옮김, 더불어책, 2003년.
- 미하이 칙센트미하이, 『몰입의 즐거움』, 이희재 옮김, 해냄, 1999년.
- 미하이 칙센트미하이, 『창의성의 즐거움』, 노혜숙 옮김, 한길사, 2003년.
- 박희병 편역, 『선인들의 공부법』, 창비, 2013년.
- 버트런드 러셀, 『행복의 정복』, 이순희 옮김, 사회평론, 2005년.
- 법정, 『살아 있는 것은 다 행복하라』, 류시화 엮음, 위즈덤하우스, 2006년.
- 사이먼 싱 지음, 박병철 옮김, 『페르마의 마지막 정리』, 영림카디널, 2022년.
- 성영신 외, 『마음을 움직이는 뇌, 뇌를 움직이는 마음』, 해나무, 2004년.
- 아르민 헤르만, 『하이젠베르크』, 이필렬 옮김, 한길사, 1997년.
- 안드레아 록, 『꿈꾸는 뇌의 비밀』, 윤상운 옮김, 지식의숲, 2006년.
- 안토니오 다마지오, 『데카르트의 오류』 김린 옮김, 중앙문화사, 1999년.
- 알베르토 망구엘, 『독서의 역사』, 정명진 옮김, 세종서적, 2000년.
- 알베르트 아인슈타인, 『아인슈타인 혹은 그 광기에 대한 묵상』, 앨리스 칼라프라이스 편집, 이여명, 강애나 옮김, 정신문화사, 1998년.
- 애나 렘키 지음, 김두완 옮김, 『도파민네이션』, 흐름출판, 2022년.
- 앤드류 뉴버그, 유진 다킬리, 빈스 라우즈, 『신은 왜 우리 곁을 떠나지 않는가』, 이충호 옮김, 한울림, 2001년.
- 앨런 홉슨, 『꿈』, 임지원, 아카넷, 2003년.
- 에르빈 슈뢰딩거, 『생명이란 무엇인가』, 1944년.
- 오쇼 나즈니쉬, 『배꼽』, 박상준 엮음, 장원, 1991년.

- 오오키 고오스케, 『알고 싶었던 뇌의 비밀』, 박희준 옮김, 정신세계사, 1992년.
- 우정호, 『수학 학습-지도 원리와 방법』, 서울대학교출판부, 2000년.
- 이나모리 가즈오, 『소호카의 꿈』, 김형철 옮김, 선암사, 2004년.
- 이나모리 가즈오, 『카르마 경영』, 김형철 옮김, 서돌, 2005년.
- 이인식, 『멋진 과학』, 고즈윈, 2011년.
- 이정동, 『축적의 시간』, 지식노마드, 2015년.
- 이지성, 『18시간 몰입의 법칙』, 맑은소리, 2004년.
- 자청, 『역행자』, 웅진지식하우스, 2023년.
- 제임스 글릭, 『천재』, 황혁기 옮김, 승산, 2005년.
- 조지프 르두, 『시냅스와 자아』, 강봉균 옮김, 동녘사이언스, 2005년.
- 존 고든, 『에너지 버스』, 유영만 · 이수경 옮김, 쌤앤파커스, 2019년.
- 존 맥스웰, 『생각의 법칙 10+1』, 조영희 옮김, 청림출판, 2003년.
- 최규호, 『불합격을 피하는 법』, 법률저널, 2012년.
- 최석기, 『조선 선비의 마음공부 정좌』, 보고사, 2014년.
- 탐 스탠포드, 매트 웹, 『마인드 해킹』, 최호영 옮김, 황금부엉이, 2006년.
- 폴 호프만, 『우리 수학자 모두는 약간 미친 겁니다』, 신현용 옮김, 승산, 1999년.
- 하루야마 시게오, 『뇌내혁명』, 오시연 옮김, 중앙생활사, 2020년.
- 헬렌켈러, 『사흘만 볼 수 있다면』, 이창식, 박에스더 옮김, 산해, 2005년.
- 혼다 소이치로, 『좋아하는 일에 미쳐라』, 이수진 옮김, 부표, 2006년.
- 홍성욱 · 이상욱 외, 『뉴턴과 아인슈타인 우리가 몰랐던 천재들의 창조성』, 창작과비평, 2004년.
- 후쿠이 가즈시게, 『두뇌혁신 학습법』, 임수진 옮김, 동양문고, 2003년.

논문

- Arthur Stinner, 「The Hungarian Phenomenon」, The Physics Teacher, 35(9), 1997.
- Aston-Jones, G., Bloom, F.E., 「NOREPINEPHRINE-CONTAINING LOCUS COERULEUS NEURONS IN BEHAVING RATS EXHIBIT PRONOUNCED RESPONSES TO NON-NOXIOUS ENVIRONMENTAL STIMULI」, The Journal of Nevroscience, 1981, pp.876-886.
- IBM, 『IBM 한국보고서』, 2007년 4월, 한국경제신문사
- Jagdish Mehra, 『The Beat of a Different Drum』, Oxford University Press, 1996
- John Grant, 『Dreamers:A Geography of Dreamland』, HarperCollins, 1986
- Marcus E. Raichle, Ann Mary MacLeod, Abraham Z. Snyder, William J. Powers, Debra A. Gusnard, and Gordon L. Shulman, 「A default mode of brain function」, PNAS 98(2), 2001.01.16, pp.676-682.
- Robert Lucas, 「Making a Miracle」, Econometrica, 61(2), 1993, pp.251-272.
- Thinking in Education, Matthew Lipman, 2nd Ed. Cambridge Univ. Press, 2003
- 김세직·정운찬, 「미래 성장동력으로서의 창조형 인적자본과 이를 위한 교육 개혁」, 경제논집46(4), 2007, pp.187-214.
- 김태영, 「한국문화에서의 성경 사상: 이퇴계의 경과 성경사상」, 호서문화연구3, 1983년.
- 벤자민 월커가 편집한 『Dreams』에서 뽑은 내용을 기재한 《정신세계》, 2000년 8월호.
- 세계경제포럼(WEF), 「미래 일자리 보고서(The Future of Jobs Report」, 2016년.
- 황농문, 「사고력 향상을 위한 공학교육」, 〈공학교육〉 13권, 1호, 2006년 3월.

몰입 확장판

기사

- 〈'구골' 될뻔한 '구글'의 괴짜 창업주 "비전 없다면 죽은 것"〉, 한국일보, 2017년 8월 22일자.
- 〈문예춘추〉, 2007년 1월호, 일본판.
- 〈소설 '잠'으로 돌아온 베르나르 베르베르 "꿈은 영감의 원천 잠들기 전 부탁하죠 뇌야, 아이디어를 주렴"〉, 동아일보, 2017년 6월 3일자.
- 〈장기성장률 높여 청년 소득 늘려야 저출산 문제 푼다〉, 중앙일보, 2024년 2월 20일자.
- 〈천재들의 특별한 비밀…몰입 극대화하는 '낮잠의 기술'〉, 머니투데이, 2021년 12월 18일자.
- 〈현택환 "노벨상 받는 연구, 정부 지원에서 비롯"〉, 동아사이언스, 2023년 11월 4일자.
- 〈화두의 의미와 역할〉, 불교신문 2298호, 2007년 1월 31일자.

영상

- 국가평생교육진흥원, 〈엔트로피 법칙- 우주 절대 불변의 진리〉, 한국형 온라인 공개강좌(K-MOOC) 강의.
- 대한금속재료학회KIM, 〈2015년도 추계학술대회 Tutorial Session 엔트로피 법칙 서울대 황농문 교수〉, 2015년 12월 11일자. YouTube.
- 박문호, 〈뇌와 생각의 출현〉, 2007년. 불교 TV 특강.
- 지식채널e, 〈공부 못하는 나라〉, 2011년 5월 2일자, EBS.
- 클립: 크게 일어서다, 〈니콜라 테슬라, 자면서 성공하는 법 3가지〉, 2023년 7월 16일자. YouTube.
- ABC News, 〈High School seniors discover possible new proof for the Pythagorean theorem〉, 2023년 3월 30일자. YouTube.
- EO, 〈How to be a creative thinker | Carnegie Mellon University Po-Shen Loh〉, 2023년 12월 9일자. YouTube.

몰입 확장판

1판 1쇄 발행 2024년 5월 1일
1판 4쇄 발행 2024년 12월 23일

지은이 황농문

발행인 양원석 **편집장** 김건희 **책임편집** 이수민
디자인 강소정, 김미선 **영업마케팅** 조아라, 박소정, 한혜원, 김유진, 원하경

펴낸 곳 ㈜알에이치코리아
주소 서울시 금천구 가산디지털2로 53, 20층 (가산동, 한라시그마밸리)
편집문의 02-6443-8904 **도서문의** 02-6443-8800
홈페이지 http://rhk.co.kr
등록 2004년 1월 15일 제2-3726호

ISBN 978-89-255-7502-5 (03320)